社会学导论

（第六版）

主　编◎孙立平　副主编◎应　星　吕新萍

首都经济贸易大学出版社
Capital University of Economics and Business Press
·北　京·

图书在版编目(CIP)数据

社会学导论 / 孙立平主编. -- 6 版. -- 北京 : 首都经济贸易大学出版社, 2024. 6

ISBN 978-7-5638-3687-1

Ⅰ. ①社… Ⅱ. ①孙… Ⅲ. ①社会学 Ⅳ. ①C91

中国国家版本馆 CIP 数据核字(2024)第 101244 号

社会学导论(第六版)
主　编　孙立平
副主编　应　星　吕新萍
Shehuixue Daolun

责任编辑　陈雪莲
封面设计　砚祥志远 · 激光照排 TEL: 010-65976003
出版发行　首都经济贸易大学出版社
地　　址　北京市朝阳区红庙（邮编 100026）
电　　话　(010)65976483　65065761　65071505(传真)
网　　址　https://sjmcb. cueb. edu. cn
经　　销　全国新华书店
照　　排　北京砚祥志远激光照排技术有限公司
印　　刷　北京市泰锐印刷有限责任公司
成品尺寸　170 毫米×240 毫米　1/16
字　　数　332 千字
印　　张　16
版　　次　2004 年 2 月第 1 版　2007 年 7 月第 2 版　2012 年 1 月第 3 版
2014 年 11 月第 4 版　2020 年 8 月第 5 版　**2024 年 6 月第 6 版**
印　　次　2025 年 7 月总第 19 次印刷
书　　号　ISBN 978-7-5638-3687-1
定　　价　42. 00 元

目 录

第一章

社会学的学科性质

在一次社会学概论课上，一位环境专业的学生提问："我将来从事的可能还是环境保护的工作，而不会专门从事社会学研究。那社会学对我有什么用处?"

这位同学提出的是一个带有普遍性的问题：一个并非以社会学为业的人，学习社会学有什么用处?

实际上，不同的学科提供的是看事物的不同视角，有时看的对象可能是同一个东西。

第一节　社会学的视野

一、社会学是看社会的一种特殊视角

以上面的问题为例，我们可以进一步来讨论社会学可以提供一种怎样看待社会现象的视角。

就环境的污染和治理来说，环境科学可以提供一种特定的视角，比如特定污染现象的规律是什么；什么样的污染需要用什么样的技术去治理；治理特定污染的时候要解决的技术难点究竟是什么；等等。

经济学可能会提供另一种视角。经济学看问题的一个基本框架是成本和收益。如果收益大于成本就是划算的，否则就是不划算的。这个逻辑可以解释社会中许多社会现象。但在实际生活中，我们可以看到，这种经济学的逻辑经常是行不通的。例如，一个企业一年创造50万元的利税，但污染所造成的直接和间接损失达到100万元。从经济学的角度来说，这是明显不划算的，这样的企业应当关闭。但在现实

中，我们却经常可以看到这样的企业不但没有关闭，反而在红红火火地生产着，一方面在生产着产品，另一方面在生产着污染。为什么会如此？

问题的关键是，成本的承载者与收益的获得者不是一个主体。获得这个企业利润的是企业的所有者或企业主，获得企业提供的税收的是政府，而污染代价的承担者则可能是普通的民众，如周围的农民，特别是河流下游的农民。分析一下我们就可以知道，在中国目前的情况下，企业收益获得者与污染代价承担者的社会力量是不一样的。作为企业收益获得者的政府和企业是强有力的，而污染代价承担者的力量往往是很弱小的。特别是在决定某个企业是否应该因为污染而关闭这样的问题上，两者力量和影响力的悬殊是显而易见的。正因为如此，许多这样的企业仍然在我们的社会中存在着。

这就是社会学看环境污染问题的一个视角。

其实，对于社会生活中的许多事情，社会学都可以提供一种独特的观察视角。用社会学的视角观察和分析社会现象，无疑可以深化我们对社会现象的认识和了解。

例如，喝咖啡是我们日常生活中很普通的一种现象。对这样的现象，人们往往习以为常，很少去深究其背后更多的内涵。英国著名社会学家安东尼·吉登斯（A. Giddens）却运用社会学理论对咖啡和喝咖啡的现象进行了饶有兴味的分析：

第一，咖啡并不只是一种让人精神焕发的东西。作为日常社会活动的一部分，咖啡还具有象征价值。有时候，与喝咖啡相关的仪式比喝（消费活动）更为重要。举例来说，早上喝咖啡在许多西方人的日常生活中标志着一天的开始。在白天，人们常常是与其他人一起喝咖啡，此时，喝咖啡就更多地表现为一种社会仪式了。

第二，咖啡含有咖啡因，而咖啡因是一种毒品，对大脑有刺激性作用，许多人喝咖啡就是为了提神，熬过自己难熬的时光。不过，人们并不把嗜好喝咖啡的人看成是吸毒的人。但是，如果你只是要咖啡因（吸毒），情况就不同了，大多数社会并不容许人们吸毒。不过，也有社会容许消费大麻甚至可卡因，但却反对消费咖啡。为什么这样呢？这是社会学家有兴趣探讨的问题。

第三，喝一杯咖啡使一个人卷入了全球一系列复杂的社会与经济关系中。咖啡生产地大多数是贫穷国家，而消费地大多数是一些富裕国家。在国际贸易中，咖啡是仅次于石油的最有价值的商品，是许多国家最大的外汇来源。咖啡的生产、加工、运输和销售，为许多人提供了就业机会，也为国家之间的交往提供了机会。由于现代社会没有一个社会能够置身于桃花源中，研究这种全球化的贸易，也是社会学的一项重要任务。

第四，正因为如此，咖啡也变成了一种政治。由于咖啡的种植已经十分普及，已变得“品牌化”，而喝什么样的咖啡就变成了消费者对生活方式的选择。譬如，选择纯天然的咖啡、无咖啡因的咖啡和“公平贸易”咖啡等；可以到特色咖啡厅，也可以到“星巴克”连锁店喝咖啡；喝咖啡的人们可联合抵制来自某些国家的咖啡。对于这样的现象，社会学家也有兴趣，譬如全球化让人们关注遥远的事物，人们对新事物产生某种认知等。

第五，喝一杯咖啡的行动隐含了某种社会和经济发展史。与人们熟悉的茶、香蕉、土豆和白糖一样，咖啡成为一般消费品，也只是18世纪晚期以后的事。咖啡源于中东，西方人对咖啡的消费是殖民扩张时期才开始的，那么西方人到底怎样看待咖啡？过去和今天的看法有什么不同？咖啡与世界贸易的发展有着怎样的关系？这也是社会学家感兴趣的问题。

在这里我们可以看到，一些看起来完全是个体的事情，当把它放到一定的社会经济背景中的时候，就成为社会的现象。而色彩斑斓的社会现象在社会学的透镜之下，则会折射出一种异样的色彩。

二、什么是社会学

那么，究竟什么是社会学的视角？更进一步说，究竟什么是社会学呢？

从最一般的意义上说，社会学就是对社会的研究，是关于社会的学问。社会学这个名词在英文中是Sociology，在法文中是Sociologie。西文中的这个名词实际是由两部分组成的，前半部分来源于拉丁文"Socius"，意思是"社会中的个人"。而"社会的"直接含义就是"群居性的"。也就是说，人类是群居性的动物，是生活在与他人之间的社会关系中的。该词后半部分来源于希腊文"Logos"，意思是"论述"或"学说"。合在一起，意思就是关于社会的理论或学说。因此，在社会学的创始人奥古斯都·孔德(A. Comte)那里，社会学这个名词相当于我们现在所谓的"社会科学"的统称，或者是社会科学总论。

如果我们了解当时社会科学发展的状况，对于孔德从社会科学总论的意义上提出社会学这个名称也就不难理解了。在孔德的时代，虽然自然科学有了长足的进步，但社会科学还处于不发达的状态。当时，虽然在经济学、政治学、法学、历史学等方面都出现了若干专著，有的还是不朽的名作，但客观地说，当时这些社会科学的系统性和学科化程度还很低。也就是说，当时，对我们人类自己，对我们人类自己的社会所进行的系统的学科化研究还是远远不够的。正是在这种情况下，孔德把"社会学"作为社会科学的同义语提了出来。在19世纪，这种情况是可以理解的。但是，从法国社会学家艾米尔·涂尔干(E. Durkheim，也译"迪尔凯姆")起，逐渐给予这门学科以具体的研究范围和特定的研究方法，从而使之形成一门独立的社会科学。

那么，究竟什么是社会学的研究对象呢？

我们认为，社会学的研究对象并不存在于社会生活的某一特殊领域之中，而是存在于社会生活的各个领域之间的相互联系之中，存在于由各种相互联系所形成的作为一个有机整体的社会之中。因此，在我们看来，社会学是一门对人类社会进行总体性综合研究的社会科学。具体来说，社会学是把社会作为一个整体来研究社会各个组成部分及其相互关系，探讨社会的发生、发展及其规律的一门综合性的社会科学。

人类现代思维中的整体性观点，为我们分析社会学的研究对象提供了一条有力的线索。系统思维的形成，标志着人们对于客观世界的认识正在从“实物中心论”向“系统中心论”转变。所谓“实物中心论”，是指把个别地抽取出来的现象本身当作研究对象，试图从它本身和它固有的本性来认识它。在对客观世界的认识不断加深的过程中，人们逐渐感受到，事物除了由它的本性或内部结构所决定的内在本质之外，它还处于自己仅仅是一个组成部分的更大的系统之中，它还具有一种系统质，而这正是事物的更高一级的质。按照系统论的观点，事物的整体大于它的各个部分之和，而整体的本质属性，也不是它的各个部分的属性的总和。因此，只有认识事物在系统中所处的地位、作用，才能正确地把握这一事物。对于人类社会的认识也是如此。

人类社会也是一个系统。它由各种不同的子系统组成，比如社会生活的各个领域、各种社会制度、各种社会群体和社会组织等。子系统下面还有更小的子系统。同时，社会作为一个子系统，也处于客观世界这个更大的系统中。作为一个有机整体的人类社会，具有一种超越其各个部分的整体质（或称“系统质”），而正是这种整体质，成为社会学这门从总体上研究社会的社会科学得以成立的客观依据。因此，从社会学视角来看，社会中的各个部分并不是孤立存在的，而是通过彼此的交互作用，互相联络在一起，成为一个密不可分的整体。整个社会具有一种牵一发而动全身的性质。那么，这些彼此不同的部分是以怎样的方式联结在一起的？各种社会现象又是如何相互影响、互相作用的？这都需要从社会这个整体出发进行系统的研究，才能得出科学的结论，而这正是社会学的任务。

正是从这种意义上说，社会学体现了科学中的综合发展这一趋势。我们知道，在 19 世纪，科学发展的基本趋势是分化，表现为分科越来越细，部门化或专业化的程度越来越高。这种趋势在当时的条件下是必然的，但也带来种种弊端。但从 19 世纪末 20 世纪初开始，一方面分化继续进行，另一方面又出现了综合的趋势。这种趋势反映了人类对客观世界的认识过程。因为人们为了求得对事物的深入了解，总是先要将对象的各个部分分门别类地加以考察。这就会导致科学的分化。但在这种分门别类的研究中，人们会越来越多地认识各种现象之间的相互联系，从而要求从总体上把握研究的对象。自然科学如此，社会科学也是如此。经济学、政治学、法学等具体社会科学代表着人们对社会现象的分门别类的认识。但这些学科都不能提供人们对整个社会的全貌的认识，要取得对社会的全貌的认识，就必须从总体上进行综合的研究，这就是社会学诞生的背景。

三、社会学的学科特点

（一）社会学把社会作为一个整体来看待

从社会学视角来看，只有把社会作为一个有机的整体，并从这个角度出发，才能全面地、科学地认识社会的各种组成成分和各种特殊的社会现象之间的关系。这也是社会学区别于其他社会科学的根本之点。这种整体性的思想，在社会学的发展史上是源远流长的。早在19世纪中叶，英国人赫伯特·斯宾塞（H. Spencer）就提出了“社会有机”论。从整体上看，他的理论带有浓厚的社会达尔文主义的色彩，且将社会现象比附为生物现象也显得过于简单化。不过，他关于把整个社会作为一个有机整体来理解的思想无疑是正确的。从这个意义上说，社会学是与个体主义还原论相对立的。个体主义还原论与经济学中的“理性经济人”（rational economic man）假设有着密切的关系。按照这种“理性经济人”假设，人是一种趋乐避苦、趋利避害、追求个体利益最大化的生物。这种假设对早期社会学思想，特别是社会交换理论，曾经产生过重要影响。在早期交换理论家看来，利益最大化是社会交换过程中的基本原则，交换的目的是获得最大化的报酬。这就忽视了在社会交换过程中社会结构对人类行为的影响和制约。正因为如此，美国社会学家彼特·布劳（P. Blau）等人坚决反对个体主义交换论将社会交换还原为经济交换和简单的人际互动的观点。他认为，在社会领域中，交换主体从个人扩展到群体和组织，由直接扩展到间接，交换是从先于和创造社会制度及社会结构的过程变为受制度和结构制约的过程。

（二）社会学的综合性

由于社会是一个统一的整体，是一个多层次、多结构、多序列的完整网络，那么，作为把社会当作一个整体来研究的学科的社会学，必然具有一种综合性学科的性质。这样，才能多角度、多层次地对人类社会进行综合性的探索。

首先，这种综合性突出表现在它研究任何一种社会现象、社会过程或社会问题时，总是联系多种有关的社会因素甚至自然因素来加以考察。例如，它在研究社会经济发展时，不仅考虑到物质生产本身的发展和科技成果的应用，而且要考虑到人们社会活动的内容和性质，他们的文化教育和职业训练的水平，他们对于任务的理解程度和完成任务的信心，以及自然资源和生态环境等所起的作用。

其次，这种综合性还表现在：社会学的研究经常结合和利用其他社会科学甚至自然科学的成果来做综合性的考察。如果不利用其他社会科学和自然科学的成果，社会学是不能实现它对社会的多面向研究的。

（三）社会学的科学性

作为一门社会科学，社会学与以前一般的社会思想、社会常识不同。一般的社会思想和社会常识，往往建立在直观的主观想象的基础上，对社会的认识往往是肤浅的，甚至是片面的。而社会学则是一门科学，它要运用科学的研究方法，取得对人类社会的科学的认识。这种认识不是表面的，而是要深入事物的本质；不是片面的，而是系统的认识。

要取得对人类社会的科学认识，就要把定量的方法与定性的方法结合起来。传统的社会科学方法注重定性分析。这种方法由于缺乏度量概念，很难得到精确的结论。现在，在社会科学中，把定性的方法与定量的方法结合起来，已经成为一种趋势。经济学与数学方法结合起来形成的计量经济学，语言学与数学结合起来形成的数理语言学、统计语言学，都取得了重要的研究成果。即使是传统最为深厚的历史学，从 20 世纪 50 年代开始，也逐渐采用统计的方法整理和分析历史资料，通过计算机的计算得出较为精确的历史结论。定量与定性结合的方法，在社会学中使用是比较早的。例如，比利时的凯特勒（A. Quetelet）、英国的布思（C. Booth），都是最早采用统计方法研究社会现象的。现在这种定量与定性相结合的方法，在社会学中的使用越来越广泛。

（四）社会学与其他社会科学的关系

既然社会学是一门把社会作为一个整体进行综合研究的社会科学，其研究对象和范围又是如此之广泛，那么，社会学与其他社会科学是什么关系呢？它们有着怎样的区别与联系呢？

社会学与其他社会科学的关系是一个非常复杂的问题。正如社会学家英克尔斯在《社会学是什么？》一书中所说："学术界并不是一条防水船，不是整整齐齐地分为几个单独的知识防水舱的。"由于社会学和其他社会科学都致力于对人类社会的研究，同时由于科学的发展和知识的进步，各门社会科学的研究范围和方向也在不断发生变化，因此要对社会学和其他社会科学的界限进行截然划分是不可能的，也是不必要的。但为了说明社会学在整个社会科学中的地位和作用，我们不妨对它们的关系进行大致的描述。

为叙述方便，我们不妨把除社会学之外的其他社会科学和人文学科分为以下几种基本的类型，然后再具体分析社会学与其中每一种类型社会科学的区别。

甲类：对社会生活进行特别的、分领域研究的社会科学，包括政治学、经济学、法学等。

乙类：对人类社会或人类行为进行综合性研究的人文学科和社会科学，包括历史学、心理学、人类学等。

下面，我们分别探讨社会学与这两类社会科学的关系。

第一，社会学与政治学、经济学、法学等社会科学的关系。

社会学与甲类社会科学的区别在于研究对象的不同。政治学、经济学、法学，都是对社会生活的某一侧面、某一领域进行具体的、特别的研究，其对象都是社会生活的个别领域，而社会学则是对社会整体的研究，对象是整个社会。

当然，在社会学的研究中，也会涉及对政治、经济、法律的研究，如政治社会学、经济社会学、法律社会学等。但社会学往往是把这些领域作为整个社会生活的一个部分，从它们和其他部分的联系上对其进行综合研究。比如，经济学所研究的仅仅是经济活动的内部规律，如生产、流通、分配和消费、价值规律、供求规律等。而经济社会学所要研究的，则是经济发展的社会条件以及经济发展对社会生活其他领域的影响，侧重点是在经济和整个社会的关系上。

第二，社会学与历史学、人类学、心理学等社会科学的关系。

如果说社会学与政治学、经济学、法学等学科的区别在于研究对象的不同，那么，社会学与历史学、人类学、心理学的区别则在于研究角度的不同。虽然这四门学科所涉及的都是人类的整个生活，但它们的研究角度、出发点和归宿是明显不同的。

社会学与历史学的关系。与社会学相比，历史学的最大特点在于研究人类以往所经历的活动和事件，而不研究人类社会的现状和未来。它通过详尽地收集和整理历史资料，对历史事件的前后顺序和进程进行精确的描述。而社会学通常所注意的并不是某一特定的历史事件，也不是某些事件的实际进程，它所关心的是对这些具体事件进行概括、分析和综合，并揭示出其发展运动的规律。社会学的眼光往往不是投向过去，而是着眼于现在和将来。不过，带着对现实的关怀及社会学的洞察力而进入历史研究，已经成为今天社会学发展的一个重要趋势。

社会学与人类学的关系。人类学是一门研究人类的体质和文化特征、类型及其变化规律的科学，它一般包括两个部分，即体质人类学和文化人类学。前者从生理的角度研究各个人种，后者主要是研究人类的原始文化。人类学的这个特点是与其产生的时代背景有关的。随着近代资本主义的发展，西方列强把亚洲、非洲、拉丁美洲的广大地区变成了自己的殖民地。在这一过程中，他们发现了一批原始部落或尚无文字的民族。于是，为了加强对殖民地的统治，以这些部落和民族为研究对象的人类学也就应运而生了。人类学家主要使用观察的方法，研究这些社会人群的生活习俗、语言文化，从而了解这些原始社会运转的机制。但在当代，许多过去的殖民地已经相继获得了独立，许多处于原始阶段的社会也在现代文明的影响之下发生了很大的变化。在这种情况下，许多人类学家也就把自己的研究方向转向了人类的现代生活和文化。于是，就出现了一种人类学与社会学合流的趋势。虽然从目前情况看，两者并未完全融合为一门学科，但研究的对象与方向已经相当接近。

社会学与心理学的关系。心理学往往被认为是研究人的心理规律的科学。心理学的主要研究内容包括诸如知觉、认识和学习、感觉、情绪和动机等心理过程，以及由这些心理特质所组成的个性。社会学所研究的不是人的心理，而是人的社会。两者虽然都对人感兴趣，但心理学感兴趣的是作为个体的人，特别是人的心理方面；而社会学感兴趣的则是人所组成的社会，是人的社会方面（从研究脑的反应机制方面来说，心理学也是一门自然科学）。

第二节　社会学的由来与发展

一、孔德对建立实证性社会学的设想

社会学是为数众多的社会科学中的一门年轻的学科。从它诞生到现在，只有约一个半世纪的历史。

当然，在社会学产生之前，甚至可以说，自从有了人类社会，也就有了各种各样的关于社会的思想和学说。比如，在我国先秦时代就有孔子、孟子、老子、庄子、墨子等人的杰出的社会思想。在古希腊时期，则有柏拉图、亚里士多德的社会学说；在中世纪，有托马斯·阿奎那、马基雅维利的社会思想等；在近代，则有欧洲的资产阶级启蒙思想家的社会思想。这些思想，无疑包含着许多对人类社会的真知灼见，但它们往往是和哲学思想、伦理思想、历史思想、经济思想、政治思想、宗教观念分不开的。从思想的内容方面来说，也是理想多于客观的分析，理性的推论多于经验的验证，信仰高于科学。这与把社会作为一个特定的对象，运用科学的方法进行系统研究是不同的。

在19世纪30年代，孔德连续出版了他的多卷本哲学名著《实证哲学教程》。他在该书第四卷中第一次提出了“社会学”这个新的名词以及关于建立这门新科学的大体设想。后来的社会学家们大多将此作为社会学诞生的标志。其实，孔德只是提出了社会学这个名词，以及建立社会学这门学科的设想，并没有真正进行多少社会学的研究。社会学这门学科的建立，还是在他以后的事情。

孔德在这样一个时候提出社会学这个名词以及建立社会学的大体设想，并不是偶然的，而是由当时的社会历史条件以及科学发展的进程所决定的。

从社会历史条件看，孔德正是生活在资本主义大发展，同时也是资本主义的种种弊端开始逐步暴露的时代。经过英国的产业革命和法国的政治大革命，西欧结束了中世纪长达几百年的沉睡状态，经济社会都有了很大的发展。正如马克思和恩格斯在《共产党宣言》一书中所说：“资产阶级在它的不到一百年的阶级统治中所创造的生产力，比过去一切世代创造的全部生产力还要多，还要大。”生产力的发展，相应地带来整个社会的急剧变化。以前的那种地方的和民族的闭塞状态及自给自足的社会生活状态已逐步消逝，而变为互相联系、互相依赖；种种的宗法关系破坏无遗，金钱关系代替了一切；一切古老的关系以及素来被尊崇的见解和观念逐步被清除，一切神圣的东西都被亵渎，一切固定的社会规范都逐渐解体，而一切新形成的关系等不到固定就陈旧了。大量的人口从农村涌向城市，社会生活在繁荣的同时也变得动荡不安。于是，人们终于不得不用冷静的眼光看待他们的生活地位、他们之间的关系了。在这错综复杂、变化多端的社会中，他们急切地要求搞清楚这是怎么一回事,这都是为什么?

从学术发展的背景来看,在中世纪的神学统治下,自然科学曾长期被压制,之后,欧洲文艺复兴带来了自然科学繁荣发展的春天。在这期间,天文学、地理学、数学、物理学、力学、气象学、生物学等都得到了迅猛的发展。而到了孔德的时代,许多自然科学的学科已取得了许多重大成果。比如,法拉第电学试验的成功,加勒用望远镜找到了预期存在的行星——海王星,特别是牛顿力学体系为整个宇宙描绘了一幅完整的图画。所有这一切,几乎都是用科学实验同精密数学相结合的方法完成的,显示了自然科学方法的巨大威力。而这些又不能不给社会思想家以深刻的启示。既然自然科学的方法在研究自然现象方面可以取得如此成绩,那么用它来研究社会又会怎样呢?因此,孔德在提出社会学这一名词时的基本想法,就是建立一门用自然科学的精确方法来研究社会的科学(这里值得一提的是,孔德自己就是数学家,同时又是物理学家)。他认为,人类社会的发展要经历从神学到形而上学,再到实证或科学这三个阶段。在他之前,自然科学已经进入科学的阶段,但在他创立了社会学的时候,人类对于自己的认识才由形而上学阶段进入科学阶段。因此,可以说,孔德提出的用自然科学的方法来研究人类社会的主张,为以后社会学的建立和发展奠定了基础。

由此可见,社会学这门学科的诞生,既是当时社会历史条件下的产物,也深受自然科学方法论的启发。

二、社会学的学科化以及在当代的发展

(一)涂尔干与社会学的学科化

如果说在孔德那里,社会学这门实证性的社会科学学科还只是一种设想,那么,到了涂尔干那里,社会学就真正发展成一门经验性的社会科学学科。涂尔干提出,社会学的研究对象是社会事实,而社会事实先于个体的生命而存在,比个体生命更持久。社会事实的存在不取决于个人,而是此前的社会事实造成的。社会事实以外在的形式"强制"和作用于人们,塑造了人们的社会意识。这种"强制"既指人们无法摆脱其熏陶和影响,又指对于某些社会规则拒不遵从将受到惩罚。因此,在涂尔干看来,社会高于个人,社会事实无法用生理学、个体心理学以及其他研究个体的方法来解释,而必须用社会学的方法、观点来进行解释。为此,他制定了一系列社会研究的实证规则。

涂尔干关于社会学的这种主张,突出地表现在他对自杀的研究当中。在涂尔干所处的西方快速工业化时代,急剧的社会变迁导致自杀率迅速上升。如何对这种现象进行解释?有人力图从生理学的角度来说明自杀者个人的生理特征,也有人力图从心理学的角度来说明自杀的心理原因。涂尔干则提出,需要用社会事实来说明自杀这种社会现象。为此,涂尔干将自杀分为如下四种类型:①利他型自杀(altruistic suicide)。这是指在社会习俗或群体压力下,或为追求某种目标而自杀。②利己型自杀(egoistic suicide)。这是指因个人失去社会之约束与联系,对身处的社会及群体毫不关心,孤独而自杀,如离婚者、无子女者。③失范型自杀(anomic suicide)。这是指个人与社会固有的关系被破坏,如失去工作、亲人死亡、失恋等,令人彷徨、不知所措而自杀。④宿命型自杀(fatalistic suicide)。这是指个人因种种原因,受外界过分控制及指挥,感到命运完全非自己可以控制时而自杀。在上述分类的基础上,涂尔干运用定量研究的方法来分析自杀与社会变迁之间以及个人与社会之间的关系。他在概括研究的发现时总结了有关自杀的三个命题:社会的人需要一个高于个人的社会目标;对这个目标所负的义务不至于使他失去自主;他的欲望应受到社会秩序给予的一定程度的限定。在自杀原因上,涂尔干并不完全否定个人生理上的因素,但认为那是次要的,社会原因才是主要的。他认为,当一个社会不能提供上述三项条件时,一些心理脆弱的个人就可能会自杀。涂尔干对自杀的研究被后人看作是经验性社会学研究的第一个经典性范例。

(二)当代社会学及其主要范式

现在,距离孔德提出建立社会学的设想已经有近两个世纪的时间了。在这近两个世纪的时间里,社会学已经发展成为一门具有系统的理论和方法、拥有众多分支学科的重要的社会科学学科。据统计,社会学的分支和交叉学科,目前已经达到百个以上。在这期间,尽管在不同的民族、不同的国家中,社会学走的道路不同,发展的形式不同,但有一点是共同的,那就是它对人类的社会生活有着越来越广泛、越来越重要的影响。

在近两个世纪的发展中,社会学形成了一些重要的理论范式。科学中的范式是指为各种模式和理论,包括对立的模式和理论所共同承认的、不言自明的一些信念和假设。这些范式对我们研究的影响远大于那些明确言明的理论和模式。在社会学中,这种理论范式的差异,主要体现在对人和社会的假设上。正因为对人和社会的假设不同,作为研究社会的社会学这门学科才有了不同的模式。

1. 自然主义或实证主义社会学。自然主义或实证主义社会学的基本假设可以概括为:社会是客观存在的,社会现象具有类似自然现象的规律性;人是社会的产物。正是在这种假设的基础上,实证主义社会学认为,社会学是一门类似自然科学的社会科学学科。它追求的是理论、概念和变数的精确性以及在研究目的和结论上的"价值无涉"。实证主义社会学的主要理论流派包括结构功能主义、冲突学派、交换理论等。

在社会学的历史上,实证主义的传统源远流长。正如我们在前面已经表明的,当初孔德提出社会学的构想的时候,就是想把社会学建设成一门实证主义的社会科学学科。只不过,在当时还没有找到将这个理想付诸实施的具体方法。但从涂尔干之后,这个实证主义研究的传统就基本确立起来了。在后来的发展中,实证主义的内涵也发生了一些重要的变化,比如,人们摒弃了古典实证主义社会学的一些粗俗看法,不再把自然科学及其方法看作是社会学理论赖以存在的基础,而把它们视为社会学研究必不可少的工具。同时,社会有机体论的观点逐渐演变成现代的结构功能主义。在今天,实证主义社会学的研究范式表现在,在强调经验材料的重要性的基础上,重视科学方法论的研究,力图使社会学的研究通过程序化、操作化和定量化等手段,达到精细化和准确化的目标,进而将社会学的理论概念同经验的操作概念联系在一起,实现理论知识体系和逻辑—方法论手段相统一的目的。

2. 人本主义或反实证主义社会学。人本主义社会学有关人与社会的假设与实证主义恰好相反。在关于人与社会的假设上,人本主义社会学认为,社会是人的产物,社会是与自然界不同的存在,社会的存在依赖于人们所赋予它的意义。因而其所主张的社会学模式,与实证主义是截然相反的。人本主义社会学主张,社会学不应当是价值无涉的,而应当体现对人性的关怀;应当依据人们对社会现象赋予的意义来解释社会现象。人文主义社会学的主要流派包括社会互动理论、常人方法学、拟剧社会学等。

人本主义社会学的渊源部分来自德国著名思想家马克斯·韦伯(M. Weber)。韦伯提出了理解社会学的理念,指出要以理解社会行动者的主观意义为基础来解释或理解人们的行动及社会现象。这意味着社会学研究的对象与自然科学是完全不同的,因为自然现象中并不存在主观的意义。由于社会行动是以主观意义为基础的,不能用自然科学的方法来对人们的行动和社会现象加以研究。人本主义社会学指责实证主义忽略了社会行动者的特殊性、自主性与互为主体性(intersubjectivity),忽略了历史、文化和意识形态的作用,抹杀了社会现象与自然现象的本质区别。

人本主义社会学的这种主张,在社会互动理论中有着集中的体现。社会互动理论认为,人类的独特性在于他们创造与使用符号的能力,这种能力使行动者能够了解自我与他人的期望,并在此基础上对互动的情境做出定义,以便选择适当的行动来适应他人和社会环境。这种以符号为基础的互动行为,就是社会学的研究对象,换言之,社会学必须侧重对具体个人的互动过程进行观察、描述和主观阐释。在人本主义社会学当中,有相当一部分学者不同意像实证主义社会学家所主张的那样,将概括出一般社会规律作为社会学研究的目标,而是强调考察特定环境下的具体社会现象。

3. 反思性社会学。波洛玛指出,除了自然主义社会学和人本主义社会学的对立之外,"仍有另外一套跨越于自然主义和解释性社会学的假设。这种假设的焦点是'社会学家的自我形象'"。也就是说,这部分社会学家所侧重的问题,更多的是社会学这门学科本身的问题:社会学应当做什么?社会学本身遇到了什么问题?社会学与社会生活的关系是什么?因而有人说,如果将前两种社会学比喻为宗教中的牧师的话,这种反思性社会学更像宗教中的先知。在对人和社会的假设上,反思性社会学则与前两种社会学有复杂的交叉和重叠的关系。

在反思性社会学中，研究者所致力的目标之一，就是解决主观与客观、行动与结构、微观与宏观的一系列对立。从这个意义上说，美国社会学家米尔斯提出的"社会学的想象力"这个概念，就是在力图弥合社会行动的社会心理基础与宏观结构制约之间的鸿沟。而吉登斯的结构化理论，更是力图打破主观与客观、行动与结构、微观与宏观之间的一系列二元对立。

在反思性社会学中，对社会学自身的研究和认知、对社会学与社会之间关系的反思都是重要的主题。在《西方社会学即将到来的危机》一书中，社会学家古尔德纳(Gouldner)就力图揭示出成为美国社会学基础的种种偏见和假设，特别是在学术性社会学中广泛存在的自命不凡和错误意识。而在当代社会学家对反思社会学的研究中，"反思社会学不再是一个纲领性的口号，它还是一个真正的工作纲领……其中一个重要特征就是，他们把科学研究过程本身作为研究对象加以反思，关注研究对象和研究主体的关系问题，认识到知识生产与学术制度及其他领域有着密不可分的关系，仅从认识论角度认识知识生产是不够的，更重要的是意识到认识论背后的社会条件。因为知识的生产、传播和科学建制形成过程渗透着权力因素"。其中，法国著名社会学家皮埃尔·布迪厄(Bourdieu)的反思社会学研究可能是最为深刻的一个。

反思性社会学中另外一个重要主题是社会批判。社会批判理论的代表是法兰克福学派(Frankfurt School)，特别是霍克海默(M. Horkheimer)、阿多诺(T. Adorno)、马尔库塞(H. Marcuse)等人的理论。从严格意义上来说，法兰克福学派的社会批判理论不全然是社会学的研究，但其批判的精神和理念在社会学中有着重要的影响。

第三节　社会学与社会学的想象力

一、为什么要学习社会学

(一)普及社会学知识，更自觉地参与社会生活

社会学提供的有关社会的基础知识，实际上是公民的一般常识。而这种一般常识，是现代社会中每一个公民都应具备的。

在传统社会中，生活简单、单调，节奏缓慢，传统的礼俗和习惯成为指导人们生活和维持集体生活的工具，留给个人进行思考和判断的余地很小。但是，在现代社会中，由于科学技术的发展及其在生产和生活中的应用，随着生产力的发展和物质财富的增加，以及由此而来的社会结构和社会关系的变化，整个社会生活正在发生深刻的变化。与传统社会相比，现代社会生活有两个显著的特征。其一是它的复杂性。现代社会呈现给人们的是丰富多彩的、多样化的生活面貌，五彩缤纷的大千世

界，整个社会生活越来越复杂化、多样化。其二是它的多变性。在过去的传统社会中，社会变迁的速度是异常缓慢的，往往要经过几百年、上千年的时间才会产生较明显的变迁标志。而在现代社会，社会变迁的速度明显加快了，无数的新事物每日每时地闯入我们的生活。在这种复杂而多变的社会中生活，再靠以前人们所具有的那些零星的、片面的，有时甚至是歪曲了的常识，是远远不够的，必须具备关于社会的科学知识。只有具备了这种关于社会的科学知识，才能自觉地参与社会生活，自觉地适应不断变动着的社会环境，成为现代社会中一个合格的公民。尤其是我们社会主义国家的公民，如果没有关于我国社会的这些知识，也就谈不上实行自己管理自己的民主生活。社会学正是由于担负着提供这些基础知识的任务，在当代比较发达的国家，不论实行哪一种社会制度，社会学的教育和科研事业都有很大的发展。外国许多大学甚至一些中学，都给学生开设社会学课程，不但许多综合性大学设立社会学系，有的理工学院也开设了社会学专业。在一些大学中，社会学原理甚至是各类科系专业学生的共同必修课程。

（二）社会学在边缘学科和多科性综合研究中的作用

近几十年来，现代技术突飞猛进，使得社会生活各个方面的结合越来越密切。人类社会生活中的任何重大问题，都不能单独靠某一门学科的研究去解决。即使是自然科学技术的应用，也与社会生活息息相关，而不能不考虑到人和社会的因素，不能不常常与社会科学互相合作。当前科学的趋势是发展边缘学科和发展多科性的综合研究。原来就是以社会整体各部分之间的联系为研究对象的社会学，便成为发展边缘学科的基础和多科性综合研究中的骨干，而社会学者也就是这种综合性的科研队伍的重要组成部分。例如，关于城市建设的研究，就涉及地理位置、环境保护、城乡关系、经济结构、行政管理、社会组织、人口构成、街区布局、交通运输、服务系统、建筑工程等许多方面。这些方面，本来分别属于自然科学、社会科学及其分支学科的研究对象，但社会学中有关城市规划和城市社区的研究，却把这些方面综合起来了。因此，在外国市政规划部门里，社会学者常常是其中重要的研究工作人员。所以大力开展社会学的研究，在各门科学学科与社会学之间进行合作，将有利于促进整个科学事业的繁荣发展。

（三）社会学能够提供社会工作和行政、企业管理所需的知识

现代社会里的衣食住行、生老病死等问题，已不像以前那样基本上依赖于私人的家庭和亲友去解决了。现代生产的社会化带来了生活的社会化，需要由社会提供的社会公共服务和社会保障越来越多。完善这些社会公共事务，需要社会学提供的专门知识。同时，社会学也可以为行政事务和经济管理等方面提供必需的知识。社会学是研究人的社会性格、社会行为、社会关系和组织制度的，现代国家的行政组织和企业里存在着大量影响工作态度和生产效率的“人的因素”，以及影响行政和企业

经营的种种组织、制度等因素,增进对这些因素的认识,对于改善行政和企业组织管理,无疑是有益的。

二、生产过剩:一个社会学的分析案例

近些年来,中国经济面对许多重要的问题,生产过剩就是其中之一。经济学虽然对这个问题已经有一些研究,但社会学对此问题可以展现出独特的分析视野。

中国改革开放前曾经历了漫长的短缺时代。1993 年 4 月 1 日,按照国务院《关于加快粮食流通体制改革的通知》精神,各地取消了粮票和油票,实行粮油商品敞开供应。这可以看作是中国告别短缺经济的正式标志。

然而,中国从短缺到过剩的转换,来得非常之快。1997 年,在亚洲金融危机背景下,国内 95%的工业品供大于求,彩电、冰箱、洗衣机等家用电器行业,开工率不足 30%。全国 1.6 万个国有工业企业中,39%的企业处于亏损状态,据估计,国有银行贷款隐形不良率超过 40%。

2008 年,美国发生次贷危机,并引发金融海啸。这场危机同时也波及中国。当时,有人曾用了这样一个比喻:这场危机对于中国来说是雪上加霜。这个比喻很好,提醒我们要分清雪和霜,千万不要以为那白茫茫的一片都是霜。美国是因为金融机构不能够正常运转导致的金融危机;而在中国发生的则是一个很古色古香的、很传统的危机:生产过剩型危机。

其实,近些年来,我们遇到的依然是同一个问题。有经济学家用“通缩”来概括当前经济的问题。但从社会学的眼光来看,通缩,包括许多与此相关的问题,如经济反弹乏力及失业等,其背后其实就是过剩的问题。

但要看到,当前的过剩问题,与传统上人们所说的过剩,并不完全是一回事。今天我们所面对的,是一种独特背景下发生的相对过剩与绝对过剩的混合物。所谓“相对过剩”,是相对于人们的购买能力的过剩,也就是我们通常所说的,购买力不足造成的过剩。而“绝对过剩”,则是指生产的数量已经大于人们需求的数量了。在严格的意义上说,纯而又纯的绝对过剩,是很少见的。但在某种情况下,这种情形是可能出现的。

在现实中,我们议论过剩的时候,往往是一种相对过剩的思路。这当然是有道理的。我们有那么多的房子卖不出去,但也有不少人买不起房;我们有那么多耐用消费品过剩,但还有相当一部分人在生活必需品的消费上捉襟见肘;我们有那么多的人虽然在银行有一定存款,但由于种种原因却不敢拿出来进行消费。人们更经常用来佐证的,是六亿人每月收入不足 1 000 元。上面这种情况,人们讨论得很多了,在此不再赘述。但现在要强调的是另一方面,即绝对过剩的因素。绝对过剩的因素来自哪里?最主要的两个因素是什么?

首先,持续 20 多年的大规模集中消费时代即将结束。房地产已经处于饱和甚至

过剩状态，尤其是在三四五线城市；2022 年汽车的产销量分别为 2 702.1 万辆和 2 686.4 万辆，已经接近 3 000 万辆的天花板，而现在的产能是 6 000 多万辆；三大件早就进入以更新换代为主的平台期。目前的现实是，尽管低收入群体对此有很大的消费潜力，但主流消费群体已处于饱和状态。

其次，也许更现实、更重要的是，现在我们需要消化世界工厂的过剩产能。现在中国是最大的世界工厂，很多产业的产能是为整个世界市场准备的，但大拆解的过程使得部分外部市场在流失。在这当中，相当部分产品不可能完全由内需来消化。这就和饭馆的饭菜是为顾客准备的，靠家人内部消化的空间是很有限的是一样的道理。这就是目前我们面对的过剩问题的独特之处，也是绝对过剩出现的真正原因。

因此，现在必须明白，我们面对的真正问题是产能过剩，是内部大规模集中消费时代结束与外部大拆解双重压力下形成的生产过剩。

而现在几乎所有刺激措施的设想，都指向资金的增加，因为按照逻辑，注入流动性会增加经济的活跃度。但问题在于，首先，如何将增加的货币转化为信用扩张。关键问题是谁来借钱？企业、政府、个人？其中最重要的当然是企业，因为钱只有到了企业中才能带来投资和收益。接着的问题是，即使不考虑其他因素的情况下，面对几乎全面的过剩，有多少企业有增加投资的动机？有人呼吁拉动消费，但低收入群体消费潜力的挖掘远水不解近渴，而主流消费群体已处于饱和状态。内需不是想拉就可以拉动的。

人们经常将我们现在遇到的问题与日本的资产负债表衰退相比附，但两者实际上有很大不同。在中国，虽然在整个经济的层面不能说完全不存在这个因素，但企业的主要问题不是这个，不是为了修复负债表而不贷款，而是贷款扩大了产能，东西卖不出去，尤其是出口。

其实，任何国家的经济发展都是有周期性和阶段性的。日本在房地产泡沫破灭后有三十年的停滞，美国和欧洲许多国家在金融危机后也有十多年的低迷。这都是必需的修复过程。现在有人在讲跨越中等收入陷阱的问题，但要知道，跨越并非一定是一鼓作气，有时需要一个喘息和下蹲动作，以积蓄力量。以消费为例，有人用了这样一个比喻：耕牛累了，是让它喘息一会儿，还是继续进行刺激？历史上其他国家的经验教训告诉我们，面对从短缺时代向过剩时代的转折，所谓一蹴而就的刺激措施是没有的，强行刺激的结果可能适得其反。

这时真正需要的是结构性改革，包括：创造一种友好的国际环境，尽可能保住外部市场；实现产业升级，淘汰过剩产能，甚至淘汰某些低质量的企业；通过市场机制，赋予中小企业以生命力，尽可能保就业；尽可能调整利益关系，让利于民，让利于企业，提高居民所得部分的比重，使财富和资源更多蕴涵在民间等。这样，才能为跨越中等收入陷阱创造条件。

思考题

1. 社会学的研究对象是什么？
2. 试述社会学产生的背景。
3. 社会学这门学科有哪些特征？
4. 社会学有哪些主要的理论范式？
5. 为什么要学习社会学？

推荐阅读书目

[1]波洛玛. 当代社会学理论[M]. 孙立平,译. 北京:华夏出版社,1989.
[2]迪尔凯姆. 社会学方法的准则[M]. 狄玉明,译. 北京:商务印书馆,1995.
[3]迪尔凯姆. 自杀论[M]. 冯韵文,译. 北京:商务印书馆,1996.
[4]米尔斯. 社会学的想象力[M]. 李康,译. 北京:北京师范大学出版社,2017.
[5]孙立平. 转型与断裂[M]. 北京:清华大学出版社,2004.

第二章

社会学的基本理论与方法

“理论到底有什么用啊?”不要说是非社会学专业的同学,即使是社会学专业的同学,面对理论教科书上一大堆似乎枯燥乏味的概念、命题,常常也会发出这样的嘀咕声。也许我们中的绝大部分人并不打算从事社会学研究,即使真想把社会学作为自己职业的人也少有对抽象的理论研究一见钟情的。这样说来,那些抽象枯燥的理论难道不是离我们大部分人的生活目标相去甚远的东西吗?诚然,理论是抽象的;但是,如果理论不能赋予我们一种别样的智慧去面对自己人生中的种种可能性及其限度,如果理论不能让我们以一种独到的方式去思考五彩缤纷的经验现实——从庄重严肃的事件到滑稽可笑的东西,那么,它就称不上是成功的理论。抽象只是理论的表征或手段,伟大的理论家最终是要教给我们去面对日常生活的勇气,提升我们的精神境界,培养我们对时代的敏锐洞察——用米尔斯的话来说,就是要使我们具备一种“社会学的想象力”。无论我们今后是不是要以社会学为业,这种想象力都会有助于我们去过一种有德性、有智慧、有勇气的生活。理论的魅力就在于它表面上遥不可及,但实际上,却正如孔子所说的,“道不远人”。当然,为了真正掌握好理论,我们必须去理解思想家所生活的时代,理解他们独特的生活方式,最主要的是通过那些伟大的作品走近那些伟大的心灵——懂得他们是如何发现与思考问题的。

第一节　社会学的基本理论

一、经典社会学理论

社会学作为一门独立的学科,始自19世纪初。但社会学理论的渊源至少可以追溯到18世纪的启蒙运动。以维柯、孟德斯鸠、亚当·斯密、伏尔泰、弗格森等人为代表的启蒙思想家认为,他们已摆脱了社会思想的希腊—罗马和基督教传统,而开创了一门关于社会的新科学。这些思想家不仅对人创造社会的人本主义价值观和社会契约论思想深信不疑,还倡导将科学运用在对人类社会的研究和控制中。

他们中对社会学理论影响最大的当数法国思想家夏尔·孟德斯鸠(C. Montesquieu)。从表面上看,孟德斯鸠的代表作《论法的精神》的主要研究对象是政体和法律制度,但实际上,他对制度的分析是与对社会结构的分析联系在一起的。他用古典哲学家的方法来分析和比较各种政治制度,同时又用一种崭新的方式来揭示影响整个社会的各种因素,从中找出包括气候、土壤、人口、贸易、风俗和宗教在内的各种可变成分之间错综复杂的关系。孟德斯鸠尤其关注贸易与政治的联系、贸易与民风的联系。前者促使国家的治理技术向理性化、确定性的方向发展,后者促进了与国家构成张力的市民社会(civil society,也译作"公民社会")的发育。尽管孟德斯鸠并没有明确提出"市民社会"这个概念,但他对社会结构所做的探索,使他即使不算是第一个社会学家,也当之无愧地被视为社会学最伟大的先驱之一。

启蒙运动的第一代继承者接受了启蒙思想家对进步的信念、对自由的高扬和对科学的信仰,但这些继承者生活在1789年法国大革命爆发后的时代中。法国大革命使西欧尤其是法国整个社会秩序的基础发生了根本性的动摇,种种社会问题随之而生,人们对秩序的焦虑尤为突出。社会学正是在进步的信念与秩序的危机、在自由的追求与保守的呼吁之间的张力中诞生的。如前章所述,孔德作为"社会学之父"在1839年创造了"社会学"一词。孔德毕生关心的主要问题正是秩序问题与进步问题。围绕秩序问题,他发展出了社会静力学,研究社会有机体的结构和社会的稳定;围绕进步问题,他发展出了社会动力学,研究社会的变迁和社会发展的规律。在孔德以前已经有孟德斯鸠等人认识到了社会发展是存在规律的。孔德的独特之处则是从"工业社会"这个概念出发,强调必须协调一致,恢复道德和宗教信念的一致性。而他在分析方法论上的特殊贡献是探索了包括观察、实验、比较和历史方法在内的一整套掌握社会规律的科学方法。这些方法除了历史方法外都是自然科学方法在社会研究中的运用。孔德在圣西门思想的影响下,把讲究效用、以经验材料为依据、强调明晰性和精确性的科学研究方法视为实证精神的体现,所以,他所开创的社会学传统也被称为实证主义社会学传统。斯宾塞倡导的社会有机论和社会进化论也可以被归结到这个传统之中。

马克思虽对孔德的实证主义社会学嗤之以鼻,但对孔德的精神导师——圣西门却尊崇有加。可以说,不仅孔德与马克思同为启蒙运动的继承者,而且,实证主义社会学与马克思社会思想也有着某种共同的根源。不过,马克思在社会学上开创的是一个与孔德完全不同的批判传统。在马克思那里,不仅没有对秩序的焦虑,反而是满怀激情地拥抱斗争。正视社会冲突的普遍存在,把历史的进步、人类的解放与阶级斗争联系在一起，将对资本主义社会的科学批判与一个特定的阶级即无产阶级的利益结合在一起，强调经济因素在形成社会、政治结构中的优先作用，是马克思社会思想的突出特点。

马克思的社会学观点可以总体概括如下：所有人都处在一定的、必然的关系中，这些关系所构成的社会存在决定着社会意识，因此应当用人的社会关系来解释人的思想方式，而不是相反。在任何社会中，人们都可以识别出基础结构（infrastructure，以往多译为“经济基础”）和上层建筑，前者主要由生产力和生产关系组成，后者包括了法律、政治以及思想方式、意识形态等。在所有这些社会结构因素中，起决定性作用的是社会的物质生产力，但其他因素对生产力也具有反作用。推动社会历史前进的动力是生产方式的变革，生产方式的变革是由生产力与生产关系之间的矛盾引起的，而这种矛盾又是与阶级斗争联系在一起的。马克思研究社会的方法被称为辩证唯物史观，也即回到社会历史本身，运用辩证法思维揭示社会存在的总体结构和本质特征。他从辩证唯物史观的社会演化角度把人类社会分为前资本主义、资本主义与共产主义三个历史阶段。马克思毕生最杰出的社会学贡献是分析了资本主义社会中物化生产与异化的社会关系。他在《资本论》中以商品为逻辑起点，揭示了资本主义社会的结构和运行机制，发现了这个社会赖以生产和发展的奥秘——剩余价值规律，深刻地洞察了资本主义社会关系的物化和商品拜物教。马克思断言资本主义社会的矛盾具有对抗性，这种对抗性既体现在资本主义的生产力与生产关系的矛盾中，也体现在无产阶级与资产阶级的矛盾中，这种矛盾最终必然会导致革命的爆发，而无产阶级则被他赋予了充当资本主义社会掘墓人的历史使命。

如果说孔德为社会学赋予了某种保守色彩，马克思给社会学打上了浓厚的革命烙印的话，那么，亚历克西·托克维尔（A. Tocqueville）则为社会学缔造了自由的性格。作为深受孟德斯鸠影响的法国思想家，托克维尔所关心的中心问题是民主与自由的问题。他敏锐地洞察了民主时代来临的不可避免性及其结果的多重复杂性，他一方面坦然地接受并支持民主潮流，另一方面又竭力在拥护身份平等的群体中维护自由，从民主社会特有的“多数人的暴政”中拯救自由。托克维尔在其名著《民主在美国》（*Democracy in America*，原译为《论美国的民主》）第一卷和《旧制度与大革命》中对民主的思考采用的是特殊的比较方法，即对民主制和贵族制进行比较，对未曾经历贵族制度的美国的民主社会与有着很深贵族制烙印的法国的大革命进行比较。托克维尔本人虽然是贵族出身，他的家庭也因此在法国大革命期间受难，但他的可贵之处在于超越了自己的家庭以及自己所属社会阶层的狭隘贵族视野，形成了对法国大革命原则的认同。在他看来，法国大革命的问题根本上是民主的问题。现代民主的显著特征是各种条件的平等（其中以地位的平等最为重要），因此，现代民主就不仅仅是一种政体形式，而是现代人的基本生活方式。托克维尔思想的深刻之处在于他洞察了现代人对各种条件的平等的追求与民主社会的制度之间的持续张力，揭示出了追求自由在民主社会中的某种困境以及走出这种困境的可能性。

活跃在19世纪中叶的孔德、马克思、托克维尔为社会学理论奠定了最初的基础，而在19世纪末20世纪初发言的一代人尤其是涂尔干和韦伯则使社会学两个主要的理论传统得以确立，正是在这两个理论传统的争辩与互补中，经典社会学理论达到了成熟。

涂尔干是经典社会学理论中实证主义传统的巨擘。孔德、斯宾塞虽然首倡实证主义，但他们并没有把社会事实当作研究对象，他们对社会学的建构还带着浓厚的思辨哲学色彩。涂尔干作为世界上第一个社会学教授，不仅将社会学的研究对象明确界定为独立的客观存在物——社会事实(social fact)，确定了根据社会事实来解释社会事实的基本方法论，并将功能分析与因果分析区分开来，还通过对社会分工、自杀、宗教等社会现象的出色研究，为社会学成为一门真正独立的学科奠定了最坚实的基础。孔德的中心问题——社会秩序与涂尔干的中心问题——社会团结(social solidarity)在精神上一脉相承。不过，孔德对秩序问题的研究还比较空泛，而涂尔干对社会团结的研究已经相当厚实了。涂尔干的三本主要代表作都可以说是围绕社会团结来展开的。在《社会分工论》中，他剖析了社会团结的基础——集体意识，界定了社会团结的两种基本类型——机械团结与有机团结，并将它们与社会分工发达的程度、与现代性的发展紧密联系在一起。他洞悉了分工与集体意识之间的复杂关系：一方面，分工明确破坏了以强烈的集体意识为特征的道德规范；另一方面，社会分工又在正常情况下创造出一种新的道德即职业道德，来取代它所破坏的整体社会的集体意识。在他看来，真正对社会团结起了破坏作用的不是分工本身，而是反常的分工。他在《自杀论》中进一步通过对自杀现象的研究提出了团结纽带丧失所带来的失范(anomie)问题。在《宗教生活的基本形式》中，他通过对原始宗教的研究探讨了社会团结的产生，进而考察了宗教及其仪式在何种程度上以及通过什么方式来加强社会团结。此外，他分析了社会团结的组织维度——法团。他对教育的研究在某种程度上也可以被看作是法团研究的一部分。

德国思想大师韦伯是经典社会学理论中理解社会学传统的开创者。韦伯在社会学的研究方法上，既不同意实证主义者把人类行为化约为可观察的外部表现的做法，也不赞同完全回到人的主观世界，进行没有任何验证标准的思辨哲学研究。他所开创的理解社会学结合了客观性的说明和主观性的解释。他主张社会学的基本分析单位是人的社会行动(social action)，通过"理解"人的行动动机中所包含着的"主观意义"去认识社会现象。他使用"理想类型"(idea type)这一主观思维建构，一方面是要借助主体的价值关系对行动者的动机进行解释性的理解，另一方面又要排除价值干扰去考察社会现象的客观可能性，从而做出因果性的说明。韦伯关心的核心问题是理性化(ralitionalization)问题，尤其是生活秩序的理性化和价值理性化之间的巨大张力。在《宗教社会学论文集》中，韦伯围绕普遍历史问题，扣住"在西方，并且仅仅在西方出现的文化现象具有普遍意义”的悖论，指出了西方文明所特有的理性化性质。这种理性化过程体现在从行政管理到法律制度、从经济组织到生活方式的各个方面，这些构成社会秩序的诸要素的理性化之间存在着合理的张力。在《新教伦理与资本主义精神》中，韦伯探讨了理性资本主义如何在西方基督教世界兴起的问题。他认为，透过任何一项事业的表象，都可以在其背后发现有一种无形的、支撑这一事业的时代精神力量；这种以社会精神气质（ethos）为表现的时代精神，与特定社会的文化背景有着某种内在的渊源关系；在一定条件下，这种精神力量决定着这项事业的成败。这个思想不仅奠定了韦伯宗教社会学理论构架的基本格局，而且成为理解其整个文化和价值社会学体系的一条主线。具体地说，韦伯认为，西欧资本主义的产生是以表现在欧洲宗教改革后的新教徒伦理中的“资本主义精神”为支撑的，这种精神是西欧理性主义发展的结果。因此，资本主义与新教伦理有着一种内在的亲和关系。在此，韦伯实际上是把人的生活行为的伦理理性化放在分析的焦点上。在《中国宗教：儒教与道教》等著作中，他从反面论证了为什么在西方文明以外的其他地方，历史上未能发育出西方那种特殊的理性资本主义。在其未完成的经典巨著——《经济、诸社会领域及权力》（后由韦伯的遗孀以《经济与社会》为书名整理出版）中，其中一个很重要的内容是从政治社会学的角度探讨了在高度官僚制化、理性化的资本主义社会的条件下，自由是如何可能的。韦伯的深刻之处在于，他一方面看到了官僚制所拥有的非人格化和专业化精神是现代社会最有效的管理方式，另一方面又看到了导致官僚制高效率和有益于社会的特征，同样也使它可能演化为一座“铁笼”（iron cage），在这个铁笼里，人失去了自由和主体性，“专家没有灵魂，纵欲者没有心肝”。可以说，韦伯是最早洞察到现代性悖论的思想大师之一。但是，韦伯所作的并不仅仅是充满焦虑的冷峻预言，他更关心在现代性的悖论中，我们到底该如何安置我们的自由？如何塑造我们的人格？韦伯在去世前不久对德国大学生所作的两次演讲“科学作为天职”和“政治作为天职”（后以《学术与政治》为名出版）虽然篇幅短小，却凝聚了韦伯一生的经验和学识。这两篇演讲所关心的一个中心问题就是：既然我们处在一个除魔（disenchantment，也译“除魅”，指祛除了一切神秘的成分）的世界中，我们如何面对献身与距离、激情与自律、理想与现实感、信念伦理与责任伦理之间的复杂张力，不是逃避或者屈从于各种幻觉，而是坚守一种天职（calling）的日常要求，来形塑一种人格，成为一种现代性的英雄。在韦伯的时代里，各种幻觉大行其道，当人们没有力量面对冷酷的现实的时候，就会请回各种各样的旧神，让它们从坟墓中站起来，对我们的生活施展早已逝去的魔力。如果说韦伯的这两次演讲对于当时听惯了各种信誓旦旦的革命演讲的人来说是一个救赎的话，那正是因为韦伯无情地摧毁了这些幻觉，告诉我们要用勇气和智慧在这样一个充满现代性悖论的世界中去严肃地思考、生活和工作。

我们现在来对经典社会学理论的发展脉络做一个简单的总结。孔德虽然是“社会学之父”,但他的社会学理论还未摆脱浓厚的思辨哲学色彩,所以,未能单独形成一种传统,其较有价值的思想被吸收在涂尔干的理论中。托克维尔的著作(在某种程度上还可以包括孟德斯鸠的著作)中虽然蕴涵着丰富的社会学资源,但由于受后世狭隘的学科界限之害,长期被排斥在社会学的门外。① 因此,经典理论对后世产生深远影响的主要有三种传统:马克思的批判社会学传统、涂尔干的实证社会学传统与韦伯的解释社会学传统。马克思、涂尔干和韦伯也因此被公认为社会学理论的三大奠基人。

二、现代社会学理论的美国化

经典社会学理论是由欧洲特别是法国、德国和英国所主导的。20 世纪初,社会学理论的中心逐渐从欧洲转到美国。这不仅仅是因为世界政治、经济和文化格局在发生变化,也因为社会学首先在美国得以成功地制度化。社会学的发展期正逢美国的大学体系急剧膨胀的岁月。社会学得以在美国的大学体系中迅速地立足,成为被公认的正规学科。世界上第一个社会学系、第一本社会学教材、第一批研究生教育、第一个专业学会和期刊,都出现在美国。最初,美国社会学缺乏原创性,主要局限于对欧洲社会学理论进行有选择性地引介。而后,美国学者对欧洲社会学进行了实用主义的改造,形成了两个有特色的发展方向:一个方向是以罗伯特·帕克(R. Parke)为领袖、以芝加哥学派为代表,注重实地调查、都市社区研究和解决实际问题的经验研究;另一个方向是偏重社会心理和行为研究的理论研究。相比起来,前者的影响要远大过后者。不过,从根本上扭转美国在社会学理论上的弱势,为美国社会学理论赢得世界性声誉的,是 20 世纪 30 年代帕森斯开创的结构功能主义。

塔尔科德·帕森斯(T. Parsons)1937 年出版的《社会行动的结构》是美国社会学中芝加哥学派衰落、结构功能主义崛起的历史转折点。他在这本书中将“社会秩序是如何可能的”界定为社会学理论的核心问题。他规定将社会行动作为全部理论研究的出发点,并从社会价值规范的角度综合了涂尔干、韦伯等欧洲理论家的观点。帕森斯后期又在《社会系统》《社会行动的一般理论》等著作中发展出社会系统理论,阐述了社会价值体系是如何通过影响行动者的主观取向而使行动者之间相互依赖和相互结合的。在这个宏大的理论中,他寻求的是一个可以用来分析所有类型的社会现象的框架。在解释从社会制度到个人行动等种种社会现象时,他强调的是社会系统的现存结构,而非这个结构产生的历史过程;他看重的是这个结构在维持系统生存中所发挥的社会功能,而非决定论意义上的原因。他的理论因为特别强调任何行动系统都必须满足四项基本的功能要求——适应(adaptation)、达鹄(goal attainment)、

① 由于种种原因,同样堪称社会学理论家而长期被排斥、遭冷落的还有德国人齐美尔(G. Simmel)、滕尼斯(F. Tonnies)和意大利人帕雷托(V. Pareto)等。

整合(integration)、维模(latency pattern maintenance),所以,其理论常常被简化为AGIL(各取这四项功能要求的英文词的第一个字母)分析框架。帕森斯的这些理论创造是奠基在欧洲古典理论之上的。正是由于帕森斯的努力,涂尔干和韦伯才取代孔德和斯宾塞成为经典社会学理论的核心;但也正由于帕森斯的改造,韦伯理论传统与涂尔干理论传统之间的张力消失了,韦伯理论在帕森斯的解读中被赋予了实证主义的色彩。尽管帕森斯本人声称对实证主义并不满意,但他关心的秩序问题正是实证主义的经典命题,他笔下高度抽象、独立自主的社会体系表面上似乎无法直接以经验来证实,但在分析上却正如涂尔干所说的社会事实一般,是经验性的实在,因此,帕森斯本人也就开创出了一个独特的实证主义流派——分析实在论(analytic realism)。从20世纪40年代到60年代,帕森斯的理论雄踞世界社会学理论的霸主地位,学界有人将这个时期的社会学理论称为“帕森斯主义的时代”。在这个时代为结构功能主义做出杰出贡献的还有罗伯特·默顿(R. Merton)。默顿通过批评传统功能主义的缺陷,建立起用以指导经验研究的功能分析范式,把功能主义推进到一个新的阶段。

帕森斯的理论因想解释一切社会现象而具有高度的抽象性,又因其强调系统内部的均衡和调适而具有强烈的保守性。从20世纪60年代开始,随着美国社会环境的变化,帕森斯理论遭到严重的挑战。从对帕森斯理论的反叛出发,形成了不同的流派。

社会冲突理论继承和吸收了马克思、韦伯和齐美尔等经典理论家有关冲突的思想,激烈地抨击了结构功能主义的社会均衡模式,发展出一种用来考察和解释现实社会各种社会矛盾与斗争的社会冲突模式。这种理论不仅认为冲突是普遍存在的,而且在一定的条件下是有助于社会的整合和稳定的。这种理论的主要代表人物有美国社会学家刘易斯·科塞(L. Coser)和德国社会学家拉尔夫·达伦多夫(L. Dahrendorf)。

社会交换理论是在对帕森斯理论的批判中崛起的另一个理论流派。它反对结构功能主义那种抹杀人的个性,只把人当作社会制度或社会结构制约下的角色的观点,而坚持从人的行为本身来理解人,从人际互动中最基本的形式——交换来发现形成社会结构的最初动因。这种交换在乔治·霍曼斯(G. Homans)那里主要是指直接的、非制度化的交换关系,而在彼特·布劳那里则扩展为宏观的、制度化的交换网络。

与前两个理论流派有所不同,社会互动理论(也称符号互动理论)是先于帕森斯理论诞生的。美国社会学在最初用实用主义改造欧洲社会学理论时,就提出了符号互动论的一些基本思想。到乔治·米德(G. Mead)那里开始形成比较完整、系统的理论体系。不过,“符号互动论”这个名称被正式提出来并被发展为一个相当规模的理论流派,还是在批判帕森斯理论的高峰时期——20世纪60年代。赫伯特·布鲁默(H. Blumer)和欧文·戈夫曼(E. Goffman)是其中最杰出的代表。他们认为人类的行动主要是根据自身对外在事物所赋予的意义,这种意义就产生于人们的互动之中。这种意义并非一成不变,而是由行动者根据其特定“处境”来随时加以修正的。符号互动论认为个人的行为是受行动者自己控制的,个人是有主观选择能力的,这样,这种理论就与结构功能主义将个人视为社会结构的产物的看法划清了界限。

尽管冲突理论、交换理论和互动理论从各自的角度对帕森斯的理论做了批判,但实际上,这些流派并没有彻底摆脱帕森斯所关心的秩序问题,并没有真正改变帕森斯将欧洲社会理论实证主义化的倾向,并不足以瓦解帕森斯所奠定的社会学的“正流共识”。从某种角度说,这些理论对帕森斯理论的补充意义甚至超过了否定意义。帕森斯主义占据主流地位的时期也就成了现代社会学理论的美国化时期。

三、当代西方社会学理论的多元化

韦伯理论在美国社会学中被推崇,要归功于帕森斯。但韦伯理论在美国社会学中的单面化,也要归罪于帕森斯。要真正突破帕森斯主义,重新恢复社会学理论内在的张力,就必然要经历重新解读韦伯的过程。20 世纪 60 年代,理论界围绕对韦伯思想的解释所产生的大争论,揭开了社会学理论多元化发展的序幕。

1961 年,当时的联邦德国社会学学会在图宾根开会时,科学哲学家波普尔(K. Popper)与批判理论的代表人物阿多诺围绕“社会科学的逻辑问题”展开了第一次大争论。1964 年,联邦德国社会学学会在海德堡隆重集会纪念韦伯 100 周年诞辰时,与会者围绕韦伯的价值中立问题又一次展开了激烈的争论。应邀与会的帕森斯做了“价值中立与客观性”的报告,而批判理论的另一重要代表马尔库塞做了“工业化与资本主义”的报告,双方对韦伯的“价值中立”概念的理解发生了重大分歧。1968 年联邦德国社会学学会在法兰克福开会时,达伦多夫与阿多诺之间又进行了交锋。这三次争论都直接或间接地与韦伯的社会学思想有关。这场旷日持久的论战的一个直接后果,就是促使人们回过头来重新研究韦伯的著作,并导致了韦伯思想在当时联邦德国的复兴。

在这三次争论中,尽管每一次代表实证主义传统出场的理论家分属于不同的理论流派——从批判理性主义到结构功能论者再到社会冲突论者,但是,代表反实证主义传统出场的理论家都属于同一个理论流派——批判理论学派也即法兰克福学派。这个学派在 20 世纪 20 年代诞生于德国,其创立的批判理论以马克思主义思想为主要的理论资源,所以又被称为“西方马克思主义”。它在 20 世纪 60—70 年代有力地推动了韦伯思想的“去帕森斯化”。不过,真正将马克思和韦伯的理论传统贯通起来的是这个学派的第三代传人——德国思想家朱根·哈贝马斯(J. Habermas)。哈贝马斯在《沟通行动理论》中提出用“沟通理性”(communicative rationality)来替代现在几乎已被窄化为科技理性的“理性”概念,并企图通过对理想沟通情境的建构来克服资本主义现代性的危机。

而英国社会学家吉登斯则在重新解读三大经典社会理论家的基础上，提出了自己的结构化理论。他在《社会的构成》等著作中提出结构既是行为的中介，又是行为的结果；社会系统的结构性特征并不外在于行动，而是反复不断地卷入行动的生产和再生产中。这样，他就用"结构的二重性"(duality of structure)这个概念来化解社会学理论中一直存在着的社会结构与个人能动性的二元论问题。

同样是反对二元论，法国社会学家布迪厄的实践理论又与吉登斯不同。布迪厄在《实践理论大纲》等著作中将经典社会学理论遗产与法国特有的认识论传统结合在一起，将结构主义和建构主义两种思路融为一体，通过场域(field)、惯习(habitus)和资本(capital)这些基本概念，体现出从关系性来探索社会生活中的实践奥秘的鲜明特征。

另一位法国思想大师福柯(M. Foucault)虽然被一些坚持狭隘的学科分界的社会学教科书所排斥，但他对当代社会学理论的影响却丝毫不亚于韦伯和涂尔干。尽管他本人不曾用"社会理论家"来称呼自己，但他在《规训与惩罚》(也译为《纪律与惩罚》)和《性史》等著作中将富于洞察力的历史分析和不断涌现的理论创见几乎完美地结合在一起，深入探讨了权力、知识与自我的关系，探讨了权力关系得以发挥作用的场所、方式和技术，尤其是各种微观权力(micro-power)的运作，从而使他独特的"身体—权力—知识(body-power-knowledge)"三位一体的权力分析范式成为社会批评以及社会转变的有力工具。

美国学者在当代社会学理论中虽然不再独霸天下，但仍然以其特有的工具实证主义风格对社会理论产生着持续的影响。尤其要提的是，虽然帕森斯和默顿的功能主义理论在20世纪60年代中期失去了社会学理论主流的位置，但是，默顿提出的"中层理论(middle theory)"概念却被广泛接纳，并对包括社会学、政治学等在内的整个美国社会科学都产生了巨大的影响。所谓"中层理论"，是指在宏大理论与微观操作之间的理论构架，它强调的是对那些可以被观察、操作或推理的因果关系的研究，即在具体经验研究的假设基础上进行有限度的理论探讨。中层理论一方面在经验研究上具有很强的实用性，另一方面也以"实用"的方式去处理经典理论，并不关心经典理论复杂的思想张力，从而遮蔽了经典理论作为完整的理论文本的重要性，因此，它对理论的影响是利弊参半的。例如，以杰夫·亚历山大(J. Alexander)等为代表的新功能主义一方面对老功能主义的一些缺陷进行批评，另一方面又在充分吸收众多当代理论成果的基础上"重建"功能主义，将冲突理论、互动理论和交换理论的基本思想整合进功能主义的框架中，建立起一个新的中层理论化的功能主义。

限于篇幅，我们对其他一些在当代社会学理论中有着重要影响的学者[如德国人尼古拉斯·卢曼(N. Luhmann)和罗伯特·埃利亚斯(R. Elias)等]无法一一述及。我们对后现代社会理论的发展概貌也略而不论了。不过，我们可以看到，当今的社会学理论已经打破了美国社会学理论一枝独秀的局面，呈现出多元化发展的良好势头。

第二节 社会学的基本方法

社会学所探讨的许多问题是社会学界外的许多普通人都关心的甚至在共同思考的。那么，普通人与社会学专家思考的差别到底在哪里呢？对这个问题，韦伯做过非常清晰的回答："业余人士与专业工作者唯一的不同，在于他缺少一套确切可靠的操作方法，因而往往造成一种结果，他无法对他的一项直觉的意义加以判定、评估和经营发展。"也就是说，如果你没有掌握一套科学的社会研究方法的话，那么，你即使有再敏锐的直觉也无法获得真正有价值的研究成果。一个真正优秀的社会学家必须具备丰富的社会学想象力与扎实的社会学研究技能，这样，他才不仅能够对大众媒体发言，还能够在专业领域立足。而且，他在专业领域的研究成果越突出，他对大众媒体发言的可信度和权威性才越高。

一、社会学研究的方法论

社会研究方法可以分为三个层次：方法论，即指导研究的思想体系；研究方式，即贯穿于研究全过程的程序与操作方式；具体方法，即在研究的某一阶段使用的方法。我们在本小节先介绍社会研究的基本方法论问题。

在社会学奠基时期，孔德—涂尔干的研究传统与韦伯的研究传统开辟出两个相当不同的社会研究路向，这两个路向延续至今仍是方法论问题的基本争议所在。

一个路向是实证主义方法论。实证主义认为社会现象有其客观存在的规律，因此应该用经验事实来检验社会学的假说，用数量分析来发现社会现象之间的因果规律。在它看来，虽然社会科学在方法和技术的运用上有自己的一些特点，但社会科学在理论建构、证据搜集、资料分析和理论检验等方面所运用的方法，与自然科学方法并无本质上的差别。因此，它在调查研究中就注重量化程度较高的抽样问卷调查、量表与测验、实验等定量方法。

另一个路向是反实证主义方法论。反实证主义认为社会现象在本质上不同于自然现象，因为社会现象被社会行动者人为赋予了"意义"，因而不能完全依靠自然科学的方法来研究。它主张通过理解社会现象的特殊意义来对具体的社会历史事件做出因果性的说明，在调查研究中注重量化程度较低的深度访问、参与观察和历史比较等定性或质性研究方法。

需要注意的是，尽管这两种路向在看待和解释社会现象上存在着基本的分歧，但它们并不是截然对立的。真正与实证主义方法论截然对立的主观主义方法论一般并不被社会学所认同。韦伯式的反实证主义方法论实际上是处于实证主义和主观主义之间的方法论，它反对的是照搬自然科学方法或滥用数量分析方法，而并不反对以经验事实为依据来建立和检验理论这一实证原则。因此，无论是量化程度较高的抽样调查，还是量化程度较低的参与观察，都既可以为实证主义方法论者所用，也可以为反实证主义方法论者所用。

二、社会学的研究方式

一个社会学研究的过程通常包含六个阶段：第一阶段确定研究假设，第二阶段进行研究设计，第三阶段根据研究设计收集资料，第四阶段依据假设分析资料，第五阶段解释调查结果并得出结论，第六阶段公布研究结论。研究方式的问题贯穿于整个研究过程，但它更集中地体现在前两个阶段中。我们在此的简略分析也限于这两个阶段。

（一）确定研究假设

一个好的社会研究最重要的基础就是要能够提出有价值的问题。这种问题既可以来自敏锐的经验直觉，也可以来自深刻的理论洞察。其价值既可以体现在理论的建构和检验上，也可以体现在对现实问题的解决和对社会发展的推动上。作为研究课题的问题在形成过程中有三个主要的构成成分：第一是发问，即陈述想解决的问题；第二是基本依据或理由，说明为什么要解答这个问题；第三是阐明疑问，即对提出的疑问找出与理由相符的可能的答案。当然，并不是所有有价值的问题都可以进行实际研究。社会学研究课题的确定，除了课题本身的价值外，还取决于主要研究者的理论水平和研究能力，取决于整个课题组的物力、财力、人力，取决于被研究者的配合情况。

一旦确定了研究题目，就要选择研究的类型。从研究目的来看，社会学研究可以分为描述性研究和解释性研究。描述性研究是通过对现状准确、全面的描述来解决“是什么”的问题，是关于对象的大致轮廓和外部表象的展现；而解释性研究则试图对社会现象做出普遍的因果解释，以解答“为什么”和“怎么样”的问题，是对事物内部联系和本质特征的分析。描述性研究是社会学经验研究的起点，而解释性研究是社会学经验研究的深化。

描述性研究一般没有明确的假设，但在进入观察分析前必须有一些初步的设想。这些设想主要包括：研究题目在时间、空间上的范围界定；研究对象的界定；研究层次的界定；对所使用的概念做出具体的、可操作化的定义。例如，我们如果要对当代中国城市的同居现象做描述性研究，可以做以下的设想：①界定研究对象。对“同居”现象先做一个可操作化的定义：“一对异性男女在一起共同生活半年以上，但一直未进行婚姻登记。”②界定研究范围。例如，同居研究课题组可以将北京、上海、广州、重庆、南京和兰州选取为研究的空间范围，将 2013 年到 2018 年选定为研究的时间范围。③确定研究方法。例如，同居研究课题组可以通过抽样，对这五个城市各抽取250对同居者进行调查。

解释性研究在研究前要求将研究所涉及的主要概念转换成具体的、可以测量的变量，要提出一些明确的研究假设，建立一个将这些假设联系起来的因果模型。建立这种模型的方式主要有以下三种：

1. 列出与现象有关的各种可能的原因或结果。我们可以根据已知的结果（这个结果被视为因变量），去探求造成这个结果的各种可能的原因（这些原因即被视为自变量），建立多因一果的模型。例如，研究同居现象上升的问题，我们可以提出造成这一现象的若干可能原因，如社会开放程度的增大，对个人自主价值的强调，道德约束力的减弱，对走入婚姻的种种顾虑，等等。我们也可以在自变量已知的情况下去研究未知的因变量，建立一因多果的模型。例如，研究同居现象增多所带来的各种社会影响。

2. 详析两个变量之间的关系，即选择一个最主要的自变量建立研究假设，然后用各种资料来检验这一假设，并在深入分析这两个变量与其他变量之间的关系后再建立因果模型。例如，我们根据经验直觉，发现同居现象与社会的开放程度有很密切的关系，后者有可能是前者的一个主要原因，因此，我们就可以把这两个变量之间的因果联系作为主要的研究假设。将这两个变量进行操作化的定义后，先分析这两个变量的统计关系，看它们是否高度相关。如果我们应用统计控制能够验证其他因素不会是这两个变量的相关关系的来源，那么，我们就可以建立起这两个变量之间的因果模型。

3. 进行多变量的分析，深入分析变量间的作用机制。现实生活中很少有简单的因果关系。例如，同居现象就不大可能只受社会开放程度这一个因素的影响。因此，许多统计分析都要进行至少两个以上的多变量分析，并去发现几个相对重要的变量所产生的总体效应。这样建立起来的往往就是一个比较复杂的因果模型。

（二）进行研究设计

这里的研究设计主要是指选取合适的研究方法。社会学家常用的研究方法有四种：统计调查、实地研究、实验研究与间接研究。统计调查是运用问卷、结构式访谈、文献收集等具体方法在相对较多的人群中收集资料。实地研究是不带假设直接到社会生活中去收集资料，然后依靠研究者本人的理解和概括从经验资料中得出一般性的结论。实验研究是对变量之间的因果关系进行精确的评估，它通常是在具备严格控制条件的社会学实验室中进行的。间接研究是利用别的研究者以前所收集的资料进行分析。这些研究方法又由一些具体的方法组成，我们下一小节将介绍其中几种较常用的方法。

从最一般的意义上说，研究方法可分为定量方法与定性方法。定量方法用于可通过数量来测量，从而可以进一步进行数量比较和分析的研究单位。统计调查和实验法就属于定量方法。定性方法是对无法用数量来分析的研究单位进行描述、归纳、分类和比较，进而对某种社会现象的性质和特征做出分析。实地研究和相当一部分的间接研究就属于定性方法。定量方法的优点是标准化和准确化程度高，逻辑推理严谨，可以对现象之间的因果关系做比较精确的分析。它的缺点是许多社会现象非常复杂和独特，难以进行数量分析和经验概括，即使可以运用数量分析也难以洞察社会现象的意义和动机。定性方法的优点是便于完整地把握社会现实，深入地了解社会现象的具体过程和行为意义。它的缺点是这种对研究者理解力、洞察力依赖性较强的分析缺乏客观的评价标准，其分析得出的结论也不一定具有普遍性。总之，这两种方法各有利弊，我们在研究中应该根据研究对象的特点来具体确定最适用的方法。

三、社会学研究的具体方法

（一）问卷调查法

问卷调查是社会学常用的一种资料收集方法。社会学研究因为涉及问题的范围都比较广，所以，很少有力量对研究对象采取普遍调查的方式，而常常是从研究对象的整体中选出一部分代表，用问卷的方式来加以调查研究，然后用所得的结果去推论和说明总体的特性。这种从总体中选出一部分的过程就是抽样，所选出的这部分代表即是样本。这种研究方法由五个阶段组成：

1. 确定调查总体，即根据我们已经拟定的研究主题，确定调查总体的范围。

2. 选取调查样本。选取样本有一套严格的程序。选取样本的程度越完善，样本就越接近调查总体，运用样本所进行的归纳和预测就会越准确。

最基本的抽样方式是随机抽样，即对总体中的所有个体按完全随机的原则来抽取。日常生活中，我们常用的抛硬币、抽签就是一种随机抽样。但在规模较大的社会调查中，我们是根据计算机所编制的随机数字表来进行抽样的。

更为常见的抽样是分层抽样和系统抽样。分层抽样是先将总体依照某些特征分为几个群体，如把知识分子总体分为教师、研究人员、医生、记者等，每一个群体就构成一层，然后在每一层中再进行随机抽样。系统抽样是将总体按照某一特征排列起来，然后等间隔地依次抽取样本。如在某区的居民花名册中每隔 50 人选取 1 人。

还有一种抽样是整群抽样，即把总体按照某种标准划分为一些子群体，每一个子群体作为一个抽样单位，用随机的方法从中抽取若干子群体，将抽出的子群体中所有个体合起来作为总体的样本。如果子群体内部个体数目较多，而个体彼此间差异并不大时，还可以再从中用随机抽样的方法来抽取样本，这被称为多阶段整群抽样。例如，在当代中国社会研究中提出市场转型理论的美国学者倪志伟，他依据的就是 1985 年在厦门所做的一次整群抽样问卷调查。他先从厦门两个因地理环境和社会经济条件的多样性而被选入调查范围的近郊县城中抽取了 30 个自然村，随后按照镇政府的户口登记从这些村中随机选取了 725 户样本，并对这些样本进行问卷调查分析。

3. 设计调查问卷。问卷分为封闭式问卷和开放式问卷两类。封闭式问卷是把所要了解的问题和可能的答案全部列出的问卷形式;开放式问卷是只提出问题,不提供可选择的答案的问卷形式。相较而言,封闭式问卷在实际中运用得更为广泛,因为它使回答者完成问卷十分容易,同时也便于研究者进行精确的定量分析。

编写问卷前应做一定的探索性工作,围绕所要研究的问题,同各种类型的回答者交谈,以利于将研究主题细化为一个个的具体问题,并充分考虑到各种可能的答案。编写问卷时应按照从简单的问题到复杂的问题、从封闭式问题到开放式问题的顺序来进行。问卷编写完以后还要通过试用或专家评议,修改后再正式使用。问卷一般不宜过长,以免调查者不愿合作。提问要简明扼要,问题不应有倾向性。要避免提双重含义的问题,即在一个问题中实际上问了两个问题。如,"您的父母是干部吗?"这就让父母亲只有一个是干部的被调查者无法回答是或否。另外,不要问回答者不知道的问题,也不要直接问敏感性问题,不要用否定形式提问。设计的答案必须具有穷尽性和互斥性,即我们所列的答案应该包括所有可能的回答,而且这些答案相互之间是不能相互包含的。

4. 问卷调查实施。问题调查的具体实施方式主要有以下几种:由访问员根据被调查者的回答来填写问卷;由访问员将问卷发给调查者,等被调查者填完后再收回;通过电话访问,由访问员根据被调查者的回答来填写问卷;通过邮局将问卷寄给被调查者,他们回答完后又通过邮局寄回。前两种实施形式所需的成本较高,但能更好地保证回答的可信度和问卷的回收率,是运用得较普遍的问卷调查形式。

5. 分析调查资料。大部分的调查问卷都需要研究者通过计算机来处理相关的数据,而后对资料进行统计分析,最后得出调查分析的结论。

(二)深度访谈法

访谈法是指调查员与调查对象面对面接触,通过有目的的谈话收集资料的方法。根据对访谈过程的控制程度,可以将其分为结构式访谈与无结构式访谈。结构式访谈实际上是前述的抽样问卷调查的一种实施方式。无结构式访谈弹性大,能充分调动访谈者和被访谈者的积极性,访谈者也能够对问题做全面、深入的了解,是个案研究中运用最广泛的方法之一。所谓的"个案研究",是与统计调查相对而言的一种调查方式,它是通过对某些个案的详细描述与分析,去发现影响事物的主要因素及其作用,从而发展出经验的概括或理论的假设。

在无结构式访谈的各种类型中,深度访谈法特别适合用于取得个案研究的资料。深度访谈是为收集个人特定经验(如遭受家庭暴力、自杀、吸毒)的过程及其动机和情感资料所做的访谈。这种访谈是访问员围绕所要研究的主题,对调查者的生活经历进行详细的了解和忠实地记录,并通过对这个典型的研究来分析某个群体的生活状况。例如,黄树民所著的《林村的故事》就是通过对福建省一个村庄(学名为

“林村”）党支部书记叶文德的生活史研究，来展现1949年后中国农村所经历的重大变革。深度访谈还可以对不同个体的生活史进行整理、归类和分析，发现其中的异同和相关群体的生活状况。同样是展现1949年后的中国农村的社会生活状况，陈佩华等人所著的《当代中国农村历沧桑——毛邓体制下的陈村》（也译为《陈村》）则是通过对陈村许多村民的深度访谈来展开的。

深度访谈对访谈员有较高的要求，访谈员不仅在访谈前要做充分的准备，而且还要善于通过提问和表情、动作来控制访谈过程。当访谈开始后，访谈员要通过既系统又灵活的发问（包括插话）来引导整个访谈过程；当被调查者跑题时，访谈员要巧妙地通过归纳将问题转换过来；当被调查者对一些关键问题或细节说得非常含糊甚至相互矛盾时，访谈员要懂得以中立的态度进行追问；访谈员还要用自己得体自然的表情和动作向被调查者传达鼓励相关的谈话或中断不相关的谈话的信息。深度访谈结束后，要对访谈记录或录音进行及时、详细地整理和分析。

（三）参与观察法

观察是社会研究的主要方法之一。它可以在实验室进行，但更多的是在实地进行；它可以进行局外观察，但更多的是进行参与观察。参与观察是人类学最常用的研究方法，最初多用于对原始社区或特殊文化群体的观察，所以又被称作“田野工作”（field work）。但目前这种方法已经被社会学广泛运用到对现代社会的研究中。

参与观察预先不带什么具体的理论假设，而是在实地中以一个参与者或半参与者的身份进行长期的观察，从大量现象中概括出研究对象的主要特征。例如，应星就利用在某地长达一年的挂职锻炼机会，做了大量的访谈和仔细地观察，并收集了大量的书面材料，通过对一个水库移民集体上访事件的细致展现，揭示了新时期国家与农民之间的复杂关系，以及权力是如何在自上而下和自下而上的双向实践中运作的。又如，项飙对到北京做服装生意的浙江温州人的聚居地——“浙江村”的研究就是在长达6年的时间里，深入浙江村的日常生活中去，主要通过观察等方式收集大量资料，最后发现了浙江村这种外地人聚居群落是如何发展起来的，这种聚居方式对整个社会结构会产生什么样的影响。

参与观察首先要求研究者能够与被调查者确立良好的关系。在各种社会研究方式中，参与观察对被调查者的日常生活的影响是最大的。所以，建立和维持这种关系的技术是至关重要的。这种技术主要包括三个方面：第一，要通过各种方式（如借助当地重要人物的支持，获得在当地的某个正式身份，为被调查者做出保守秘密的承诺，等等）取得被调查者的信任，以便能够较快地参与到被调查者的日常生活中去。第二，要使参与的手段服从于观察的目的，要在参与中保持相对中立的立场，以免被调查者的日常生活因为调查者的强势介入而发生较大的变化，从而使这个个案研究失去典型意义。第三，要在以后的研究中尽可能地保护被调查者的隐私，信守调查刚开始时对被调查者的承诺，使其正常的生活状态不会因为这项研究而遭到破坏。

参与观察还要求研究者具备敏锐的洞察力,善于捕捉有价值的日常生活细节,随时反省和修正自己不恰当的先入之见。

(四)文献分析法

文献分析法与其他方法的一个显著差异在于,它不是直接从研究对象那里获取研究所需要的资料,而是去收集和分析现存的、以文字形式为主的文献资料。这种方法的一大特点是研究者与研究对象完全没有互动,既不会因为与研究对象接触而“失真”,又可以研究一些无法直接进行调查的对象。文献法具体包括比较历史分析法、内容分析法和既有资料分析法。例如,黄宗智对现代华北的小农经济与社会变迁的研究就主要利用了20世纪30年代日本“南满洲铁道株式会社”研究人员在华北平原所做的实地调查资料(这些资料后来被简称为“满铁资料”)。虽然满铁资料是侵略者为殖民统治需要而发起的调查研究,因而有其固有的资料缺陷,但是当时多数实际从事调查的人是工作细致的日本学者,他们所收集的这些资料仍不失较高的学术价值。黄宗智以满铁资料为基础所做的华北社会史研究也得到了学术界的广泛承认。

四、中国社会研究中的方法适用问题

我们在本节一开始就强调了掌握社会学方法对于从事专业学习的重要性。不过,在对社会学基本方法做完介绍后,我们要回过头来说,应该注意破除唯方法论的神话。所谓“唯方法论”,是指这样一种倾向,即把方法从研究对象中孤立出来,把研究对象的理论建构问题化约为经验指标和经验观察的技术操作问题,这样就变成了为方法而方法。实际上,没有任何方法可以保证其获得的知识所代表的是唯一的真理,也就是说,任何方法本身都不是绝对的。我们所使用的各种方法必须与所要处理的问题相适配,并且在采用它们来解决具体问题的运用过程中,不断地对它们进行反思。

与此相关的是,我们还应该注意破除量化方法的神话。虽然从理论上说定量方法与定性方法各有利弊,但是,在美国实证主义思想影响下,定量方法在社会学尤其是美国社会学中运用得远比定性方法广泛,其所享有的“科学”地位似乎也远在定性方法之上。美国社会学以经验实证为主流取向,常常以自然科学方法论中所假定的严格性作为社会科学的首要目标,进而在社会科学中推崇统计技术,强调通过恰当的方法,对不稳定的因素进行控制性的研究。如果量化方法发展到以其标准性、精确性、客观性垄断了科学声誉的地步,那么,它也就从一种科学方法蜕变为一种科学神话了。然而,叶启政的研究已经深刻地揭示了量化方法自诩“绝对客观”背后的历史建构性质。他批判了一些实证社会学者特别是力主量化者的误区在于把整个历史与文化条件抽空,以为统计概念及其方法理路本身具有客观地验证普遍有效的科学真理的能耐,却不知统计社会学长期所依赖的两个核心概念——“中央趋势”与“离散度”本身就是特殊文化与历史背景下的特殊概念产物。在不同的历史或文化情境里使用同一个统计概念,研究者应当注意到其内涵的社会意义极可能是不一样的，因此必须对其进行不同的诠释和理解。而这却是统计社会学家一向忽视，但是不能不令我们认真思考的社会学课题。

实际上，如果说定量方法对于社会结构早已被彻底夷平，社会运作高度制度化、规范化的西方发达社会来说常常是更适用的研究方法的话，那么，定性方法对于中国社会的研究就具有特殊的重要性。这种重要性主要体现在如下方面：

首先，这是基于中国文明的独特历史和中国人的情理逻辑。以帕森斯为代表的美国主流社会学往往过分强调传统与现代的对立，历史是非常不重要的，因为人类各个社会最后似乎都要演进到美国现代社会这样一个格局，研究清楚了美国社会的现状，似乎就足以洞察全世界了。然而，对中国社会和中国人来说，文明绝不是远古的传说，历史也绝不是躺在博物馆里的文物。文明就烙在我们的身体上，历史就弥散在我们的人伦日用中。中国人对家庭关系的格外看重，对情理相融的独特理解，对人伦差等的特别讲究，都体现出中国传统强劲的作用力。民国时期的社会学家之所以成就卓著，一个很重要的因素就在于他们身上厚重的历史感。他们能够将现代社会科学的视野和方法融汇在对中国思想和社会变局的理解中，阐幽抉微，博古通今。而中国社会学重建40年以来，在阐发面子、人情、关系、“气”等本土现象上的不断拓展，在理解中国人社会行动的伦理气质上的不断深入，都体现出历史维度对中国社会学研究的特殊意味。

其次，这是基于中国现代社会转型的巨变性。米尔斯提出“社会学的想象力”，促使我们去追问三类问题：社会的结构是什么？社会的变迁是怎样的？社会的人性是如何的？显然，社会学的想象力是与对社会变迁的体察紧紧连在一起的。社会学在美国大学地位的相对边缘化，与美国社会早已完成巨变、进入了一个社会结构高度稳定的时代是有相当关系的。而中国社会的情况恰恰相反。从梁启超将清末民初的变局称为“三千年未有之大变局”开始，中国社会的巨变就始终没有停息过。从传统社会的解体到民国社会的再造，从“总体性社会”的建立到改革开放的实行，再到今天全面深化改革的开展，无论我们如何评价这些变化，这一波又一波的巨变在变动的深度、广度和速度上都是史无前例的。中国作为一个历史悠久、人口众多、文化独特、发展迅速、问题复杂的大国，其巨变不仅牵动着十多亿国人的命运，而且对世界的政治经济格局也发生着深刻的影响。而这些影响使我们比米尔斯的时代更需要历史的眼光、过程的分析和实践的视角。孙立平提出了中国社会学面向实践的问题。他所谓面对实践的社会学，强调的是将一种实践状态的社会现象作为社会学的研究对象，将社会事实看作是动态的、流动的，而不是静态的。过程则是进入实践状态社会现象的入手点，是接近实践状态社会现象的一种途径。社会学家在对过程的强调中，更会强调事件性的过程，因为实践状态社会现象的逻辑，往往是在事件性的过程中才能更充分地展示出来。显而易见，以细微见长、以事件为中心的定性研究方法与面向中国社会转型的实践社会学有着特殊的亲合性。

再次，这是基于中国社会体制运作的变通性。任何一个社会的运作都有正式的和非正式的两套机制，都有制度的刚性和弹性两个向度。但是，中国社会的特殊性在于其非正式的机制往往比正式的机制更为重要，其变通的影响所及常常已经超越甚至抹掉了制度边界。这是因为中国社会的实质理性化程度较低，加上现在又处在新旧体制的交轨时期，在主导性意识形态连续性背景下，社会的实际运作往往不是依照正规的、标准的规章，而是另有一套非正式的变通机制。对于这样一种有着十分微妙的社会学味道的社会机制，定性研究常常更能够显出独特的魅力：事件之间那些复杂的，有时纯粹是偶然或随机的关系不是被线性的、单义的或结构的因果关系所排除，而是在各种事件的遭遇中被揭示出来。我们难以像自然科学那样旨在发现一般性、客观性的规律或规则，而是可以展现行动与制度之间复杂的、"适合的"因果关系，由此去体味中国社会的独特滋味。

最后，这是基于中国底层社会的复杂性。社会学自诞生以来的一个重要品质就是关注世俗生活和社会底层。而在中国当代社会，底层社会的人群远比中产阶层庞大。研究者的一个很大困难就在于如何能够进入这些沉默的大多数的生活世界。中国美术馆收藏有著名画家罗中立的一幅油画——《父亲》。岁月的刻痕、生活的磨难、人生的重负，都烙在罗中立画笔下这位老农满面的皱纹上。那些底层民众几乎所有的苦难都是烙在身体上的，难以言传。也许我们得以触碰他们的苦难的一个办法，是像一个画家那样去展示烙在他们身体上的烙印。而社会学所谓"展示"，最好的形式莫过于叙事的手法，这是量表、问卷和录音机都难以企及的。在"无名者的生活"中，福柯关注的是日常生活中那些暧昧不清的不幸形象，他们几乎注定要沉没在黑暗中，只是在和权力相撞击的特殊时机，他们才短促地出现，又迅即消失。他们的故事夹杂着美与恐怖，具有一种超现实的色彩。而我们也许无法把握日常生活本身，但却可以设法在那些日常生活被触动、被冒犯、被侵略的瞬间，在无名者与权力相撞击的光中，窥见他们模糊的身影，而后尝试撰写福柯所谓的"生命的诗"。而定性研究方法正是撰写那些历史无名者的"生活的诗"最得心应手的工具。在《大河移民上访的故事》中，作者故意用一些场景、插曲、旁枝把一些无名者稍纵即逝的身影留下来，使他们那出于偶然而存留在某个不为人知的文本中的尴尬、疯狂、苦难、叫喊、沉默、无助和死亡呈现出故事中所要努力捕捉的理论味之外的叙事效果。那部著作的重点是围绕移民精英和地方政府（从区乡到县再到地区）来展开的，普通农民在这个故事中都还只是一个模糊的背影，但也许故事中的那些"枝蔓"能使人在暧昧不明的村庄日常生活被权力之光照耀时多少感受到那些无名者的生命颤动。

当然，定性研究方法本身并非社会研究的至上法宝。正如常言所谓"功夫在诗外"，社会学研究者能否用质性研究的方式推进学术研究，这主要取决于研究者的理论素养、问题意识以及对材料的敏感。社会现象不是自在的，而是被呈现、被建构出来的。没有独特的感知和敏锐的问题意识，社会实在纵然如神祇般矗立在山顶，人也可能视而不见。社会学家能够从熟悉的世界中感到震撼,能够从平静的生活中看到动荡,能够从常规的秩序中发现悖论,能够从繁荣的景象中体察断裂,这完全取决于他们的理论修养。因此可以说,没有任何方法可以保证其获得的知识所代表的是唯一的真理。任何方法本身都不是绝对的,无论这种方法是以实证的面目还是以叙事的面目出现。是什么样的主题和什么样的材料决定了什么样的方法是适用的。方法所保证的只是在一些特殊思想预设指引下,一个特定论述与人们的经验感知间所具有的贴切感的程度而已。

思 考 题

1. 经典社会学理论有哪几种主要的研究传统?其主要的理论分析视角分别是什么?

2. 如何理解现代社会学理论的美国化?当代社会学理论的发展趋向有何变化?

3. 试从社会研究方法的三个层次来比较实证主义方法与反实证主义方法。

4. 如何理解在研究中国社会时的方法适用问题?

推荐阅读书目

[1]阿隆. 社会学主要思潮[M]. 葛智强,译. 北京:华夏出版社,2001.

[2]边燕杰. 市场转型与社会分层[M]. 北京:生活 · 读书 · 新知三联书店,2002.

[3]柏格. 与社会学同游:人文主义的视角[M]. 何道宽,译. 北京:北京大学出版社,2008.

[4]柏格,卢格曼. 现实的社会建构:知识社会学论纲[M]. 吴肃然,译. 北京:北京大学出版社,2019.

[5]李猛. 科学作为天职:韦伯与文明时代的命运[M]. 北京:生活 · 读书 · 新知三联书店,2018.

[6]苏国勋. 理性化及其限制:韦伯思想引论[M]. 上海:上海人民出版社,1987.

[7]涂尔干. 社会分工论[M]. 渠东,译. 北京:生活 · 读书 · 新知三联书店,2000.

[8]项飙. 跨越边界的社区[M]. 北京:生活 · 读书 · 新知三联书店,2000.

[9]叶启政. 实证的迷思:重估社会科学经验研究[M]. 北京:生活 · 读书 · 新知三联书店,2018.

[10]应星. 大河移民上访的故事[M]. 北京:生活 · 读书 · 新知三联书店,2001.

第三章

社会化

小花园里,两个三四岁的小女孩正在一起追逐玩闹。她们的母亲在旁边看着她们。这时,又有一个年龄差不多的小男孩拿着一个玩具手枪跑过来加入她们。其中一个小女孩看到小男孩手里的玩具枪,就停下来问:“把你的枪给我玩会儿,好吗?”小男孩说:“不,不给你玩儿。”“给我玩会儿吧!”小女孩又央求道。“不。”小男孩仍然坚持着。听到这段对话后,两个孩子的妈妈走了过来,小女孩的妈妈说:“宝宝,枪有什么好玩的?枪是男孩儿玩的,咱们去玩别的吧。”小男孩的妈妈说:“给小朋友玩一会儿吧,大家要友好,要不然,人家就不跟你一起玩了。”小女孩说:“妈妈,我没有玩过枪,就想要枪玩。”经过了一阵劝说,小男孩同意把枪给小女孩玩,他们又兴高采烈地在一起玩起来了。

这样的例子在我们的生活场景中比比皆是,实际上,这正是人类社会化过程的一个片段。在一个人成长的过程中,有一连串的学习任务,有的是通过潜移默化(女孩的家长很少给她买枪之类的玩具),有的是父母直接的教化(如果不友好、合作,就很难加入群体)。这里面不仅包括性别角色的期待与学习,个人参与群体的冲突与合作,还体现出成人在这样一个过程中承担传递价值观念与行为规范的责任等。任何一个个人刚生下来的时候虽然只是一个生物人,但同时还具有一系列的社会性特征。要想完全成长为人类中的一员,就必须学会参与群体或社会。

因此,社会化实际上是两个过程的结合:一是个人通过与社会的互动,获得独特的个性和人格,学会适应并参与社会生活的过程。二是社会成员、社会结构和社会文化一起行动,共同支持和维护社会生存与运行的过程。从第一个过程来看,社会化不仅是一个从“生物人”向“社会人”转变的过程,而且是一个内化社会价值标准、学习角色技能、适应社会生活的过程。由于成年人生活中同样存在这样一些问题,因此,社会化在人的整个一生中都在继续——在人的生命周期的每个阶段,从出生、婴幼儿、青少年、成年、老年直到死亡，社会化都是存在的。从第二个过程来看，社会化不仅对个人的生存、发展是至关重要的，而且对社会的生存与有效运作也是如此。因此，社会成员的行为、社会结构的运行、社会文化的期待等共同塑造着个人社会化的过程，共同维持着社会的正常运转和持续发展。

第一节 人的生物性与社会性

一、人的生物性与社会性

人具有生物性和社会性，每一个人都是这两种属性的结合体。每个人在出生之初，都只是自然人、生物人，只有一些最基本的生理本能。个人仅凭生而具有的自然属性和生物本能是不能在社会中生存的，这样的生物人必须经过社会化过程，转变成具有社会观念和社会技能的社会人，才能适应社会，才能在特定的社会环境中生存下来，社会也才可能存在和发展。没有社会人就没有社会。

（一）人的生物性

社会化过程与人的生物性密切相关。一个人的生物需要的满足，特别是早年的生物需要的满足，是其社会化过程的重要部分。在生物界，只有人类个体能够接受社会化的训练而具备社会属性并参与人类社会生活，人以外的其他动物则没有这种能力。也就是说，离开了人类特有的生物性，社会化的活动就无法进行。人类区别于动物的基本特性主要包括以下两个方面：

1. 较长的依赖生活期。人类个体在出生后由于受到生理发育上的限制，有一段较长的依赖生活期。人有六年左右的时间处于幼年期，也就是说，这是完全依赖于他人的时间，此后的十多年是青少年期。这样，整个生命的15%~25%的时间是依赖父母或其他人的照顾才能生存和正常地发育成长的。正是这个延长了的依赖时期，为学习文化意义与社会技能提供了必要的时间，也与他人和社会总体建立了终生的社会和情感联系。

2. 独特的语言、思维及学习能力。人类能够使用语言，这是人类个体接受社会化的一个重要条件。由于人类社会的一切知识和观念都是靠语言来传达和接受的，人能够借助语言来学习大量的直接知识和间接知识，学习社会文化，掌握社会规范和社会技能。另外，人们大量的社会互动凭借语言来实现，人们借助语言理解他人的思想和要求，同时也向他人表达自己的思想和感情。

与人类语言能力联系在一起的是人类的思维能力，这是人类区别于其他动物的根本特征，也是人类个体能够接受社会化，适应社会生活的最重要的生物基础条件。人的大脑及高级神经系统使人具有能动地反映客观外部世界的特殊思维活动能力，其中包括形象思维、抽象思维和逻辑思维能力。在社会化过程中，人们正是运用了特有的思维能力，才能对所接受的各种有关外部事物的信息加以分析、归纳、判断和推理；才能对周围事物做出事实判断和价值判断，并在此基础上理解各种社会规范对自己的要求，确立起自己的角色观念、价值观念和行为方式。

人类所特有的语言能力和思维能力，使个体在社会化过程中表现出具有其他动物所不可比拟的学习能力。人类能够凭借语言能力和思维能力，更迅速、正确和深刻地认识客观事物的本质属性，理解所处社会环境的意义，接受社会文化的熏陶。人类能够根据所了解和学习的知识，确立起自己的思想观念、态度和行为模式，有目的、有计划地指导自己的社会活动，提高自己适应社会的能力。

（二）人的社会性

从出生之日起，个人就具有了在某一种族、阶层、民族、宗教和地区的先赋地位——这些都可能会有力地影响后来的社会相互作用和社会化的性质，因而人还具有社会的属性。正如马克思所说："人的本质并不是单个人所固有的抽象物。在其现实性上，它是一切社会关系的总和。"

1. 阶层。任何一个人一生下来，除了上述人类共同具备的一切生物性特征以外，还具有了人类的一些社会性特征，社会阶层就是其中一个比较明显的例子。当一个孩子出生时，人们常常会说，"这个孩子是含着金钥匙出生的"，或者说，"真是造孽呀，孩子生在这样的家庭"。这意味着，人从一出生，就是在不同的社会阶层和生活状态中成长，受到各种社会环境的影响的。社会学研究表明，父亲属于高收入阶层，其子女的身高就会比低收入阶层群体的子女要高些。理由之一就是，高收入的家庭，能够提供较好的营养。另外，在教养孩子的方法上，中产阶级的父母更倾向于放任型，而工人阶级的父母更倾向于专制型。因此，阶层这种社会属性影响到了个体社会化的不同起点和方向。

2. 文化。文化是人的社会性的另一个重要体现。任何一个人都是一个特定时空中的人，属于不同的国家、地区、种族和时代，有不同的文化背景。人本身在一定意义上是文化的产物，成长和生活在由某种文化主导的环境中，必须遵循这种文化所规定的途径和方法去学习和掌握相应的价值观念、行为规范和行为模式，以及相应的生活和工作技能，并且随着文化的变迁适时调整自己的行为和观念，才能成为一个合格的社会成员。在前面的例子中，对于男孩、女孩的不同性别角色期待以及参与群体活动的相应行为规则，很大程度上就是文化这一社会性的典型表现。

人的社会性与生物性是密切相关的。人的生物性是社会性的基础，人的社会性是在人的生物性的基础上发展起来的。人是生物性和社会性的统一，其中，社会性是人区别于动物的本质属性，社会性决定了人的本质。

二、社会化的功能与类型

(一)社会化的功能

社会化的功能与社会化的两个过程密切相关,在社会化的过程中,个人发展了自己独特的个性和人格,与此同时,社会结构得以被维持和发展,社会文化获得了延续与传递。

1. 形成和发展独特人格。从心理学的意义上说,人格,是指个人具有的稳定的、综合的心理特征。它的基本内容包括两个方面:一是个性倾向,即人对社会环境的态度和行为的特征,如需要、动机、兴趣、观念、态度、习惯等;二是个性心理特征,如能力、气质、性格等人的心理特点的独特结合。从社会化对于个人的意义来看,社会化被视为一个人的人格形成和发展的过程,社会人就是经由社会化过程而形成有独特人格的人。美国社会学家库利和米德关于"自我"的研究是有关人格发展的社会化的代表性观点,在他们看来,内化他人的态度,并按照社会上其他人的一般期待来调整自己行为的过程,就是社会化过程。

2. 维持和发展社会结构。社会化在形成和发展独特人格的同时,还是一个角色学习的过程。美国社会学家萨金特于 1950 年首次把角色概念与社会化联系起来,认为社会化的本质就是角色承担。帕森斯在后来的研究中指出,社会化过程就是一个角色学习过程。在此过程中,个人需要了解自己在群体或社会关系结构中的地位,领会与遵从群体或社会对这一地位的角色期待,并学会如何顺利地完成角色的任务。因此,社会化就是要使人变得具有社会性,并在这一过程中维持和发展社会结构。

3. 传递和延续社会文化。社会化研究的文化角度认为,社会化是一个文化传递和延续的过程,社会化的实质是社会文化的内化。例如,美国社会学家奥格本提出,人的社会化过程就是接受世代积累的文化遗产,保持社会文化的传递和社会生活的延续。社会文化的核心是价值标准和社会规范。价值标准指一个社会比较一致、比较持久的信念,对个人行为起到引导和稳定作用;社会规范则是特定时空内维持社会秩序的生活规则,它约束着人们的行为方式。

(二)社会化的类型

社会化的类型共有五种,即初始社会化、预期社会化、发展社会化、逆向社会化和再社会化(郑杭生,2003)。这五种类型,有的是人生必须经历的,如初始社会化;有的则是不一定会经历的,如再社会化。

1. 初始社会化。初始社会化(primary socialization)是发生在生命早期的社会化。其主要任务是向儿童传授语言和其他认知本领,使其内化社会文化规范和价值标准,能够正确理解社会关于各种角色的期望和要求。初始社会化主要发生在儿童时期，是整个社会化过程的基础。

2. 预期社会化。预期社会化（anticipatory socialization）是这样一种社会化形式：人们在此过程中学习的不是现在要扮演的角色，而是将来要扮演的角色。例如，学生在大学里进行的大量学习都是为将来在工作中所要扮演的角色做准备的，这种学习过程就是预期社会化。预期社会化大量地发生在青年时期。

3. 发展社会化。发展社会化（developmental socialization）是相对初始社会化而言的，并且是在初始社会化的基础上进行的。它指的是成年人为了适应新形势提出的角色要求而进行的学习过程。发展社会化亦称继续社会化，往往意味着生活方式急剧转变中的社会化过程。

4. 逆向社会化。社会化长期被认为是一个单向过程，即长辈将社会规范和文化知识传授给晚辈。现在，社会学家普遍认为社会化是一个双向过程，即不但有长辈传授知识和规范给晚辈，也有晚辈传授知识和规范给长辈。晚辈传授文化规范和知识给长辈就是逆向社会化（reversal socialization）。在传统社会中，逆向社会化很少见。在现代社会中，社会变迁速度快，知识更新速度也快，一些成年人往往跟不上形势，他们要想不落伍，就必须接受逆向社会化。

5. 再社会化。再社会化（resocialization）是指全面放弃原已习得的价值标准和行为规范，重新确立新的价值标准和行为规范。再社会化与发展社会化有本质的不同：第一，发展社会化着眼于人的完善，而再社会化着眼于人的改造。第二，再社会化的形式一般比发展社会化要剧烈。再社会化虽然着眼于人的改造，但它并不一定是负面的和强制性的。改造罪犯，让罪犯洗心革面，重新做人，这是再社会化，是负面的、强制性的。而其他一些形式的再社会化，例如，新兵入伍后要全盘放弃原来的生活方式，接受新的生活方式，这虽然是强制性的，但却不是负面的；一个人移民到了新的国家和文化环境以后，可能也要全盘放弃原来的文化，接受新的文化，这种再社会化既不是强制性的，也不是负面的，反而可能是主动的、正面的。

第二节　社会化的环境因素

人的社会化过程除了需要具备最基本的生物性基础以外，还需要具有相应的环境因素，才能顺利完成。这些环境因素包括家庭、学校、朋辈群体、工作组织和大众传媒等。对于一个健康、正常的儿童来说，其社会化过程的完成有赖于他所处的环境中是否具备社会化所必需的社会条件。如果剥夺了某些必要的社会环境条件，社会化必然出现重大缺陷而无法达到正常的水平。人们熟知的关于“狼孩”的故事，其实就是其社会化环境因素缺失的有力证明。

当然，不同的社会环境因素对个人的影响，在个人的不同发展阶段以及随个人的人格成熟程度不同而有较大的差异。例如，当个人的身心发展已经成熟的时候，受到大众传媒等社会环境的影响就较小。同样地，个人在幼年或青少年时期，如果受到了家庭、学校、朋辈群体等社会环境中不良因素影响而产生行为偏差，会影响到人格形成的基础，甚至可能终生难以纠正。

一、家庭

对每个人来说，社会化的过程几乎都是从家庭开始的，家庭是个体出生后接受社会化的第一个社会环境，家庭的教育和影响对个人一生的社会化具有重要意义。

首先，家庭对个人的早期社会化具有重大影响。人们常说："家庭是人生的第一所学校，父母是子女的第一任老师。"儿童在家庭中的生活时间约占其全部生活时间的三分之二，他们首先受到的是家庭环境的影响。个人早期的社会化内容，如基本的行为规范、基本的是非和善恶标准以及友爱、尊敬等基本的情感体验，都是在家庭早期社会化中完成或确立的，因此，家庭环境在个人早期社会化过程中占据极其重要的位置。

其次，家庭对于个人行为规范、价值观念、生活习惯等的重要影响甚至延续一生。对于一个个体来说，早期社会化中家庭环境因素对个人的观念、心理和行为习惯会发生潜移默化的深刻影响，例如，家庭在种族、阶层、宗教等方面的社会特征，父母的经济收入、生活方式和文化教养等，通过日常的家庭生活和交往活动，将对个人一生的行为规范、价值观念、生活习惯等产生持续而深远的影响。

然而，作为日益工业化社会的一个结果，双薪、核心家庭不断增多，许多孩子在很小的年龄就进入幼儿园或不得不整日与祖父母待在一起，因此，家庭在社会化过程中的主导地位受到了其他社会化环境因素的挑战。儿童花在看电视、玩手机方面的时间（有的时候是与祖父母一起）可能比与父母待在一起的时间还要多。或者，儿童的生活越来越以幼儿园、学校和朋辈群体为中心。最近，这些家庭以外的社会化环境已经变得越来越有影响了。

二、学校

家庭以外的最主要的社会化环境是学校。学校是个人通往社会的必由之路。随着部分家庭功能的减弱，学校越来越成为对儿童、青少年乃至成年人进行有组织、有系统、有影响的社会化教育的主要途径，学校通过引导学生服从教育制度的安排，传播占统治地位的文化目标、价值标准和人类知识遗产，培养学生思考、分析和解决问题的能力等来推动学生逐渐成为一个合格的社会成员。通过学校接受正规教育是一个重要并且长期的过程，有的情况下要延续20年左右的时间。

儿童及青少年在学校中学习的社会角色比在家庭中所学的要更多地面向社会。老师告诉他们，作为学生，人们对他们有什么期望，作为社会成员、国家公民，人们对他们又有什么期望。如果说家庭里的社会化是以一种耳濡目染、潜移默化的形式在日常生活中自然而然实现的,那么,学校中的社会化则强调专门的学习,带有半强制性。学校教育对人的社会化具有更强的指导作用。儿童及青少年在这里不仅要接受与他人相比较的系统评价,努力培养自己与他人交往的合作性和独立性,而且要学会服从非个人的规则和权威,按照规范的要求去扮演自己的社会角色,并理解和把握这种组织群体中的人际关系。

三、朋辈群体

所谓朋辈群体,指由那些在年龄、兴趣爱好、家庭背景等方面比较接近的人所自发结成的社会群体。朋辈群体,从广义上说,包括同辈群体和朋友群体两个概念。所谓同辈群体,是指有大致相当的社会地位并且通常年龄相仿的一群人;同辈群体的成员并不一定是朋友,例如,小学二年级的儿童尽管他们在情感上彼此并不亲密,但这就是一个同辈群体。所谓朋友群体,是指有共同的兴趣、活动,或有相似的收入、职业或社会地位的一群人;朋友群体的年龄不一定相同或相近,这时因为在成年期,年龄的局限具有很大的伸缩性,17 岁和 70 岁的人,都有可能成为一个 37 岁的朋友群体的成员。朋友群体对一个人的价值观念、行为方式等具有相当重要的影响。一般而言,同辈群体在朋辈中的作用更为明显和突出。

从人际互动的角度来说,那些在家庭背景、思想观念和兴趣爱好等方面具有较大相似性的同龄人之间,最容易彼此产生人际吸引和人际影响。同龄群体对个人有较强的吸引力和影响力,它的群体规范和价值观念往往被个人当作社会化过程中的重要参照系,从而成为个人社会化的一个重要环境因素。当儿童逐渐长大,发现自己的一些兴趣和爱好在家庭和学校中不能得到满足时,便开始寻找同龄伙伴。

儿童时代,朋友群体的形成大部分出于偶然。在儿童长大以后,他们开始自己选择朋友。由于同辈群体可以以一种独立的姿态,在平等的基础上和他人进行交往,建立或中断某种人际关系。这种活动可以使儿童大大提高自身的独立意识,学会灵活地扮演多种社会角色,提高人际交往和解决人际冲突的能力。同样,青少年同辈群体在帮助年轻人减少对成年人的依赖方面也十分重要。

同辈群体可以成为一种历史的力量。在任何社会,同代人都有共同的经历,并用共同的方式做出反应;在这种意义上,他们是更大的形式上的同辈群体。例如在中国,人们熟悉的所谓“知青一代”主要是指那些生于 1945—1955 年,曾经中断了正常的初高中教育甚至大学教育,经历了“上山下乡”的艰苦岁月,逐步在政府、企业、高校等部门成为中坚力量的一代人。同样地,现在经常被人提及的“八零后”“九零后”的青年人,主要是指中国的独生子女一代,他们出生在改革开放后的中国,生活条件相对优越,社会环境比较宽松,他们几乎可以毫无顾忌地宣扬自己的个性,追求多样化的生活。而这在前几代人,特别是“知青一代”那里,简直是难以想象的。

四、工作组织

工作组织是个人社会化的又一社会环境因素。一般来说，年轻人离开学校后就要寻找工作，开始自己的职业生涯，并可能会相对长时间地在某一组织工作。人们在这里接受职业技能和专业知识的学习和培训，工作组织由此成了人们确定基本社会身份和职业道德的地方。

工作组织是成人继续社会化和职业社会化的主要场所。个人不仅要在工作组织的职业活动中学习职业技能，遵守职业规范，学会扮演职业角色等，还要在工作组织中通过自己的职业活动和职业成就来确立自己的社会地位，实现人生理想和价值，并在这一过程中进一步确立个人的能力、品格、气质、性格等。除此以外，工作组织还给人们提供了检验和发展家庭及学校社会化成果的场所。一个人只有进入工作组织，才意味着他开始真正地走入社会，他在家庭和学校中所经历的社会化过程能否使他适应这个社会，是否需要根据工作组织的实际情况不断调整和发展自己的价值标准和行为方式等，都必须在工作组织中进行检验，这也是个人继续社会化的过程之一。

五、大众传媒

在现代社会中，大众传媒日益发达，它在人们的社会化中起到了极其重要的作用。大众传媒，指的是包括广播、电视、报纸、书籍、杂志、互联网、社交媒体等在内的，对广大人群产生重要影响的传播方式和媒介手段。大众传媒通过其本身形式的多样性和内容的丰富性，对广大受众的价值观念产生一定程度的导向作用，并对人们的行为活动具有相当的暗示作用。

在大众传媒出现之前，信息传递的速度非常缓慢，主要是靠口头传播。而现在，信息借助于广播、电视、互联网、社交媒体等现代通信手段，能够在几秒钟内传遍全世界。例如，通过电视直播，人们几乎可以身临其境地感受到地球每一个角落的生活。再如，通过互联网，远隔重洋的人们可以在同一时间内进行无障碍地交流。

近年来，越来越多的人开始关注新型社交媒体对人们的影响。随着智能手机和移动互联网技术的发展，微博、微信、抖音、脸书（facebook）、推特等社交媒体的注册人数飞速增长。通过这些社交媒体，人们可以迅速便捷地跨越时间、空间的限制，传递自己以及周边环境的即时状态，表达自己的情感需求和思想观点。传统的媒体形式基本上是中心化的，从一个媒体中心向多个受众终端扩散，而社交媒体既有中心化的属性，也有去中心化的属性，理论上说，每个人在网络上都可以是一个传播主体和中心。因此，社交媒体对人们的影响可以说是无时无刻、无处不在的。社交媒体既为人们提供了现实的世界与行为的信息，又提供了想象的世界和行为的信息。相当一部分社交媒体的信息具有正面的、积极的意义，一方面，传递了大量有用的知识与信息，另一方面，对激发兴趣、学习社会角色、遵守社会规范等起到了传统媒体无法比拟的作用。但同时，它也带来了许多消极的甚至是有害的影响。因为即便是成年人，也很容易误解他们所看到的和所听到的东西，就更不用说身心尚未成熟的儿童和青少年了。例如，一些未经证实的信息可以在短时间内病毒式地大范围传播，有可能混淆视听，产生巨大的负面影响。无论如何，大众传媒已经成为现代社会一个不容忽视的主要社会化力量。

第三节　生命历程中的社会化

一、有关社会化的若干理论

（一）人格发展理论

社会化的功能之一就是形成每个人独特的个性和人格。人们可能会认为自己的人格是独一无二的。然而，社会学与社会心理学则更多地认为，人格是人们处于其中的社会和文化力量的产物。在心理学和社会学看来，人格就是个体心理特质和行为特征的总和。人格可以分为几个主要部分：认知（思想、知识水平、知觉和记忆）、行为（技能、天赋和能力水平）及情感（感觉与感情）。

1. 库利的“镜中我”概念。美国社会学家库利认为，自我或人格是社会的产物，是通过社会互动而产生的。他将自我意识的形成分为三个阶段：①我们察觉自己在他人面前的行为方式；②在做出行为之后，我们设想或理解他人对自己行为的评价；③我们根据自己对他人评价的想象来评价自己的行为，并据此做出下一步反应。在这样一个循环往复的过程中，就逐渐形成了每个人的自我意识和人格。库利生动形象地将通过观察别人对自己行为的反应而形成的自我概念称为“镜中我”，即每个人的“自我”观念其实是他人这面“镜子”的反射。库利还注意到父母和家庭等“初级群体”在个性发展和个体社会化过程中的重要作用。

2. 米德的“角色借用”理论。符号互动论的代表人物之一米德也曾研究过自我意识的形成。米德认为，在孩子出生的最初几个月里，他们并未意识到自己与他人是有所区分的。随着语言的发展和对符号的理解，自我概念开始发展。人开始将“我”作为一个符号，作为一个对象来思考，这时，自我意识就开始产生了。米德将“自我”分为“主我”和“客我”两个部分。“主我”是每个人自发的，独一无二的，为自我和人格的发展提供动力；“客我”是自我的社会部分，是内化的社会要求和期待，是在社会互动过程中形成和发展起来的。“主我”首先发展起来，“客我”要经过很长时间才出现。主我和客我是相互影响的，自我的发展过程就是“主我”与“客我”之间的一个连续不断的互动过程。

米德认为，社会化的实质是“角色借用”，即把自己想象为处于他人的角色或地位,从而发展起从他人的角度看待自我与世界的能力。米德认为,社会化过程可以分为三个阶段:模仿阶段、嬉戏阶段和群体游戏阶段。每个阶段"角色借用"的对象是不同的。相应地,"客我"涵盖的内容和范围也是不同的。在模仿阶段,孩子只能简单地理解和模仿父母的动作,"角色借用"是非常有限的,因此,自我意识也是非常弱的。到了嬉戏阶段,孩子开始借用一些"重要他人"的角色。这些角色往往就在孩子的周围,在孩子的生活中占有重要地位,如父母、兄弟、朋友等。"客我"的内涵和外延已经有了较大的扩展。到了群体游戏阶段,孩子需要和能够借用的角色范围更加广泛,开始观察、理解和模仿"一般他人"的角色。当能够这样做时,他们已将"社会"内化了,"客我"的形成过程就完成了。社会化过程就是一个从只能借用有限的、特定的角色到能够借用普通的"一般他人"的角色的演进过程。

3. 弗洛伊德的人格结构观点。与库利和米德强调个体与社会之间的协调不同,弗洛伊德看到的是在这两者之间更为经常的冲突。弗洛伊德强调人格形成过程中的生物因素,特别是性的因素。弗洛伊德认为,人格的发展在很大程度上是受"无意识"驱动的。他将人格划分为三个部分:本我、自我和超我。本我是人格结构中最原始、最隐秘的部分,其基本成分是人类的基本需求和冲动,特别是性冲动。本我受本能驱动,遵循快乐原则。自我是从本我中分化出来的。由于本我的各种需要在现实中不可能立即且全部得到满足,个体必须接受现实的限制,学会在现实中获得需求的满足。于是,这服从现实的一部分即从本我中分离出来,成为自我。自我遵循的是现实原则。它在本我、超我和现实环境之间起着调节作用。超我是从自我中分离出来的,是人格结构中的最高部分。它是个体接受社会道德规范的教养后逐渐形成的,服从社会的道德要求,在整个人格结构中居于管制地位,对人格的其他部分进行审查和监控,它遵循的是完美原则。在三者中,自我和超我属于意识层次,本我属于潜意识层次。后者长期处于前者的压抑和控制之下,处于无意识状态。在人格发展过程中,本我、自我和超我三者如能和谐一致,那么人格发展过程将会是正常的;如果三者失衡甚至长期冲突,人格发育将会非常困难,甚至出现某些心理疾病。

弗洛伊德还把人格发展过程分为五个时期,即口腔期(0~1岁)、肛门期(1~3岁)、性器期(3~6岁)、潜伏期(7岁至青春期)、两性期(青春期以后)。他认为,前三个时期对人一生人格的发展至关重要,一生的人格在这三个时期即已基本确定下来。这三个时期的基本需求,特别是性欲的满足程度如何,直接关系到以后人格健康与否。弗洛伊德的观点过于强调生物因素对人格塑造的影响,而对社会因素强调不足,他也因此受到广泛批评,但他对无意识的发现和对早期社会化的强调则得到了研究者的肯定。

4. 埃里克森的"认同危机"理论。埃里克森深受弗洛伊德的影响,后来者都称他为"新弗洛伊德主义者"。弗洛伊德强调本我的冲动,埃里克森关注的则是更为"理性"的自我的世界。埃里克森把自我的发展分为八个心理阶段,它随着人们一生不同时期的发展要求而变化。弗洛伊德重点研究的是儿童期;埃里克森的发展阶段一直延续到老年期,认为人格发展是终其一生的事情,而不仅仅在儿童期。他认为,人在成长的每个阶段,都会遇到某种心理问题,都要对周围环境所提出的特定社会要求做出反应。如果个人能成功地解决这些问题,就会在心理和行为上表现出积极的反应;如果个人不能很好地解决这些问题,就会出现"认同危机",给以后的社会化过程留下隐患。以下是对埃里克森8个认同危机的概括:

(1)信任与不信任(婴儿期)。婴儿如果能得到父母或他人的良好照料,各种需求得到充分满足,就能建立起对周围环境的信任感。相反,则会对他人和环境产生不信任,以致对以后各阶段的社会化产生不良影响。

(2)自主与怀疑(幼儿期)。儿童在这一阶段开始学习对自己的肢体活动加以自主控制,用自己的感官去熟悉周围环境。父母应有意识地鼓励孩子的这种自主性活动,过多的指导、责怪或限制,会使儿童产生羞耻感,并对自身的能力和周围的环境产生疑虑,不利于培养独立自主的个性。

(3)主动与内疚(学龄前)。由于儿童具有了语言的能力和从事游戏活动的能力,他开始表现出与他人交谈和一起从事游戏活动的主动性。父母如果对儿童主动的要求不予理睬或管束太多,取笑或惩罚儿童一些带有创造性甚至有点荒诞的做法,就可能使他产生内疚感,影响其想象力和创造力的发展。

(4)勤奋与自卑(学龄期)。在这一时期,儿童对周围事物的用途和构造的好奇心增强,乐于使用工具去进行操作活动。这时成年人应鼓励儿童积极动脑并努力完成自己喜爱的活动,从而培养儿童完成工作的勤奋精神。不理解或压制儿童的想象力和创造性活动,会造成儿童的自卑感。

(5)认同与角色混淆(青春期)。青少年在这一时期特别注意观察和认识各种社会角色的意义,学会扮演不同角色,实现角色的自我认同。如果个人在这一时期的社会交往活动中缺乏主动和自信,就不能正确地理解各种社会角色的意义,而在活动中出现角色混淆不清的现象。

(6)亲密与孤独(青年期)。这一阶段个人将经历恋爱、婚姻和建立家庭等事件,顺利地完成这些活动,需要个人具有学会和异性交往并建立亲密关系的能力。这方面活动的失败,会使个体陷入难以自拔的孤独感。

(7)代际关怀与自我沉溺(中年期)。由于个人的社会成就已相对达到顶峰,自己的子女已逐渐长大,个人增加了对他人特别是对下一代人的关心。那些因为各种原因没有形成对后代关注的个人,则会沉溺于对自我、对自己的事业和生活的关注之中。

(8)完美与绝望(老年期)。在人生的最后阶段,个人会经常回忆和总结自己一生的活动,试图给自己的一生做出一个使自己满意的解释,并给它画上一个完美的句号。如果个人不能找到这样一种满意的解释,将会陷入追悔和绝望的情绪之中。

埃里克森的研究是以美国中产阶级的生活经验为基础的,没有考虑到社会阶层、种族群体等的影响。另外,因为对成功和幸福的理解在不同的人那里各不相同,所以,埃里克森的模型中暗含的关于人格发展的抽象理想也受到了很多研究者的质疑。

5. 皮亚杰的"认知发展"理论。如果说前面的理论都是把人格发展当作一个整体来讨论的话,那么,瑞士心理学者皮亚杰则从人格发展的一个局部,即认知的发展来考察人格的发展问题。皮亚杰认为,智力遵循有规则的、可预期的变化模式。他假定认知发展有四个阶段,在每一个新的发展阶段,先前阶段的能力并没有丧失,而是被整合到了新的思维与认识方法中去了。

皮亚杰认为儿童智力发展要经过下列几个阶段:

第一阶段,感觉运动智力阶段,从孩子出生到大约 18 个月。这时儿童对世界的了解,是完全通过他们的感觉器官的。这一阶段的特征是形成了越来越多的复杂的感觉和运动基模,这些基模允许婴儿组织并练习控制他们的环境。

第二阶段,前运算思维阶段,从 2 岁左右持续到 6 岁。在这个阶段,孩子通过语言、模仿、意象、象征游戏和象征绘画,形成了象征性的表征基模的工具。他们的认识仍与他们自己的知觉紧密地联系在一起。

第三阶段,具体运算思维阶段,在 7~11 岁。在这一阶段,儿童开始了解某些因果关系的逻辑必然性,他们能够大量使用范畴、分类系统和等级,他们解决与外界现实明显关联的问题比形成有关纯哲学或抽象概念的假设更为成功,他们也开始发展起了从他人的位置来想象自我的能力。

第四阶段,形式运算思维阶段,从青少年开始一直横贯成年期。这种思维的层次使个人能够把许多同时相互作用的变量概念化,使人能创造出用于问题解决的规律或规则系统。形式运算思维反映了智力的本质,科学和哲学即建立在此基础之上。

(二)生命历程理论

上述各种人格发展理论,虽然在不同程度上考虑到了个体之外的社会因素,但总的来说,它们的基本研究单位还是个体,关注的问题主要还是心理和人格发展问题,对于群体的社会化以及社会化过程中社会结构因素影响的考察是相对不充分的,因而基本上属于微观社会学的范畴。而生命历程理论则将个体的生命历程看作是更大的社会力量和社会结构的产物,试图从宏观与微观相结合的视角去研究个体的社会化过程。

生命历程理论的基本分析范式,是将个体的生命历程理解为一个由多个生命事件构成的序列。例如,一个人一生中会经历入学、就业、生育、退休等生命事件,这些生命事件按一定顺序排列起来,就构成了一个人的生命历程。生命事件发生的时间、地点和内容深受社会结构的影响,而生命事件反过来又会影响到个体的角色扮演。这样,以“生命事件”概念为中介就打通了社会结构与个体社会化过程之间的关系。生命事件发生的轨迹,亦即先后次序,以及生命事件之间的过渡关系,是生命历程理论研究的基本主题。在考察宏观的社会结构与个体的生命历程之间的关系时,主要关注生命历程的四个要点:

1. 生命发生的时间和空间。生活在不同时间和空间的生命会面临不同的社会景观。时间和空间规定了不同生命所拥有的生活机会、权力和回报。比如,“知青一代”与“八零后”“九零后”等在生活机会方面有巨大差别。

2. 生命的相关性。任何一个人总是生活在一定社会关系之中的,生命历程与生命历程之间是相互联系的。生命的相关性,要求考察不同生命历程之间的互动关系。

3. 生命的时间安排。生命的时间安排,是指一个社会对个体生命历程中特定角色和事件所发生的时间和后果的期望。一个社会一般会有一个“标准时间表”,指明个体的生命历程与整个社会期待之间的相互关系。但是生命的时间安排,可能会因某些突发事件而打乱。

4. 人的能动性。个体的能动性在自己的生命历程中也有很大作用,个体的生命历程并不是完全取决于外部环境。

社会化过程贯穿人的整个生命历程,对生命历程的分析实际上就是对社会化过程的分析,因此,下面我们以生命历程的分析范式来考察个人一生中几个主要阶段的社会化过程。

二、生命历程中的社会化

社会化是一个贯穿整个人生的持续不断的过程,它不会在某个特定年龄结束,在人的生命周期的每个阶段,从出生、婴幼儿、青少年、成年、老年直到死亡,社会化都是存在的。当我们是婴幼儿的时候,我们必须学习基本的语言和动作;当我们处于青少年时期,我们需要接受不同的性别角色,逐步自立;当我们是成人了,我们仍然需要学习如何组建家庭,如何成为一个合格的父母等;即使在老年期这样一个接近人生终点的年龄段,我们也必须调整自己以适应死亡日益逼近、人生整合的新情境,并创造新的自我形象。在复杂的社会中,生命展现为一个不断变化的序列,在这一序列中,有许多新的角色需要我们来扮演。

(一)儿童及幼年时期的社会化

儿童及幼年时期社会化的主要内容包括两部分:一是作为社会化生物性基础的动作、语言、思维、推理等各项能力的发展;二是学习基本生活知识的技能,掌握基本的社会规范,建立基本的人际关系,以及能够做出最基本的善恶区分和道德与价值判断,并发展出自己独特的人格基础,从而为进一步社会化奠定基础。其中,生物性基础的发展是这个阶段的核心任务,儿童及幼年时期也是个人一生生物性基础发展的主要时期。社会学家、教育学家和心理学家历来认为儿童时期的社会化对个人成长具有特殊意义，因为儿童及幼年时期社会化成功与否、顺利与否，直接关系到下一个阶段个人社会化的进程。许多研究和事例都表明，个人成年以后在某些心理或行为上的特征，都可以从其儿童及幼年时期的社会化进程中找到"印记"，这种特征可能是家庭环境中的家庭结构、家庭成员之间的关系，如父母关系及亲子关系，也可能是父母的教养观念与方式的影响所致。正因为如此，早期社会化对个人一生的社会化历程显得格外重要。

1. 婴幼儿的社会化。从出生到六岁，是个人一生社会化中最重要的时期。在此期间，人格的发展已经奠定了基础，动作、语言方面在幼年期已渐渐成熟，认知、道德以及家庭关系已具备雏形。此时，何种方式的抚育和管教成为儿童及幼年期的主要社会化任务。

(1)婴幼儿社会化生物性基础的发展。婴幼儿的动作、语言以及智力、心理发展是其社会化的重要生物性基础。从爬、坐、站、走、跑、跳、手能握物到细微的动作，孩子在这些动作的发展过程中渐渐发展出独立的意识。父母应该在这个时期有意识地让孩子通过游戏及运动，做孩子能力范围内的事情，而不是过度保护孩子，不让他们做任何事情，这样才能逐步培养其创造力和主动性。到婴儿期的后期，儿童的语言逐渐发展，虽然尚不能说出完整的句子，但至少会和父母进行简单的交流。

(2)婴幼儿的人格发展。婴幼儿时期的主要社会化场所是家庭。婴幼儿通过观察与模仿家庭中重要他人或主要成员之间的互动模式与互动关系，潜移默化地形成了与父母十分类似的情绪状态、人际关系模式与行为方式。父母通过奖励与惩罚等手段的运用，训练和教导孩子接受适当的行为规范，并按照合乎社会行为标准的模式行事。除了家庭以外，幼儿园或托儿所的老师、同学以及游戏玩伴的行为、态度对婴幼儿的社会化都有一定的影响。

由于认知、社会化等，幼儿在六岁之前就奠定了人格发展的基础。人格发展理论认为，婴儿是以自我为中心的，只有"本我"。到幼儿期(3~5岁)，由于父母的教育，他们开始分辨他人和我，并从三岁起逐渐发展出"自我"。从六岁开始，幼儿逐步发展出"超我"。不利的家庭环境以及不适当的父母管教，会使"超我"的发展受到妨碍，甚至终生不发展"超我"。根据心理学和社会学的研究，那些出生在破碎家庭或经济状况比较差的家庭中的孩子，由于父母忙于生计，或者缺少正确教养儿女的知识与方法，或者父母对子女经常拒绝，不爱护，并且用严厉的惩罚对待孩子，容易形成凶狠、残忍、冷漠的个性，对任何人都憎恨、敌对，对个人和群体毫无归属感。他们甚至可能终生都不会发展出"超我"，因此攻击性特别强，没有愧疚感，容易出现偏差行为。

2. 儿童期的社会化。儿童期是指从六岁至性成熟的时期，这段时间也是儿童接受小学教育的时期。

(1)儿童期社会化生物性基础的发展。在儿童期，孩子们开始学习文字等符号语言,并通过学校的各种学习活动不断培养自己的思考能力和推理能力。在7~11岁,儿童懂得如何去构想一个具体的客体,或者以不止一种方式来认识客体的类属,他们能够形成关于事物之间联系的概念。例如,在这个阶段,儿童知道一个客体可以同时是一个球、一个玩具、一个圆的东西,并且他们能根据事物的因果关系来加以联想。他们也开始发展起了从他人的位置来想象自我的能力。

(2)儿童期社会化的主要环境因素。在这个时期,儿童了解到学习任务的顺利完成,必须凭借自己的努力,而不是依赖父母的帮助。同时,儿童还要学习如何与同学和谐相处及竞争。这个时期,儿童期社会化的主要环境是家庭和学校。

其一,家庭。在这一阶段,家庭仍然是儿童社会化的重要场所之一。由于儿童生理、心理发展的局限性,在儿童期社会化过程中,家庭具有举足轻重的地位。儿童正是在家庭中建立起其最初的亲密的感情联系,学习语言,并开始将文化规范和价值标准内化。对于幼儿来说,家庭就是全部天地,家庭中的社会化大多是有意安排的,但也有不少是无意识地进行的。父母对孩子的亲密接触和关心爱护,以及父母对孩子作为一个独立个体的肯定、接纳与认可,是儿童人格正常发展的重要基础,而且父母的言传身教,对于孩子养成良好的行为习惯、健康的身心状况、积极的人际关系,都具有他人无法替代的作用。同时,由于家庭在社会结构中的独特位置,从出生之日起,儿童就携带了家庭所具有的某一种族、阶级、民族、宗教和地区等的社会结构与文化基因,从中我们就可以理解家庭背景对社会化有着何等重要的意义。

其二,学校。很多学者认为,除了家庭之外,儿童的早期社会化受学校的影响较大。学校是儿童们的社会,学校的环境、学校的规范以及学校的考核奖惩措施等,还有老师、同学等的一言一行会进一步影响儿童的人格及行为发展。学生们在学校里首次处在教师的直接监督之下,从而使他们知道了服从别人并不仅仅是因为这些人给予他们关心和保护,而是因为社会制度要求大家共同遵守规定。在这个过程中,学生们逐渐认识到自己不仅是某个特殊的人,也是一群学生中的一个,对其他学生的规定和期待同样也适用于自己。此外,学生们还学会了用别人评价他们的标准来评价自己,从而逐渐认识自我。因此,参与学校生活使儿童逐渐减少了对家庭的依赖,推进了他们与更广阔的社会之间的互动和联系。

其三,社区。由于儿童活动的范围和区域相对有限,因此,其主要的生活空间除了家庭和学校以外,就是所居住的社区了。社区内的各种儿童娱乐场所和其他一些成人活动场所,以及社区的亚文化等对儿童行为具有相当的影响。例如,一些儿童出现不良行为,部分原因就是受到社区内不正当娱乐场所和亚文化的影响。虽然我国尚未像一些西方国家那样,形成泾渭分明的所谓富人区、中产区、贫民窟等亚文化突出的社区,但是随着大量房地产项目的自我定位和有意引导,一些具有一定亚文化特征的社区也开始在许多大中城市里初具雏形。无疑,它将对社区内的居民特别是心智尚未成熟的儿童产生相当大的影响力。

（二）少年与青年时期的社会化

少年与青年时期一般简称为“青少年时期”，有的研究将性成熟至17岁称为青少年前期或少年时期，将18~20岁称为青少年后期或青年时期。实际上，青少年的起止时间因为个体和社会条件而有很大的差别，因此，我们这里不做特别明确的划分。在青少年时期大量进行的是预期社会化，预期社会化虽然在个人一生社会化过程中都在进行，但在青少年时期表现得最为明显。青少年社会化的主要任务是：第一，自我身份与角色的区分和探索；第二，由依赖逐步走向独立。

1. 自我身份与角色的区分和探索。根据埃里克森的研究，青少年时期社会化的主要问题是自我身份的确定与自我角色的形成。由于身心上的巨大变化，青少年开始思考“我是一个什么样的人”“我将来能担当什么角色”等有关自我身份的一些问题。青少年在从他人对自己的态度中、从自己扮演的各种社会角色中以及在与同伴们建立的亲密友谊中，进一步认识自己，对自己的过去、现在、将来产生一种内在的连续感，也认识自己与他人在外表上、性格上的相同与差别，认识自己的现在与未来在社会生活中的关系。这种自我身份的认同可以帮助青少年了解自己以及自己与各种人、事、物的关系，从而顺利地进入成年期。在现代社会中，一方面，青年人生理上趋于早熟，心理上趋于晚熟，身心发展很不平衡；另一方面，社会文化变迁速度加快，父辈的成长经验很难移用于晚辈。如此种种，都使青年人在成长过程中很容易遭遇“身份与角色混淆”。角色混淆就是不清楚自己的个性、长处与弱点，不知道自己将来能做什么，无法确定自己未来的发展计划，导致所作所为与社会的角色期待不相符合。

实际上，目前整个社会对青少年群体的定位与判断也是模糊不清的，在某些场所和某些时候将他们当作小孩子或未成年人看待，而在另一些场所和另一些时候又以大人或成年人的标准来要求他们。这主要是由于在青春期与成年期之间，也即在生理上的成熟与完全进入成人世界之间，有一个不明朗的时期。现代工业社会在其发展过程中，为人的生命周期添加了一个新阶段：人们不是从拉得很长的婴儿期或童年期直接进入成年期，而是经过青春期进入成年期，但在传统社会，生命只被划分成两个主要阶段——未成年期和成年期，十几岁的年轻人多数都已从事全日制工作或成为主要劳动力。而在现代工业社会这个时期，青年人的年龄使得他们可以参加选举、结婚、生孩子了，但又经常依赖于父母或家庭以获得经济上的支持。高等教育的影响就是其中一个非常典型的例子。由于在大学教育和研究生教育上需要花费4~10年的时间，许多年轻人直到25岁左右还停留在前成人阶段。美国的一项研究表明，由于20世纪90年代的经济不景气，青年期的成人一直留在家里的人数在增加。例如，在1991年，大约有30%的25~29岁未结婚的成人没有与他们的父母分开另立新居。事实上，在中国，不少年轻人结婚之后甚至有了下一代以后，仍然选择与父母居住在一起，生活起居、孩子养育等事务，主要由父母来承担，这在一定程度上反映出他们在心理上尚未完全独立以及对父母的过度依赖。

2. 由依赖逐步走向独立。在青少年时期,个人的内脏器官和生理系统的机能逐渐健全起来,尤其是性器官和性机能发展迅速,体态也发生急剧的变化。这些生理上的变化为其心理的发展提供了新的物质基础,使得这一时期的青少年心理状况围绕着"自我意识"和"要求独立"这两个核心蓬勃发展起来。具体表现为,这时候的青少年开始用社会上流行的审美尺度来感知自己的外貌,开始注意到自己和他人的精神世界和个性品质,并通过将自己与他人比较,逐步建立起对自己的独立评价。正因为如此,这一阶段的青少年在心理上产生了明显的独立意向,希望能摆脱父母的管束,在行为上、情感上、价值标准取舍和评判上强烈要求独立自治,可见,青春期的青少年已经不仅仅是作为一个学习者,还作为一个生活者来对待自己,希望用自己独立的人格和自己的力量去开辟人生道路。

有学者指出,青少年社会化的核心内容就是从依赖转向自主。它具体包括以下几个方面:一是突破交往活动上对家庭的依附,学习独立交往和社会角色,与伙伴发展良好的关系,以求得平衡的社会态度;二是突破在学习技能上对老师的依附,转变学习的被动性,增强主动性,发挥有效的学习技能;三是突破在价值观念上对成人的依附,发展良心、道德性及价值判断的标准,从而发展人格的独立性。

但是,当青少年逐渐成长并在身体、心理、行为等方面日益独立的时候,他们大多数在经济方面、行为方面还是依赖于家庭的,这就产生了所谓的"青春期"问题,即青少年要求独立但本身的能力不够,于是心存矛盾,不愿意接受父母、老师以及其他权威人士的管教,出现"反叛"心理或行为。与此同时,青少年更容易接受朋辈群体的价值观念和行为标准,这些观念与标准往往与社会主流的规范不一致,甚至相抵触。

(三)成年时期的社会化

通常,人在25岁左右进入成年期,人们习惯上把25岁左右到60岁退休这一时期称为成年时期。在成年期,人在生理上已经完全成熟,大多数人的基本社会化都已完成,而且已形成了一种核心身份和主要角色。但是,这并非意味着社会化任务已结束。相反,在现代社会的大背景下,成年人发展社会化或继续社会化任重道远。

1. 成人继续社会化的重要性。在传统的农业社会中,社会变迁非常缓慢,社会结构相对较为稳定。人一旦进入核心结构,往往就标志着社会化的完成,发展社会化显示不出它的重要意义。但在现代社会,社会变迁速度快,而且程度剧烈,发展社会化问题就显得非常突出。进入成人期后,正常来讲,人们已经发展起了关于自我的形象,既包括真实的,也包括理想的;遵从社会的规范和价值;达到一定的自我控制的程度;使个人的欲望服从社会的规则。但成人的人格还没有完全定型,事实上,越来越多的研究表明,他们的人格在继续成长并在整个成人期都在变化。此外,许多新的社会角色,如丈夫、妻子、父亲、母亲等必须在成人期去学习。就是这些原因,使得社会化终其一生都在继续。

2. 成人期社会化的主要任务。具体来说,婚姻家庭角色的学习和适应,以及职业生涯的调整与发展是成人期社会化面临的两大主要任务。

第一,婚姻家庭角色的适应和学习。从实质上说,就是学习和适应婚姻角色,从事婚姻关系规定的行为,在这个过程中配偶双方都必然会丧失部分的自主。因此,双方就会因适应问题而发生焦虑、矛盾;与此同时,孩子的出生也会在抚养教育以及如何协调夫妻角色和父母角色的关系上给成年人带来人生新挑战。成年人如果不能很好地进行新角色的学习,不能适当地调整自我,或者难以有效地适应或解决这些问题,将可能出现相应的婚姻破裂和家庭解体等问题。离婚、再婚、家庭重组等现象,就反映出成年人对婚姻家庭角色的不断学习、调整和适应的过程。

第二,职业生涯的调整与发展。现代科学技术和经济的高速发展推动知识更新的频率不断加快,越来越多的职业和工作岗位需要更多的新知识、新思维和新技术,这种状况使得成年人所凭借的年富力强和阅历丰富的优势逐渐失去,他们不得不考虑重新接受教育,不断更新自身的职业能力,以应对职业生涯的调整与发展。由于终生雇佣的时代已经一去不复返了,成年人必须不断调整自己的心态,增加知识和提升技能水平,以适应不断变化的社会生活的节奏。

因此,成年人继续社会化的任务就是要正确处理好丈夫、妻子、父母、职业者的行为及其关系,不断校正原来的行为目标,不断学习以跟上生命周期变化以及社会发展的步伐。改革开放以后,我国进入社会转型加速期,社会变迁的广度和深度前所未有,成年人的发展社会化问题较西方更为突出,它不但关系到个人的发展,而且关系到整个社会的转型能否顺利完成。

(四)老年时期的社会化

一些学者认为,很多艰难的态度和行为变迁发生在一生中最后的岁月里。以往人们认为,人进入了老年应该以享受为生活目标而不再需要社会化了,然而,现代社会发展表明,这种观点已经过时。在老年期,社会化所要面对的主要问题包括三个方面,即接受和适应生理上的老化、角色转换及面对死亡。

1. 接受和适应生理上的老化。总体上说,老年人的身体机能处于逐渐衰退状态。虽然存在着一定的个体差异,但感觉功能、性功能等却是随着年龄的增长而逐渐衰退的,体力和智力的变化在衰老过程中也是不可避免的。研究表明,到65岁,一半的男性和三分之一的女性都会体验到听力的减弱给社会交往带来的困难,对最近发生的事情的记忆能力在老年时期也有明显地降低。此外,一些心脑血管疾病如高血压、心脏病,以及关节炎等其他一些慢性疾病更是经常困扰着老年人。所有这些现象都说明,老年人在生理上的老化问题已经越来越明显。尽管生理老化的过程甚至在成年的早期就已经开始了,但却是到了老年期才日益显著的。

因此,逐步接受与适应身体上的一系列变化,是老年期社会化的重要内容之一。

很多老年人从自己的经验中总结说:“不服老不行。”其实就是指进入老年期以后,自己在身体状态、动作能力、心理状态上的变化,使得他们不能再像年轻时候那样无所顾忌了。在老年期,老人需要根据自己生理变化的特点和个人自身的不同状况,注意调整生活的节奏和日常活动的规律,使自己更顺利地度过“夕阳无限好”的人生阶段。

2. 角色转换。从退休之后开始的老年期,使老年人几乎在一夜之间从一个举足轻重的角色变为一个无足轻重的角色,老年人必须面对身体机能、社会地位和声望的下降而带来的角色的急剧变化。研究表明,老年人角色的转换表现为以下四种:①劳动角色转换为供养角色,这容易使老年人产生经济危机感。②决策角色转换为服从角色,例如,在家庭中,由“家长”角色转换为被动接受照顾的角色,它容易使老年人产生被抛弃感和寂寞感。③工具角色转换为情感角色。工具角色是指人们担任一定的社会公职,在社会政治、经济、文化各领域占据着主体地位,他们所扮演的角色是为了某种特殊的目的,如职业上的角色。情感角色是满足身心情感的角色,如在家庭中父母、子女间的角色,这种角色的转换使老年人常常碰到性别角色模糊问题以及伴随而产生的老年夫妻之间的冲突。④父母角色转换为祖父母角色。所有这一切对老年人而言都是将要面临的新问题,都需要通过继续社会化、加强学习和不断进行自我调整来予以解决。实际上,到老年期,社会地位、声望的下降和角色的转换是非常自然的事情,许多老人以本能的恐惧、忧虑等消极的态度来对待,结果反而是加速了身体机能的下降和死亡的到来。如果老年人能够很顺利地度过角色转换期,愉快地承担起新的角色,找到新的社会活动和事务,那么,他们的衰退期将在很大程度上得以延缓和推迟,他们的继续社会化过程也将相对平稳。

3. 面对死亡。一般来说,人们总会在有意无意之中忽略或回避死亡。我们对濒临死亡的人掩盖他们的处境,并把死亡的所有蛛丝马迹都从我们的日常生活中赶走,我们把濒死的人送到医院,不仅仅是减轻垂死者的痛苦,也是将其从我们的视线中移开。我们压抑自己的哀思并把死亡带来的影响尽可能快地从我们的生活中除去。表面上看,死亡似乎因此而不再存在;但实际上,我们只是徒劳无功地限制或阻止面对死亡这一社会化的过程。身体机能下降、产生疾病以至死亡,是不可逆转的生理规律,当死亡一天天走近的时候,我们必须去勇敢、正确地面对和接受它。因此,老年期另一个非常重要的社会化内容就是面对死亡。

伴随着机体的日渐衰退,我们知道,死亡离我们已经不远了。面对死亡从来不是容易的,即使对那些似乎是很勇敢地面对它的人来说,也是如此。一些研究表明,那些不治之症患者对死亡的接受过程大多经历了五个阶段:第一个阶段是拒绝并与他人隔绝;第二个阶段是愤怒;第三个阶段是讨价还价,如临死的人与死神做交易,看命运是否能够让自己活得稍长些;第四个阶段是沮丧;第五个阶段是接受。多数人不一定严格按照从一到五的顺序经历这些阶段,他们有时仅在一念之间就接受了死亡,有时是在希望和绝望之间摇摆。

以上种种现象说明,老年人同样存在着一个社会化的问题。在现代社会中,由于人口预期寿命的延长,老龄人口在整个人口中的比重将会越来越大,老年人的社会化问题因此将成为一个重要的社会问题。事实上,老年人的社会化问题已经越来越引起全社会的重视。

第四节　我国转型社会中的社会化问题

一、双薪核心家庭产生的早期社会化问题

在我国,伴随着传统农业社会向现代工业社会的转型,双薪核心家庭几乎成为城市社会的普遍家庭模式;即使在农村,受到比较利益的驱动,越来越多的青壮年人外出打工,他们中的相当一部分是夫妻结伴同行,很多人还带上孩子一起长期在外生活。受此影响,孩子由祖父母或外祖父母等代为抚育,或者提前将孩子寄放在幼儿园、学校的现象比比皆是,这对于儿童的早期社会化带来了不可估量的影响。

(一)双薪核心家庭的日益增多

在我国的许多城市,尤其是大中城市,由于现代工业的长期发展,人们在工作方式、生活方式上已经接近或属于工业化社会的形态。与传统社会相比较,工业化社会的一个基本特征就是妇女的受教育程度和就业率逐年提高,再加上我国自 1949 年以后推行"妇女能顶半边天"等一系列提高妇女整体社会地位的政策,因此,双薪家庭,即夫妇双方都外出工作的家庭,在中国成为非常普遍的现象。同时,伴随着中国社会的快速工业化进程,人口流动相对频繁,人们活动的地域不断扩大。于是,传统家庭的结构、功能等发生了和正在发生着巨大的变化。传统的中国家庭结构是以血缘关系为轴心的三代同堂甚至四世同堂的大家庭模式,社会经济的发展使之渐渐地被三口之家的核心家庭所取代。即便是在经济相对不够发达的农村地区,随着工业化、城市化进程的加快,传统的大家庭结构也因为主要家庭成员的外出务工、经商而名存实亡,许多农村地区出现了成年人外出、老人和孩子留守的局面。

(二)对儿童人格、行为发展的影响

实际上,从心理学等学科的角度看,孩子在 0~6 岁,甚至在 14 岁之前,对父亲、母亲的需要是非常强烈的。父母亲对孩子搂抱与亲吻的身体接触,以及鼓励与安慰的言行态度,父母亲之间的关系等,对孩子一生的人格发展、良性行为和人际交往都具有他人不可替代的作用。在所有的家庭成员中,父母亲的行为方式、教育方式、价值取向以及道德标准等,同样在儿童社会化中具有决定性作用。父母的言行、举止、教导、期待,就儿童本身而言,成为其行为的最佳参照体系,父母的价值取舍、态度倾

向乃至兴趣爱好,都可能对儿童的成长产生暗示、感染、诱导、制约的效果,这种效果可能是强制性的结果,也可能是潜移默化所带来的。儿童在自我意识还未形成和充分发展之前,主要是通过父母这一途径来构筑起与社会的密切联系,从而接受社会化的。

但是,鉴于上述双薪核心家庭日益增多的现状,父母亲必然在抚育、管教、关心孩子等方面显得心有余而力不足。有些父母亲在孩子刚出生两三个月后,就将孩子送到外地的祖父母或外祖父母家里,到三四岁甚至更晚才接回来;有些父母出钱雇请保姆、家政人员等代为抚育;有些则过早地将孩子送到幼儿园和各级学校,将孩子管教的责任推给老师;有些外出务工的父母亲为了节省开支不得不把孩子留在老家,委托老人或亲戚代为照管;等等。孩子由于从小接受父母亲的关心和爱护不足,容易形成冷漠、攻击性强、不遵守规范,或抑郁、消极、失调等行为。更为严重的是,一些孩子从儿童时期就开始表现出行为偏差、情绪失控等问题。

早期社会化的成败,在很大程度上取决于家庭社会功能发挥得是否正常以及父母亲行为导向得法与否,一个家庭以及作为家长的父母,在孩子早期社会化的过程中,不能推卸自己应该承担的责任与义务,不能因为工作或其他原因而将孩子交给他人代为抚育和管教,因为早期社会化的成效如何,对个人一生的社会化历程都将产生重要而深远的影响。一些成年人即使在成家立业、功成名就之后,仍然有一些郁结在心底深处无法治愈的创伤或无法弥补的遗憾,很多就是来源于幼年或儿童时期父母和家庭的某些问题。

二、转型加速期成年人的继续社会化问题

我国当前正处在社会转型加速期,社会的价值观念、行为规范、道德标准等正在发生剧烈的、深刻的变动,社会变迁的广度和深度前所未有,成年人的发展社会化或继续社会化问题非常突出,它不但关系到个人的发展,而且关系到整个社会的转型能否顺利完成。

(一)价值判断上的困惑与迷惘

改革开放以后,西方社会的许多价值观、生活方式涌入中国,对人们产生了前所未有的冲击和影响。近些年来,伴随着全球化步伐加快和互联网技术的发展,许多新鲜事物和新的价值标准几乎可以在同一时间迅速地传递到地球的每一个角落。人们在享受信息快捷便利传播的同时,面对爆炸式增长的信息量和五花八门的信息源,越来越感到无所适从。甚至,整个社会都存在着某种程度上的迷惘。

从宏观的社会看,世界变得越来越平均,还是贫富悬殊的鸿沟越来越难以逾越?如何在人们不断增长的物质需求与环境、能源、生态的承载力之间保持平衡?崇尚自由独立和人文关怀的价值观怎样与中国的文化传统和具体国情相结合?弱肉强食、适者生存的丛林法则与扶老携幼、照顾贫弱的悲悯之心到底哪个更符合社群自

身的发展规律？利润追逐与商业伦理是不是鱼与熊掌不可兼得？

从微观的个人生活看，常识匮乏甚至本末倒置的现象比比皆是。例如，炫富露点、奢靡之风，成为博眼球、赚人气的不二法门；安分守己、勤俭努力的生活态度却成为过时落伍甚至受累受穷的代名词。拿课题、做项目、发文章、兼行政，成为普通教师晋升的快速通道；而把时间精力主要放在谆谆教导、诲人不倦等教书育人方面的，则变成考核难过、饭碗不保、"自毁前程"的少数另类。在一个追名逐利、精致利己主义者高歌猛进的时代，坚守做人底线、保持道德操守的人一直在现实中节节败退。

有研究者将这种状况称为转型期的价值真空或价值缺失状态，在这样的社会化环境中，成年人虽然想不断调整自己的价值与行为，以符合社会主导的价值标准，但加速转型期的这种价值真空或价值缺失状态，以及众多的失范行为却使大多数成年人困惑，在这种全社会性的迷惘中无所适从，不知道究竟什么样的价值观和生活态度才能指导自己的日常实践。因而，成年人可能会左右摇摆，游离于互不相同甚至相互冲突的一些矛盾观念和行为之中。这方面典型的例子是"见义勇为"。看到坏人行凶，按照传统道德，应该是见义勇为，但由于听到和看到许多当事人明明受害却不敢或不愿声张，甚至还有反诬见义勇为者的现象；或者自己势单力孤，遇到一群冷漠的旁观者，救人不成，自己受伤，高昂的医疗费又报销无门，这种情况下，不知道究竟还有多少人能够明确地知道自己到底该如何做。价值判断上的困惑与迷惘，将导致更多的盲目行为和失范行为，从而影响成人的继续社会化过程。

（二）婚姻与职业的不确定性增加

在转型期，工业化社会的许多影响已经显现，在婚姻方面，许多成年人一再推迟结婚年龄，甚至逃避或终生不走入婚姻，或者结婚却不生养孩子，以及离婚率不断升高等，使得本应在成年这一生命周期完成的社会化任务不断推迟，甚至终生不能完成。

职业方面，由于经济结构的调整，产业结构的转型，以及信息化社会的来临，知识更新速度的日益加快，原来在中国存在多年的"铁饭碗"已经随着大规模下岗、分流职工的出现而得到了终结。下岗事件的出现，不仅产生了一批面临重新就业压力的失业人员群体，更为重要的是对全体在岗人员都产生了前所未有的冲击和震荡，人们不得不认真思考自己一生的职业道路并提前筹划未来的就业前景。20 多岁刚刚走出大学校门的年轻毕业生，因为缺少经验经常被用人单位拒之门外；30 多岁的人自以为经过了职场的磨炼而踌躇满志，却发现满天飞的招聘广告上均要求"年龄在 35 岁以下"；40~50 岁的中年人本来正是年富力强、担当重任的时候，却发现自身已处在一个进退两难的尴尬境地；而 60 岁左右的人经验阅历丰富但却到了法定退休年纪。尽管在职业和就业方面的不确定性，对于多数市场经济国家是一件十分正常的事情，但对于长期生活在政府"高就业政策"保护下的中国人来说，这样的转变带来的影响却是非常重大的。而职业方面不确定性的增加，必然会给婚姻、家庭、生育等其他生活事件带来一系列的影响。

根据生命历程理论，个体的生命历程被理解为一个由多个生活事件构成的序列。如入学、就业、结婚、生育、退休等，这些事件发生的先后次序，以及相互之间的过渡关系，对于个人一生的发展及社会化历程具有很大的影响。因此，转型期间，婚姻与职业方面不确定性的增加，无疑对成年人的继续社会化过程带来了一系列持续的影响。

思考题

1. 什么是社会化？社会化具有什么样的功能？
2. 社会化的环境因素包括哪些方面？
3. 根据生命历程理论，个人在不同时期社会化的主要任务有哪些？
4. 转型时期中国社会的社会化问题主要有哪些？

推荐阅读书目

[1]波普诺. 社会学[M]. 11 版. 李强，译. 北京：中国人民大学出版社，2009.

[2]风笑天. 中国独生子女研究[M]. 北京：经济科学出版社，2013.

[3]李强. 生命的历程：重大社会事件与中国人的生命轨迹[M]. 杭州：浙江人民出版社，1999.

[4]萨提亚. 新家庭如何塑造人[M]. 易春丽，译. 北京：世界图书出版公司，2006.

第四章

社会关系

夏日的傍晚，几个小孩子在一起玩得热火朝天。先听见一个小女孩琪琪对另外一个小女孩贝贝说："孩子，妈妈上班去了，你在家要好好听话。"原来，他们在玩小孩子最常见的游戏"过家家"。过了一会儿，小男孩壮壮说："不好了，孩子生病了，咱们赶紧把她送医院吧。"于是，孩子们七手八脚地假装将贝贝搀扶到已经等在那里的"医生"牛牛旁边。牛牛拿出玩具听诊器，在贝贝胸前和背后听了一会儿，说："孩子发烧了，得赶紧输液。爸爸去交钱领药，妈妈带着孩子上观察室去排队。"于是，孩子们又学着护士的样子开始假装给贝贝扎针，并且没有忘记在手上绑上一个小盒子做固定针头用。忙完以后，"医生"还善意地提醒他们："好了，别哭了，去屋里看《猫和老鼠》吧。"程序、语言完全跟爸爸妈妈带他们到儿童医院看病时的情形一模一样。这样的游戏，他们不知疲倦地玩了一遍又一遍。所不同的是，每次他们扮演的角色都不一样，这次是妈妈，下次就是孩子，或者医生等。

类似的游戏，几乎我们每一个人在孩童时代都玩过。正是在这样快乐的游戏中，我们知道了不同的社会角色以及各个角色应有的行为表现。从本质上看，社会不是单个个人的简单相加，它是人们之间的联系或关系，是人们相互交往的产物，是全部社会关系的总和。人不断产生着社会关系，社会关系又是人行动的前提和条件。角色就是社会关系的重要组成要素。

第一节　社会关系

一、社会关系的含义

（一）社会关系的界定

社会关系，简单地说，是指人的行为的固定化形式。人的社会生活离不开交往与互动，不同性质的交往与互动，需要有与之相对应的行为方式。随着时间的推移，这种方式就会形成一种固定化的行为模式，即表现为林林总总、形形色色的社会关系。

（二）社会关系的分类

从不同的角度出发，人们可以将社会关系分为不同的类型。对社会关系类型的研究，可以说贯穿于整个社会学的发展历史。从涂尔干的“机械团结”和“有机团结”，到滕尼斯的“社区”与“社会”；从马克思的“原生关系”和“次生关系”，到库利的“首属关系”和“次属关系”；就中国来说，从儒家倡导的“三纲”“五常”到毛泽东的“十大关系”和“两类矛盾”。不同的划分方法使我们从不同的角度了解了社会关系的性质和内涵。这里，仅简单提及以下三种社会关系分类。

1. 工具性关系和表意性关系。这种分类方法来自帕森斯在分析行动系统和社会系统的概念体系，为分析社会关系的类型提供了一个有益的基础。帕森斯把分析行动系统和社会系统中的五对模式变量中每一对的前一个变量，即情感性、扩散性、特殊性、先赋性、集体取向称之为“表意性变量”，而后一个变量即情感中立性、专一性、普遍性、自致性、个人取向称之为“工具性变量”，并且认为工具性变量是现代社会或工业社会的特征，而表意性变量则属于传统社会的特征。实际上，他的五对模式变量反映的是两类最基本的社会关系，这种社会关系的两分法，直接来自滕尼斯，只不过滕尼斯用的基本范畴是“社区”（共同社会）和“社会”（利益社会），而帕森斯则把它扩展为“传统社会”和“现代社会”。

2. 差序格局与团体格局。这种分类方法来自费孝通先生对西方社会和东方社会的比较社会关系研究，费孝通认为，西方的社会关系是团体格局，而中国的社会关系是差序格局。在文章中，费孝通把西方社会比作界限清楚、单位分明的一个个稻田里的柴捆。“几根稻草束成一把，几把束成一扎，几扎束成一捆，几捆束成一挑。每一根柴在整个挑里都属于一定的捆、扎、把。每一根柴也可以找到同把、同扎、同捆的柴……在社会，这些单位就是团体。”社会上的人也就生活在这种“团体格局的社会关系之中”。与此相对照，中国传统社会的社会关系就好像是“把一块石头丢在水面上所发生的一圈圈推出去的波纹，每个人都是他社会影响所推出的圈子的中心。被圈子的波纹所推及的就发生联系”。

3. 个人层面的社会关系、群体层面的社会关系和社会结构层面的社会关系。这是按照社会关系发生的范围或层次来划分的，发生在个人和个人之间的人际关系被称为个人层面的社会关系；发生在社会群体或组织层次上的关系被称为群体层面的社会关系；同样地，发生在社会结构层面，在一定历史条件下形成的社会关系被称为社会结构层面的关系。

以下我们以第三种划分方法为例，对社会关系做进一步的介绍。

二、个人层面的社会关系

个人层面的社会关系主要表现为个人和个人之间的人际关系，人际关系是在人的相互交往过程中产生和发展的，如夫妻关系、朋友关系、同事关系、领导与被领导的关系等。个人层面的社会关系是全部社会关系的起点，群体层面的关系、社会层面的关系都是由此展开的。人们常常是通过直接的人与人之间的互动来观察一个社会的，宏观的社会变迁，最终也要反映在人际关系的变迁上，因此个人层面的社会关系是非常具有现实意义的，也是非常生动感性的一个研究层面。在人际关系方面，最具社会学意义的分类是对初级关系和次级关系的划分。

（一）初级关系

初级关系的概念来源于库利对初级群体的研究，因此初级关系的特点与初级群体的特点有许多相似之处，例如：范围较小，人数较少，互动频率较高，且多为面对面的互动。初级关系中的人扮演多种角色，相互之间联系紧密，关系亲密，包括许多私人性、情感性的因素在里面，因而在互动方式上具有不可替代性和不可置换性的特点，如父子关系、夫妻关系等，其互动方式不能转换到其他人身上。因此，初级关系是一种典型的特殊取向的关系类型。

虽然初级关系更多地存在于初级群体中，但并不仅仅是在初级群体中才存在初级关系，几乎在每一种社会组织和所有的社会场景中都存在初级关系。由于初级关系能够给个人带来安全感、亲密感和归属感，因此，除了初级群体以外，在以次级关系为主的大型正式组织中，人们往往会有意无意地发展出自己的初级关系。例如，基于个人共同的兴趣爱好或利益而形成的各种非正式群体，其成员的关系就是一种初级关系；再如，有时社会组织从管理和效益的角度考虑，会在正式组织中有意营造一种初级关系的氛围，这往往有助于特定组织目标的实现。

（二）次级关系

次级关系，是为了实现特定目标，通过明确的规定和既定的角色将个人联系在一起的关系。次级关系是一种较正式的科层关系，由于涉及人数众多、范围广泛，而且互动方式以电话、信函等间接往来为主，所以，次级关系的感情色彩较淡薄，具有较强的可替代性和可置换性。因而,次级关系是一种明显的普遍主义取向的关系类型。

次级关系在现代社会中越来越普遍,它大量地存在于工厂、学校、政府机构等次级群体或科层组织中。次级关系的形成,主要是出于工具性的目标,为了完成次级群体或社会组织的特定任务,通过一定的分工协作方式将人们组合在一起,如上下级关系等。需要注意的是,次级关系在某些时候也可能转化为初级关系。例如,两个青年男女原本是基于工作组织这样的次级群体而形成的同事关系,随着互动频率的增加,慢慢地增进了感情和了解,最后结成夫妻,于是,他们之间的次级关系就转化为初级关系。

社会学对个人层面初级关系和次级关系的分类及研究,为人们了解社会关系的普遍性和特殊性、工具性和表意性等特征提供了非常有意义的启示。

三、群体层面的社会关系

群体层面的社会关系,是社会关系的中间层次。与个人层面的人际关系相比,群体层面的社会关系具有一定的稳定性、持久性,它受到群体或组织的规则、规范的约束,同时,它还是更大范围的社会结构层面社会关系的基础。群体层面的社会关系可以分为三个方面,即血缘关系,主要是氏族和家庭,反映社会的血缘关系;地缘关系,主要是城乡社区和国家机构,反映社会的地缘关系;业缘关系,主要是产业、职业群体和其他利益群体,反映社会的业缘关系。

(一)血缘关系

血缘关系是指以血统或生理的联系为基础而形成的社会关系,它是人的先天联系,从人类社会产生就存在,并且在社会的发展中不断被赋予新的内容。比较重要的血缘关系有种族、氏族、宗族、家族、家庭等。种族指具有某种相同遗传身体特征的人种分支,如蒙古种等;氏族指由血缘关系联系起来的社会集体,如原始部落;宗族是有共同祖宗、使用同一姓氏的群体,如张姓宗族;家族是同一血统的几代人形成的社会群体,包括直系和旁系两种联系方式;家庭是指具有直系血缘关系的社会群体。

血缘关系在不同历史时期、不同社会制度下的联系紧密程度有很大的差别,其地位和作用也各不相同。传统社会中,血缘关系是社会组织的基础,地位非常重要;工业化社会以来,血缘关系的地位和作用日趋下降与减弱。从功能来看,血缘关系在联结和凝聚群体方面,具有天然的优势,现代社会血缘关系中的家庭仍然承担和发挥着重要的人口再生产、经济、教育等社会功能。但是,血缘关系也容易使人们处在一种相当被动的局面,因为人无法改变自己出身的家庭背景,无论这种背景对个人的影响是好还是坏。

（二）地缘关系

地缘关系是指以地理位置或空间结构而形成的社会关系，它从人类社会采取定居形式以后开始存在，其稳定性和牢固性随社会发展而不断增加。城市，被认为是地缘界限明确化的标志之一，也是突破传统血缘关系束缚的重要表现之一。不同国家和地区对地缘系统的划分有所不同，一般在三级至五级之间，或者更多级，中国目前的地缘系统是国家—省—市—县—乡—村—邻里七级。

地缘关系一般可以分为封闭型和开放型两种。封闭型地缘关系主要是指传统农业社会，由于生产、分工不发达，人们局限于较小的地缘范围内，流动性很低，很多人终生都只生活在一个很小的地域内；工业化社会是一种开放型的地缘关系，机器大生产和现代交通的发展使人们摆脱了土地的束缚，流动性加快，居住和职业仅仅具有相对的稳定性，人们可以在一个国家甚至全球范围内不断形成新的地缘关系。封闭型地缘关系虽然能够维持社会群体的稳定，但不利于个人的发展；开放型地缘关系给人们提供了自由发展的巨大空间，但也使人们部分地失去了心灵归依的场所。总的来说，开放型地缘关系的不断扩大，是现代社会发展的一个基本趋势。

（三）业缘关系

业缘关系是以人们广泛的社会分工为基础而形成的社会关系，它是在血缘关系和地缘关系的基础上发展起来的，与传统社会的自然分工有重要差别。业缘关系是人类社会发展的重要基础，几次大的社会分工与业缘关系的发展极大地推动了社会发展的进程，可以说，正是在纷繁复杂的分工体系和业缘关系上，才产生了现代经济和现代社会。

业缘关系虽然对社会发展具有非常重大的促进作用，但是，它也带来了人和群体关系的部分异化，人们被局限在某一个职业领域，甚至一辈子从事着非常枯燥乏味的单一工作或职业，公式化、程式化的次级关系成为群体成员社会交往活动的主导，原本丰富多彩、生动多样、充满感性的人生被束缚在由业缘关系和职业分工所编织的庞大网络中。因此，人们试图冲破业缘关系的牢笼、享受更多闲暇时间和全面发展的努力与追求，就成为现代社会的一道亮丽风景。

四、社会结构层面的社会关系

社会结构层面的社会关系是一种固定化的、较为持久的社会关系，它是所有社会关系的综合体系，是社会关系的最高层次。只有深入了解社会结构层面的社会关系，人们才能从总体上把握住一个社会的基本关系。

从一般意义上来说，行动是社会结构产生和变化的前提，社会结构就是凝固化了的社会关系。当社会关系的发展已达到高度模式化、制度化的程度，能在一个相当长的时期内保持稳定和均衡状态，就可以称之为一种社会结构。

第二节　社会角色

一、社会角色的概念

“角色”一词本是戏剧影视中常用的一个概念。自从美国社会学家米德在社会化理论研究中首先使用这一概念以后，角色就成为社会学研究社会关系和社会结构的一个非常重要的概念。米德研究了儿童角色意识的形成，即从想象扮演某个角色（他称之为“嬉戏阶段”）发展为成熟地承担某个角色（他称之为“群体游戏阶段”）。他认为角色是在互动过程中形成的，角色表演并没有一个先定的剧本，文化只能为角色表演规定大致的范围。林顿、莫雷诺等其他学者也对社会角色进行了深入细致的研究。林顿认为，角色可以定义为在任何特定场合作为文化构成部分提供给行为者的一组规范。他区分了角色与地位，认为当地位所代表的权利与义务发生效果时即为角色扮演。林顿将社会结构置于个人行为之上，视社会结构为一个行为规范体系，个人接受和遵循这些规范。因而角色是由社会文化塑造的，角色表演是根据文化所规定的剧本进行的。而莫雷诺的社会戏剧论强调角色和角色扮演的概念，这有助于将人际关系的个人系统置于有意识状态。他认为每个人都在扮演着具有高度创造性的角色。

概括地说，角色是与某种社会地位、社会身份相一致的行为期待。这个界定包括以下两方面的含义：

其一，角色是社会地位的体现。社会地位是人们在一个群体和社会中由特定社会关系因素所确定的位置。社会地位决定着权利、义务和主要社会关系，决定着同其他地位上的个人的关系的性质和程度。社会地位通过角色表现出来，角色是地位的外在的、动态的表现形式，而地位则是角色的内在依据。

其二，角色是对某种社会地位上的人的行为的期待。角色期待主要是指群体成员对自己和他人应有的行为规范和行为方式的一种共识，也就是一个角色的社会公认的扮演方式。社会生活使各种角色形成了一整套各具特色的行为模式，这就要求承担特定角色的人必须表现出特定的行为方式，否则，人们就认为他没有很好地完成这一角色。

社会群体或社会组织是人与人之间形成的一种特定的社会关系，而这种社会关系的网络就是由社会角色编织而成的。因此，角色是社会群体或社会组织的基础。例如，家庭是由夫妻或父母子女等角色组成的；医院是由医生、护士、患者等角色互相联系所构成的社会组织。

二、社会角色的分类

人们从不同的角度将社会角色区分为不同的类型，比较典型的划分有如下几种。

（一）先赋角色与自致角色

这是根据人们获得角色的方式所做的划分。

先赋角色，亦称归属角色，指由人们的先天性或生理性因素，如血缘、遗传等形成的社会角色。如一个人从一出生就被赋予了种族、民族、家庭出身、性别等角色。父子、男女、长幼等就是天生的不可改变的先赋角色。在传统社会，人们的很多角色都是先赋的，如世袭的贵族等；工业化以后的现代社会，一些原来属于先赋的角色发生了变化，如职业角色和阶级角色等主要是由人们后天获得的，而不再是由先天决定的。

自致角色，也称自获角色或成就角色，是指人们以自己的努力和成就而取得的角色，如古今中外的科学家、发明家、革命者等。自致角色的获得与人们所具备的一些主客观条件分不开，因此自致与先赋的区分，有时候也是相对的。现代社会，许多原来属于先赋的角色变成了自致角色，需要靠人们的后天努力才能获得。自致角色范围扩大和数量增多，是社会发展和进步的标志，工业化社会以来，机会均等、文明开放的社会环境产生了自致角色不断增加的可能性。

（二）工具性角色与表意性角色

这是根据社会角色所追求的目标来划分的。

工具性角色指那些以追求效率和实际效果为目标的社会角色，这种角色行为的价值就在于完成特定的工作任务，获得实际的成效和结果。如从事生产性、服务性活动的社会角色，就属于这一类。任何一个社会要发展，必须完成一些必要的生产性、服务性活动，因此，就存在许多工具性角色。一个人处在工具性角色的位置，并不一定排斥他兼有其他角色。

表意性角色指以表现社会秩序与行为规范、价值观念与伦理道德等为目的的社会角色，如法官与警察、学者与艺术家等。表意性角色在一个社会中所起的主要是体现社会公平、社会正义的作用。这些角色的行为维护着社会的道德，实现着社会的稳定。表意性角色的扮演者往往是理想主义者，有强烈的自我实现需求。他们履行角色的要求，主要是出于对人类和社会的责任心和义务感。

（三）规定性角色与开放性角色

这主要是根据社会角色的规范化程度来划分的。

规定性角色是指那些对权利义务、行为规范有严格限制和明确规定的角色，如医生、教师、警察和法官等。人们在扮演这些角色的时候，其行为要受到很大的约束和限制，例如，医生要治病救人，教师要教书育人，警察要秉公执法等。

开放性角色是指那些对权利义务、行为规范没有严格限制和明确规定的角色。人们在承担这些角色的时候,可以根据自己的理解和社会的期望而表现,因而具有很大的选择性。如父亲、母亲、朋友、同学、顾客、乘客等大量日常生活中的角色都是开放性的。例如,在行驶的公共汽车上,有些乘客能够做到尊老爱幼,主动将座位让给老弱病残人士;有些乘客则不管不顾,视而不见。但从社会角色看,这却是完全合情合理的。

(四)永久性角色与伴随性角色

这是根据角色伴随个人在社会联系中的时间长短所做的划分。

永久性角色是指那些始终伴随个人生存的角色,如父亲、母亲、子女、兄弟姐妹等。这些角色可以说没有什么选择性,从每个人出生到死亡,这些角色都要伴随一生,无法更改。

伴随性角色是指那些起因于人们的某种社会活动并结成一定的社会联系而形成的角色,如同学、战友、同事、朋友等。这类角色的维系和发展具有选择性,可以更改,一般取决于共同需要的满足程度、共同兴趣的凝合度和相互作用的频繁程度。

三、社会角色的扮演

社会角色的扮演,是指一个人具备充当某种角色的条件,去承担这一角色并按这一角色所要求的行为规范去活动。每一个社会成员,在社会关系和社会活动中都会扮演多种不同的社会角色,每个人承担角色的过程和结果可能大相径庭。

(一)角色丛

角色丛,又称角色集,是指一组相互联系、相互依存、相互补充的角色。角色丛的存在,说明社会角色的复杂性和角色之间的相互关联性。在社会中,角色不是孤立存在的,而是与其他角色联系在一起的。任何一个人都不可能仅仅扮演某一种社会角色,而总是扮演着多种社会角色,他所扮演的多种角色又总是与更多的社会角色相联系,所有这些就构成了角色丛。

关于角色丛,一般有两种理解:第一,由多种地位所产生的多种角色之和称为角色丛。人在社会中必然处于多种地位,每一种地位都有一个与之相关的角色,因而每个人也就同时扮演多种角色。例如,一位公司经理,他是工程师,又是某政党成员、某行业协会负责人等,同时他还是家庭中的祖父、丈夫、伯伯等,所有这些角色构成了他的角色丛。第二,由一种地位所产生的多种角色之和称为角色丛。每个人有多种地位,每一地位并不只包含单一的角色,而是系列的角色。系列角色指的是与人们所处的各种地位有关的各种角色的复合体,角色丛是每个地位所扮演的特有的各种角色的复合体。在上述例子中,某经理不仅有一个角色丛,由于他有多种地位,每一种地位都要列出多种角色,并单独构成角色丛,所以他有多个角色丛。

（二）社会角色的扮演过程

人们对社会角色的扮演通常要经历以下四个阶段：

1. 了解社会对角色的期望。人们在承担某一种社会角色时，首先遇到的就是社会或他人对于这一角色的期望。“养不教，父之过；教不严，师之堕”，是我国传统社会对为人父和为人师的角色要求和行为期待。因此，了解社会对角色的要求和期望，是角色扮演的第一阶段。

2. 个人对角色的理解。在扮演某种社会角色的时候，除了受到社会期望的影响以外，角色承担者自己的想法，也不可避免地会加入进来。由于每个人的价值观念以及所处环境的不同，人们对角色的认识、理解或角色领悟的结果常常有很大的差别，甚至迥异。但是，因为对角色的期望反映的是社会上多数人的看法，一般来说，个人在这一阶段需要努力缩小自己的理解与社会的期望之间的差距。

3. 个人对角色的实践。角色实践是指个人实际行动中表现出来的角色扮演活动，它受到实践时主观、客观多方面条件的限制，有可能使得一个人无法完全按照自己领悟的角色期待去实施。

4. 角色发展。人们在实践角色的过程中常常会发展角色的内涵与外延。由于在实践角色时，可能遇到这样或那样很多事前料想不到的困难、问题或新情况，这样，角色的扮演者不得不随机应变地创造出一些过去为这一角色所不具有的行为规范。例如，父母亲的角色在传统社会具有非常大的权威性，因而传统社会更多强调子女要服从父母；现代社会则认为，父母亲和孩子是平等的，父母亲应该更多地倾听孩子的声音。这就是角色不断发展的结果，角色发展能够创造新的角色规范。

（三）社会角色扮演的失调

人们对社会角色的扮演从来都不是一帆风顺的。在社会角色的扮演中也常会产生矛盾，遇到障碍，甚至遭到失败，这就是角色的失调。常见的角色失调有以下几种情况：

1. 角色不清。角色不清，是指社会或角色的扮演者对于某一角色的行为标准与行为模式不清楚，不知道这一角色应该做什么、不应该做什么和怎样去做。

社会的急剧变迁，常常是造成社会角色不清的最主要原因。在社会与文化的迅速变迁时期，不但传统社会角色的内涵发生了变化，而且还会产生一些新的职业与新的社会角色。于是，社会的期望不明确，角色承担者本人不清楚，其他人的看法也有分歧，角色不清便由此产生。角色不清的现象需要通过长时间的互动，并获得了社会比较一致和明确的规范后才能清除。

2. 角色冲突。角色冲突，是指在社会角色的扮演中，在角色之间或角色内部发生了矛盾、对立和抵触，妨碍了角色扮演的顺利进行。

角色冲突包括两种情况：一种是角色间的冲突，即不同角色扮演者之间的冲突。

它主要是由角色利益、角色期望的差异或人们没有按角色规范行事等原因引起的。另一种是角色内的冲突,即一个人所承担的多种社会角色同时对他提出了角色要求,或者一个人所承担的几种角色的行为规范互不相容,以及某一角色需要在两种尖锐对立的目标上做出选择的时候,便容易发生角色内冲突。角色冲突可能妨碍与破坏人们的正常生活秩序,因此应尽力避免。

3. 角色中断。角色中断,是指在一个人前后相继所承担的两种角色之间产生矛盾的现象。例如,青年男女从夫妻到父母的角色转换,老人对突然到来的退休生活的适应等,都存在着角色中断的情况。

角色中断的发生是因为人们在承担前一种角色时并没有为后一阶段所要承担的角色做好准备,或前一种角色所具有的一套行为规范与后来的新角色所要求的行为直接冲突。因此,从角色承担者个人来说,应对自己的人生有所设计,提前为未来的角色做些准备工作;从社会来说,应加强对各种不同角色的咨询和培训工作并提供适当的帮助。

4. 角色失败。角色失败,是指因为多种原因,角色扮演者没有完成角色任务或不得不终止承担角色的现象。如失业、犯罪等都是角色失败的表现,它是角色扮演过程中发生的一种失调现象,会给角色承担者带来较大的影响,给社会带来相应的后果。

角色失败一般包括两种情况:一种是角色的承担者终止扮演角色,上述失业、犯罪等现象都属于这类情况。另一种是,虽然还处在某种角色的位置上,但其表现已被实践证明是失败的,如学生考试不及格、职工没有完成工作任务等,即属于此种情况。角色失败通常属于负面事件,但是处理得当也可以把它转变为好事。例如,个人可以吸取角色失败的经验教训,重新振作起来,开始新的生活。

第三节　社会互动

人类社会离不开人和人之间的交往活动,可以说,互动是人类社会最基本、最普遍的日常生活现象,人性、自我和社会都是在社会互动中形成的。

一、社会互动的含义

(一)社会互动的定义

社会互动,简称"互动",是指人与人之间的社会交往活动,或人们对他人的行动和反应过程。日常生活中,我们经常与各种各样的人打交道,或者是主动与他人进行交往,或者是对他人的行为做出反应,这种社会交往过程都属于社会互动。

一般而言,社会互动必须发生在两个或两个以上的人之间,社会互动可以是面对面的直接互动,也可以是借助书信、电话等通信手段进行间接的互动。但不是任何两个人的接近都能形成社会互动,只有发生了相互依赖性的行为时才存在互动。社会互动总是在特定的情境下进行的,同一行为在不同的时间、不同的场合可能具有完全不同的意义。社会互动会对互动双方及他们之间的关系产生一定的影响,并有可能对社会环境形成一定的作用。此外,人们的互动往往遵循一定的行为模式,具有一定的互动结构。这种互动模式大都是人们约定俗成的东西,对生活在相同文化和社会背景下的人来说,它们是不言而喻的。

社会学对社会互动的研究,主要集中在两个方面:一个是把互动作为一个过程来研究,研究从自我互动到人际互动,再到社会互动这样三个阶段。另一个是把互动作为一种结构来研究,从宏观上看,考察阶级之间、国家之间、民族之间、区域之间的互动;从微观上看,主要是指角色之间的互动。其中,从结构方面研究互动的趋势现在似乎更明显一些。

(二)社会互动的要素

社会互动的基本要素包括以下几类:

1. 文化要素。文化要素主要是指语言、文字、姿态、动作、礼仪等,语言和文字构成互动方式中最重要的一种互动,即所谓的符号互动。人们除了通过语言和文字进行互动外,还常常以反映相同意义的某种姿态、动作、礼仪、表情等来表达各自的意愿,互为沟通和交流。

2. 人格要素。人格要素主要包括心态、价值、信念、意识、道德等,这些要素经过内化过程反映为个体的人格系统,人们就是带着人格特征进入互动过程的。社会互动的效果既受个人因素的制约,又受社会因素的制约。

3. 情境要素。情境要素主要是指互动发生时的客观环境条件,包括时间、地点、参加的人物等。人们之间的互动,往往需要选择与具体情境相协调的行为方式。了解情境及情境的要求,是社会互动的基础。根据互动的目的,可以划分出熟悉情境、工作情境和社交情境三种不同类型。工作情境下,互动双方有特定的目标,有明确的分工,言谈举止限制在一定的范围之内,而且很少有情感的交流。社交情境下,人们通常会进行轻松愉快的交谈,以达到沟通和增进了解的目的。熟悉情境主要是指与熟人之间的日常交往的场合,互动双方并没有特定的目的,行为方式上较为随便。

二、社会互动的理论

关于社会互动的理论有很多,以下是比较有代表性的几种观点。

(一)符号互动论

符号互动论的代表人物主要有米德、布鲁默、库恩等人,他们特别注意符号沟通的问题。所谓符号,是指能够有意义地代表其他事物的事物,如声音、语言、文字、图画、手势、姿态、表情等。只有当互动的双方都能确定和理解各自的处境,能够进行符号沟通时,才能顺利地进行社会互动。

符号互动论认为,符号在人们的社会互动过程中起着重要的中介作用,人与人的互动是运用符号进行的,是符号互动。人的行为是有意义的行为,但意义不是固定不变的东西。一方面,意义的确定有赖于互动的背景和情境。另一方面,意义是在互动过程中通过双方的协商确定的,它既不是预先已经决定的,也不是一成不变的,而是在互动过程中产生、修正、发展和变化的。在互动过程中,人们既从自己所认识到的他人对自己的态度和看法之中来认识自己,形成并修改自我概念;又通过扮演他人的角色,从他人的角度来解释其思想和意向,并以此为根据来指导自己的行为。

根据研究方法的不同可以将符号互动论分为两大类,即人文科学学派和实证主义学派。前者认为互动是一个角色创造的过程,因而使用生活史、日记、信件等研究材料,采用个案研究、参与观察等方法来研究互动的过程;后者认为互动是一个角色扮演的过程,因此可以用问卷或态度量表来测量人们的自我概念,并尝试将互动理论操作化。符号互动论的影响非常大,但批评者认为它将社会关系简单地归结为人际关系,忽视了宏观社会结构、互动的内容和社会经济条件对互动形式的重要影响。

(二)社会交换论

社会交换论的主要代表人物有霍曼斯、布劳和埃默森等。他们认为,社会互动的实质是人们交换酬赏和惩罚的过程。交换行为不仅存在于市场关系之中,而且存在于包括友谊、爱情在内的多种社会关系之中。社会交换理论主要研究人们在社会生活中相互交往的外显行为,用代价和报酬来分析社会关系,其中,酬赏是指个人在与他人的交往中所得到的收获,包括金钱、社会赞同、尊重和服从四类。他们的价值依次增高,最有价值的酬赏是他人的服从,即控制他人的权力。社会交换论建立在个人主义与功利主义的理论基础之上,试图以交换的观点来解释人类互动的本质和规律,但它忽略了人类行为的社会前提,带有浓厚的心理还原主义色彩。

(三)戏剧理论

戏剧理论的主要代表人物是美国社会学家戈夫曼,在《日常生活中的自我呈现》一书中,戈夫曼采用戏剧分析的方法,从印象管理的角度揭示了人们社会互动的特点。他指出,世界是一个大舞台,生活就是演戏,表演者最关心的是留给观众什么样的印象。戈夫曼对互动细节的观察非常敏锐,对互动秩序和形式的分析也相当深入,他的理论主要研究人们运用哪些技巧在别人心目中创造印象,他认为,互动的一方总想控制对方的行为,使对方通过对自己行为的理解,做出符合自己计划中的行为反应。他的理论观点产生了很大的影响。但是批评者认为戈夫曼夸大了人类行为的表演性与虚伪性。因为印象整饰并非互动行为的全部,很多场景下人们都会表现出真实的自我。

（四）参照群体理论

参照群体理论主要研究非面对面的人际接触对个人行为的制约作用。这一理论认为，参照群体是指个体在心理上所从属的群体，是个人认同的为其树立和维持各种标准、提供比较框架的群体。个体将其参照群体的价值和规范作为评价自身和他人的基准，作为自己的社会观和价值观的依据。一个人的参照群体与他在行政上、组织上或地位上所从属的群体可以是相同的，也可能是不同的。参照群体反映了个人与群体互动的特殊方面。

参照群体理论对个人的客观社会地位与其社会观点之间相互作用的社会心理机制，以及个体动机与社会结构之间相互作用的机制进行了深入细致的分析，因而从一个更广阔的角度和更深入的层次增进了人们对社会互动的理解。对参照群体理论的批评几乎同对符号互动论的批评一样，即认为它将社会关系简单地归结为人际关系，忽视了个体所属的社会结构，难以全面解释社会互动的特点。

（五）角色理论

所谓角色理论，是一种以角色概念为核心的解释人类行为的研究取向，并不是一个单独的理论。角色理论的主要观点是：角色与互动是密不可分的。一方面，互动是角色之间的互动。日常生活中，人际互动之所以能够有条不紊地进行，是因为互动的双方都遵循一定的角色规范而进行交往，如果一方角色失调，就可能使互动中断，或者改变原来的互动方向。互动还有赖于人们扮演他人角色的能力，这一能力使人们能够辨别和理解他人使用的交往符号的意义，从而预知他人的反应。另一方面，角色的形成和扮演也是在互动中完成的。没有另一方参与互动，角色就失去了依存的条件，就无法成为实际的角色行为。

（六）常人方法学

常人方法学，又称本土方法论、俗民方法论，是美国社会学者家芬克尔于20世纪60年代创立的。它主要研究人们在日常互动中如何建立和共同使用对现实的定义，详细考察社会成员在建构和解释他们的社会现实并对其赋予意义时所使用的方法和步骤。这种理论认为，社会互动是由形成人们日常交往基础的规则所决定的，这些规则通常是理所当然、心照不宣的，但是，如果违背了这些规则，互动就不能顺利进行。它揭示了互动中隐含规则的重要性，认为在任何一个互动过程中，都存在着一些背景知识，互动双方都必须了解这种背景知识，遵守其隐含的规则。尽管常人方法学的研究很好地揭示了社会交往中的各种规则，但它也由于关注被许多主流社会学家认为的一些枝节问题，远离了社会设置和社会权力的运用等社会学的一些主要问题而受到批评者的指责，被认为其研究太过模糊和抽象。

三、非语言的社会互动

在人们的日常互动中，除了使用语言进行交流外，更多的信息与意义传达是通过非语言的互动进行的。例如,点头、摇头、微笑、皱眉等面部表情或肢体动作,姿势、着装等静态体语,以及适当的空间距离等都在悄悄地传递着互动双方的特征。

(一)体态语言

1. 动态体语。所谓动态体语,主要包括面部表情和肢体动作两部分。面部表情非常直接地展示情绪的变化,可以说是非语言信息的最丰富的源泉。在面对面的互动中,人们通过不断地观察对方的脸色和面部表情来做出适当的反应。恐惧、快乐、惊讶和气愤等情绪的表达方式可能是共同的,人们通过观察类似的面部表情去解释相应的意义。

除了面部表情以外,人们还通过肢体动作,即通过身体或四肢的运动,以表达某种意图、情绪或态度。但是,肢体动作所表达的意义在不同国家或文化背景中是非常不同的。例如,点头在多数国家意味着赞同或赞许,而在个别地方则可能表示否定的态度。有些文化中,伸出大拇指表示很棒、赞扬的意思,但有些文化中则认为这样非常不礼貌,有侮辱他人的含义。

2. 静态体语。静态体语包括姿势和外貌及着装等在无意中传递的信息与意义。人们往往通过身体或四肢保持某种状态的姿势,静悄悄地传情达意,也可能通过修饰自己的外貌或穿着特定的衣服表明自己的态度与情绪。因此,静态体语很可能"暴露"出人们本来不打算泄露的信息、情绪和态度。

(二)空间距离

在互动过程中,人们会有意无意地利用空间距离传达某种意义。身体之间的空间距离,一般被称为人际距离。特定的人际距离一方面显示出人们之间的特定关系,另一方面表明人们是如何利用空间距离对他人的行为做出反应的。以下是美国人类学者霍尔对个人空间距离的四种分类,每种类型的距离有自己的活动和关系特征,人们选择特定的距离进行互动,反映了人们之间的关系以及关系的变化。

1. 亲密距离(从实际接触到彼此相距约 45 厘米内的距离)。亲密距离是求爱、安慰和保护的距离,在这个距离内,一方可以感觉到对方的气息,并能详细地看到对方的身体。如果陌生人出现在这样的距离内,会让人不知所措,有压迫感。因此,对于成年人来说,在公众场合保持这种距离是不合适的。

2. 个人距离(从 45 厘米到 122 厘米之间的距离)。个人距离一般是与关系比较密切的朋友和相爱者进行互动的距离。

3. 社会距离(从 122 厘米到 365 厘米之间的距离)。社会距离是人们在处理一些非个人事务,或正常交往时的距离。除了受到空间限制,如电梯等,人们在一般的社交场合也保持这种距离。

4. 公众距离(365 厘米以上的距离)。所谓公众距离,是指一些知名人士与社会公众之间的距离,例如,知名人士在给别人做演讲时,一般保持这个距离。

需要指出的是，这四类距离的划分是霍尔在美国东北部健康的中产阶级成年人中进行的研究，它在其他地区和文化背景中的适用性尚未有人进行验证。但是，无论在哪一个国家和地区，在互动中保持一定的空间距离都是必需的。而且，还有研究者指出，空间的重要性对于不同性别的人是不同的，男人一般比女人需要更多的个人空间，在一间拥挤的屋子里，男人比女人更容易受到负面影响。

四、社会互动的形式

社会互动的主要形式有交换、合作、冲突、竞争和强制。这几种不同的互动形式常常以不同的方式结合在一起。

（一）交换

交换的互动形式，来源于霍曼斯的社会交换理论，是指个人或群体互动的目的在于获得报酬或回报。例如，雇主与受雇者之间付出劳动与获得薪水之间的互动就是典型的交换。交换中的报酬或回报可以是物质的、金钱的，也可以是精神的、感情的。

交换所遵循的基本原则是互惠。按照互惠原则，一个人向另一个人的每一次让渡都包含着对某种回报的期待，这种回报可能是当场兑现的，也可能是长期承诺的。但无论如何，对最终可以获得相应回报的预期，是交换关系得以维持下去的一个很重要的基础。互惠原则假定当事人之间存在某种基本的平等关系，它有助于通过创造持续的、相互的义务来维持交换的平等性。

（二）合作

合作是指为达到对互动各方都有某种益处的共同目标而彼此相互配合的一种联合行动。由于某些共同利益或目标对于单独的个人或群体来说，很难或不可能达到，于是人们或群体就联合起来一致行动。正如功能主义理论所强调的那样，从广义上讲，所有社会生活都是以合作为基础的；如果没有合作，社会不可能存在。人们结成群体和社会，是为了对付像洪水、饥荒和疾病等来自环境的威胁。

尼斯比特将合作的类型分为四种：①自发合作或互相援助。这种合作产生于某种情境下的实际需要和可能。②传统合作。自发的合作逐步变为稳定的社会习惯并得以制度化，就称为传统合作。③指导合作。指导合作是指双方在具有权威地位的第三方的管理和协调下进行合作。④契约合作。契约合作是指个人或群体之间正式同意以某种方式进行合作，并对彼此的职责进行清楚地界定。传统社会的合作方式主要是传统合作，而现代社会则更多地依赖指导合作和契约合作，自发合作在传统社会和现代社会都比较常见。

（三）冲突

冲突，是一个过程，起始于一方感觉到另一方对自己关心的事情产生消极影响或即将产生消极影响。冲突的根源在于资源的稀缺性，其他如鼓励竞争的制度和机制，模棱两可或具有威胁性的信息，群体或组织结构的相互依赖性等因素，也是冲突产生的原因。

齐美尔将冲突划分成群体之间的战争、群体内的冲突、诉讼和理念对立四种不同的类型。相对于物质资源方面的各种冲突，理念之间的冲突通常是最严重和最具破坏性的，而且很难解决。人们对冲突的观念经历了三个不同的阶段：传统的冲突观念认为，冲突是有害的，必须尽量避免；人际关系的冲突观念认为，冲突是不可避免的，冲突既有利又有害；相互作用的冲突观念认为，应该区分功能正常的冲突与功能失调的冲突，冲突的好坏取决于类型的不同，在一些情况下，应该适当鼓励冲突，因为一个没有冲突的社会将是毫无生机、沉闷乏味的社会。

（四）竞争

竞争是指社会互动中对于一个共同目标的争夺过程，也可以说是遵循某些规则的一种合作性冲突。竞争的目的主要在于获得目标，而不在于反对其他竞争者。在这种形式的互动中，达到所追求的目标要比打败对手更重要。与合作性互动不同，竞争者通过各自的努力去获取目标，并且彼此之间处于竞争状态。

为了防止竞争转变为人们之间的一种直接的冲突，必须制定一些竞争各方都必须遵守的规则。并且，在遵守这些规则上必须协作。涉及政治、经济领域的一些大规模竞争，往往需要法律、制度来予以规范和控制。传统上，人们认为竞争的结果一定是以一方的失利告终，现代社会强调竞争与合作并存，认为有可能达到竞争双方的双赢结果。

（五）强制

强制是指互动的一方被迫按照另一方的某些要求行事，当一个人或一个群体将其意志强加于另外一方时，强制这种互动形式就发生了。强制的核心是一种力量对另一种力量的统治或制约，它意味着互动双方力量的不平衡。在强制性互动中，所借助的力量可以是物质的力量，也可以是精神的力量。

强制作为一种社会现象广泛地存在于社会上的多种关系之中，从父母和教师为教育孩子而采取的强制手段，到各种规章制度对人们的限制与约束，直到依靠国家机器实施的强制，都属于此类互动。强制既有正面的社会功能，如维护社会秩序等；也有负面的社会功能，如可能带来对个性的压抑。

第四节　社会资本与社会网络

社会资本与社会网络的研究是近年来社会学、经济学、政治学等学科共同关注的一个较新的研究领域，关于这方面的研究目前仍然处在不断发展中。这里，我们主要关注的是,从社会学的角度看,社会资本与社会网络在社会关系及社会互动研究中的新发展。

一、社会资本的概念及有关研究

(一)社会资本的概念

从20世纪70年代以来,一种不同于经济资本、人力资本的新资本形式受到社会学、经济学、政治学等学科的注意,这种新的资本形式就是社会资本。社会资本的概念最早可以追溯到古典社会学者涂尔干的"集体意识"和齐美尔的"互惠交换",但一般认为,真正作为社会资本理论,是从布迪厄、帕森等人的研究开始的。许多学者认为,是布迪厄最早将社会资本的概念引入社会学的研究领域的。而科尔曼则被认为是从理论上对社会资本给予全面界定和分析的第一位社会学者,此后,经过普特南、波茨等人的发展,社会资本理论才成为重要的具有跨学科影响的思潮之一。

1. 社会资本的定义。社会资本虽然被公认为一种新的资本形式,但目前对社会资本的定义尚未形成统一的意见,比较有代表性的定义有如下几种:

(1)将社会资本定义为一种社会网络。布迪厄认为,社会资本是资本的三种形态之一,是一种通过对体制化关系网络的占有而获取的实际的或潜在的资源的集合体。这种体制化网络关系与某个团体的会员制相联系,获得这种身份就为个体赢得声望,进而为获得物质或象征的利益提供保证。

(2)将社会资本定义为一种规则。联合国开发计划署(UNDP)把社会资本看作是一种自觉形成的社会规则,它体现于社会各组成部分之间的关系中,体现于人和人之间的关系中,认为只有建立在民间团体和社会组织所达成协议的基础上的社会资本才是稳定的,它对于可持续发展非常重要。

(3)将社会资本定义为规则、网络和信任。普特南指出,社会资本是一种组织特点,如信任、规范和网络等。像其他的资本一样,社会资本是生产性的,它使得实现某种无它就不可能实现的目的成为可能,社会资本通过对合作的促进而提高了社会的效率。

(4)将社会资本定义为一种便利于行动者的、处于社会结构中的资源。科尔曼认为,社会资本是个人拥有的表现为社会结构资源的资本财产,由构成社会结构的要素组成,主要为存在于结构内部的个人行动提供便利。

此外,国内的研究者对社会资本也进行了初步的研究,比较具有代表性的观点有三种:第一种是边燕杰等人的观点,认为社会资本是行动主体与社会的联系以及通过这种联系取得稀缺资源的能力;第二种是张其仔等人的观点,认为社会资本从表现形式上看就是社会关系网络;第三种是李春玲等人的观点,认为社会资本是个人成长时期的一些社会、社区和家庭等环境因素。

总之,尽管不同的研究者对社会资本定义的表述各有不同,但其基本的意义和指向有相同之处,即都将社会资本定义为一种与经济资本、人力资本相区别的、存在于社会结构中的个人资源,它为结构内的行动者提供便利,包括规范、信任和网络等形式。

2. 社会资本的特征。与经济资本、人力资本等相比,社会资本具有如下特征:

(1)社会资本存在于人与人之间的关系中。社会资本既不外在于个人,也不内化于个人,而是存在于人和人的关系或联系之中,它不能离开人而独立存在,但又不完全依附于个人,它的最终形式可能是物质资本或人力资本,是在关系中产生的价值。

(2)社会资本的无形性。社会资本是无形的,是一种能够感觉到,但却看不见、摸不着的东西。与之相比,经济资本可以是有形的机器、厂房等,也可以是无形的技术、品牌等;而人力资本存储于劳动者之中,表现为受教育程度和经验等。

(3)社会资本的部分公共物品性一旦形成,就不仅仅是某个人可以使用它,因为它是存在于人们的关系或联系中的,所有处在关系或联系中的人都可以使用它,但联系以外的人则不能使用它。而经济资本则既可以是公共物品,被多人使用,也可以是私人物品,仅供某个人使用。

(4)社会资本的不可转让性。由于社会资本存在于人和人的关系中,对个人的依赖性较强,因此对于受益者来说不是私有财产,因而无法像经济资本那样,拥有者可以根据主观愿望将其转让到另外一个人那里,使之受益。

(5)社会资本投资收益的不确定性。不像有形的经济资本那样,能够通过统一的指标进行测量,投资过程中的预期回报和实际回报相对容易控制,社会资本投资的是社会结构资源,因而它是无形的和特殊的,其实际收益很难预期,因而具有不确定性。

3. 社会资本与社会网络及社会资源的联系与区别。社会资本、社会网络及社会资源是三个联系非常紧密的概念,一些学者认为,社会资本就是社会关系网络,社会资本等同于社会网络中嵌入的社会资源。另一些学者则认为,社会资本是一个独立的社会学概念或理论,其内涵与外延不同于社会网络和社会资源。例如,边燕杰认为,从概念的最初含义来看,社会资源只与社会网络相联系,而社会资本的范围更加宽泛。世界银行在国家财富指标的研究中指出,社会资本除了包括社会网络以外,还指一系列规范和组织。而林南认为,社会资源只是社会资本的开始,社会资源是在社会网络中嵌入与可摄取的,社会资本是从社会网络中动员的社会资源。因此,社会资本既不同于社会资源,也不同于社会关系网络,而是一个独立的社会学范畴,它是行动主体所投资的对自己至少具有主观上预期回报的社会结构资源,是一种与经济资本相区别的资本形式。

(二)有关社会资本的研究

1. 社会资本研究的兴起与主要研究领域。20 世纪 90 年代以来,社会资本成了许多学科关注的热门概念和分析的重要起点。之所以会出现这种现象,主要原因大概有以下几点:西方国家中极端的个人主义和向更小的共同体回归的双向变化中社会资本作用的凸现;东亚发展成功经验中社会资本的重要影响;社会资本概念对于世界性贫困问题的有效解释和分析;现有解释范式存在的缺陷以及所谓"第三条道路"的出现,使社会资本获得了官方的认同,并成为西方国家社会政治生活中的一个关键词。

有学者认为,20 世纪八九十年代对社会资本的研究主要集中在两个领域:一是从微观的角度研究企业家伦理的"新经济发展社会学",另一个是从宏观角度研究国家—社会关系的比较制度。前者的代表人物有莱特、波茨等,后者的代表人物包括贝茨、伊文思等。目前对社会资本的研究主要集中在以下领域:①社会理论方面;②经济发展;③家庭和青年行为问题;④学校教育和教育;⑤共同体生活,包括物理背景下的生活和虚拟背景下的生活;⑥工作和组织;⑦民主和政府治理;⑧集体行动问题的普遍性案例。

2. 科尔曼对社会资本的研究。在社会资本的研究中,科尔曼的研究被认为具有相当的代表性。1988 年,科尔曼首次在《美国社会学杂志》发表题为《社会资本在人力资本创造中的作用》一文,对社会资本做了初步论述,之后在其所著的《社会理论的基础》一书中,又对社会资本理论进行了较为系统的阐述。在科尔曼看来,社会资本是指个人拥有的以社会结构资源为特征的资本财产。社会资本由构成社会结构的各个要素所组成,存在于人际关系的结构之中,它的形成依赖于人与人之间的关系按照有利于行动的方式而改变。因此,社会资本具有生产性、不完全替代性、不可转让性和公共物品的特征。

科尔曼认为,社会资本具有五种形式:一是义务与期望,二是存在于社会关系内部的信息网络,三是规范和有效惩罚,四是权威关系,五是多功能组织和有意创建的组织。一般来说,社会资本的出现或者消失都不以人的意志为转移,影响社会资本形成和存亡的因素有四个:①社会结构的稳定程度。社会组织或社会关系的瓦解,意味着人与人之间原有的利益与控制关系的断裂,社会资本因此丧失了存在的前提。②社会结构的变迁。现代社会新型法人组织的大规模出现,使原始性社会结构中广泛存在的社会规范和相应的赏罚措施失去了效力,而维持新型结构中社会秩序所必需的规范又尚未形成,于是,社会资本的相对短缺状态就出现了。③社会关系网络的封闭性。网络的封闭性增加了系统内部行动者之间的依赖性,减少了对外部行动者的依赖及资源的可替代程度,保证了相互间信任的维持。④意识形态。意识形态形成社会资本的途径是把某种要求强加给意识形态的信仰者,即要他们按照某种既定的利益或某些人的利益行动,而不考虑其自身利益。科尔曼的意识形态是广义上的。他认为个人主义的意识形态会对社会资本的形成起消极作用。⑤其他因素。如个人的富裕程度和政府的资助及时间因素等,这些因素降低了社会资本的价值，并使其无法更新。因为社会资本具有公共物品的性质，需要的人越多，创造的社会资本数量也越多。为了维持社会资本和创造更多的资本，需要保持期望和义务的长期关系，进行定期交流，维持规范的存在，“总之，社会关系必须尽力维持”。

尽管科尔曼对社会资本的研究相对于其他社会学者来说已经较为完善，但仍然有研究者指出科尔曼的理论在以下三个方面有不足之处：一是对社会资本承载主体的论述不明确，二是没有对社会资本的负面效应予以充分关注，三是对社会资本的性质和表现形式等有待进一步讨论。总体上说，科尔曼的社会资本理论为各个学科提供了一个重要的解释范式，是一个相当有发展潜力的理论生长点。

二、社会网络的概念及有关理论

（一）社会网络的概念

1. 社会网络的定义。社会网络是研究社会关系、社会互动和社会结构的一种重要方法，社会网络最初是指一群特定的个人之间的一组独特的联系。处在社会网络中的成员一般互相认同，有团结感，他们之间因为某些共同的目标、利益与期望而保持着一定的互动。与形成群体的初级关系和次级关系相比，网络成员之间的关系一般具有局限性和弥散性特征。很多社会网络是在个人的一生中自然形成的，如亲戚网络、邻居网络、校友网络、同事网络等；也有一些网络是人们有意构建的，例如，在职业领域，人们为了结识“合适”的人而进行的社会交往，这样形成的社会网络就是有意发展的。

需要指出的是，目前的社会网络概念已经超越了个人间关系的范畴，网络行动者可以是社团行动如商业公司，甚至民族或国家。关系既包括把行动者连接起来的联系，也包括社会群体或组织之间的交易关系，以及金钱、信息和群体成员的流动。

2. 社会网络的功能。

（1）影响个人许多重要的选择与决定。社会网络发挥着许多重要功能，其中比较重要的功能是影响个人的决定和选择。无论是朋友网络、家庭网络还是同事网络，都对个人选择产生一定的影响。社会网络通过向网络成员提供信息和建议的方式，使成员在做许多决定的时候，不可避免地受到影响。

（2）亲密感和归属感的来源。社会网络由于是个人各种社会关系的联结，因而成为人们亲密感和归属感的源泉。

（3）影响人们的地位获得。社会网络所提供的资源会对人们社会经济地位的获得产生深刻的影响。研究表明，在职业流动中，社会网络能够克服劳动力市场信息不对称所带来的困难，发挥信息桥梁、信任的基础等作用，使个人向上流动的机会大大增加。正像波普诺所指出的那样，网络分析进一步证明了一个长期被怀疑的事实：尽管机会平等在口头上说得好听，但在事实上算数的不是“你知道什么”，而是“你认识谁”。

3. 与社会网络有关的两对重要概念。

(1)密网与松网。各种网络之间在特性上存在着巨大差异。所谓密网,是指网络中的成员彼此互相认识,人和人之间关联的程度非常紧密。所谓松网,是指网络成员松散地结合在一起,除了个别成员外,多数成员一般彼此都不认识。多数人属于多重网络而不是属于某个单一的、紧密联系的群体。但是,生活在这种松散地连接起来的网络中,并不意味着个人有孤立的感觉。研究表明,与农村居民相比,城市居民拥有的社会网络通常是松网,即拥有的是较为松散地连接起来的社会网络。

(2)强关系与弱关系。根据人们之间社会联系的强弱程度,可以将社会网络成员的关系分为强关系和弱关系两大类。所谓强关系,是指人们在其中投入更多时间,更多情感,并且彼此更为亲密也更为频繁地提供互惠性服务的关系。所谓弱关系,是指那种联系不多,或者借助他人才产生联系的关系。通常,个人所拥有的弱关系要远远多于强关系。强关系和弱关系对人们的意义和作用各有不同,当人们遇到麻烦时,一般是向家庭成员、亲朋好友等强关系中的人求助。但是,弱关系可以给人们提供非重复性的信息,创造社会流动的机会等。

(二)有关社会网络的研究

社会网络的研究是社会学一个重要的分支领域,既是关于社会结构、社会关系的一种观点,也是一套分析方法和技术。一般认为,社会网络的研究产生于 20 世纪 20—30 年代英国人类学对社区的研究。英国人类学者布朗首次使用了社会网络的概念,但由巴恩斯、鲍特等人进行了更为细致和深入的阐释与研究。20 世纪 60 年代,社会网络的研究在美国快速发展起来,到 70 年代末,开始成为一个拥有自己的学术刊物、专业社区和一大批网络分析学者的新的分支领域。美国的社会网络研究包括两个不同的研究方向:一个是遵循社会计量学的传统,研究整体网络即一个社会体系中角色关系的综合结构,主要着眼点在小群体内部的关系;另一个是集中于个体间的自我中心网络,关注的是个体行为如何受到其人际网络的影响以及个体如何通过人际网络结合为社会团体等。目前,在社会网络研究中比较有代表性的研究主要包括以下几种:

1. 网络成员观。网络成员观将社会团体成员资格看作是成员的一种社会网络。科尔曼认为,社会资本是指个人所拥有的表现为社会结构资源的资本财产,它主要存在于社会团体和社会关系网络之中,只有通过成员资格和网络联系才能获得回报。个人参加的社会团体越多,其社会资本越雄厚;个人的社会网络规模越大、异质性越强,其社会资本越丰富;个人从社会网络中获取的资源越多,其社会资本越多。

2. 网络结构观。网络结构观把人与人、组织与组织之间的纽带关系看成一种客观存在的社会结构,并试图分析这些纽带关系对人或组织的影响。网络结构观认为,任何主体(人或组织)与其他主体的关系都会对主体的行为产生影响,因此应从个体与其他个体的关系来认识个体在社会中的位置,由于个体可以按社会关系分成不同的社会网络，因而人们在社会网络中的位置，网络资源的多少、优劣等对个人具有非常重要的意义。

3. 网络资源观。网络资源观的代表人物是美籍华裔社会学者林南，他认为，那些嵌入个人社会网络中的社会资源如权力、财富和声望，并不为个人所直接占有，而是通过个人的或间接的社会关系来获取。个体社会网络的异质性、网络成员的社会地位、个体与网络成员的关系力量决定着个体所拥有的社会资源的数量和质量。在林南的网络资源观中，由于弱关系连接着不同阶层拥有不同资源的人们，所以资源的交换、借用和获取，往往通过弱关系纽带来完成。而强关系连接着阶层相同、资源相似的人们，因此类似的资源交换既不十分必要，也不具有工具性的意义。为此，林南提出网络资源观的三大假设：①地位强度假设。人们的社会地位越高，获取社会资源的机会越多。②弱关系强度假设。个人社会网络的异质性越大，通过弱关系获取社会资源的概率越高。③社会资源效应假设。人们的社会资源越丰富，工具性行动的结果越理想。

林南的网络资源观是社会网络研究的一大突破，因为它否认了资源具有通过占有才能运用的地位结构观，资源不但可以被个人占有，而且也嵌入社会网络中，通过关系网络可以获取。而且，林南将社会资本与社会资源联系起来，使社会资本与关系力量有了间接关联，即弱关系导致较丰富的社会资源。

4. 弱关系力量假设和嵌入性的概念。格兰诺维特对弱关系的力量和嵌入性概念的研究，对社会网络的分析产生了重大影响。他首次提出了关系力量的概念，并将关系分为强和弱两种。他认为，强弱关系在人与人、组织与组织、个体和社会系统之间发挥着根本不同的作用。强关系维系着群体、组织内部的关系，弱关系在群体、组织之间建立纽带联系。他从互动的频率、感情力量、亲密程度和互惠交换程度四个方面区分了关系的强弱，并提出了弱关系充当信息桥的判断。格兰诺维特认为，强关系是在性别、年龄、教育程度、职业身份、收入水平等社会经济特征相似的个体之间发展起来的，由于强关系群体内部个体的相似性较高，因而通过强关系获得的信息往往重复性很高；而弱关系是在社会经济特征不同的个体之间发展起来的，它比强关系更能充当跨越社会界限去获得信息和其他资源的桥梁，可以将其他群体的重要信息带给不属于这些群体的某个个体。在与其他人的联系中，弱关系可以创造例外的流动机会，如工作变动等。

另外，嵌入性也是格兰诺维特提出的一个非常重要的概念。他认为，经济行为是嵌入社会结构的，核心的社会结构就是人们生活中的社会网络，嵌入的网络机制是信任。他指出，经济领域最基本的行为是交换，而交换得以发生的基础是双方必须建立一定程度的相互信任。信任来源于社会网络，它嵌入社会网络之中，而人们的经济行为也嵌入社会网络的信任结构之中。因此，嵌入性的概念暗指经济交换往往发生于相识者之间，而不是完全陌生的人中间。与弱关系相比，嵌入性强调的是信任而不是信息，由于信任的获得和巩固需要交易双方长期的接触、交流和共事，因此嵌入性也就意味着强关系的重要性。基于此，一些学者认为，格兰诺维特的弱关系力量假设和嵌入性概念存在着矛盾。

5. 强关系力量假设。边燕杰等人的强关系力量假设对格兰诺维特的弱关系力量假设和林南的网络资源观提出了挑战。边燕杰指出，社会网络在再分配经济、转型经济体制下的作用，与在市场经济体制下的作用有较大的差别。在再分配经济中，个人网络主要用于获得分配决策人的信息和影响，而不是用来收集就业信息。因为求职者即使获得了信息，但没有关系强的决策人施加影响，也有可能得不到理想的工作。在工作分配的关键环节，人情关系的强弱差异十分明显。对于多数人来说，他们并不能和主管分配的决策人建立直接的强关系，必须通过中间人建立关系，而中间人与求职者和最终帮助者双方必然都是强关系。因此，强关系而非弱关系可以充当没有联系的个人之间的网络桥梁。

在从再分配经济向市场经济的转型过程中，由于职业分配制度的解体，劳动力市场处于形成和发展过程中，于是社会网络发挥着重要的过渡机制，成为信息的桥梁、信任的基础和人际关系约束的保证。边燕杰的研究表明，在向市场化迈进的过程中，强关系的作用持续上升，权力对资源的控制以及依此进行的人情交换不断强化。因此，社会网络在转型经济中的持续作用在于提供人情，作为信息桥的弱关系的使用率不但没有上升反而有微弱的下降，而作为信任和规范基础的强关系的使用频率却随着改革的不断推进而上升。

6. 结构洞理论。结构洞理论是博特在分析市场经济中的竞争行为时提出的。博特认为，竞争优势不仅仅是资源优势，更重要的是关系优势。结构洞多的竞争者，其关系优势就大，获得较大利益回报的机会就高。博特对结构洞的分析，建立在他对两种社会网络关系的划分基础之上。他认为，无论个人还是组织，其社会网络均表现为两种关系：一个是网络中的任何主体与其他每一主体都发生联系，不存在关系间断现象，从整个网络来看，就是无洞结构。这种形式只有在小群体中才会存在。另一个是社会网络中某个或某些个体与有些个体发生直接联系，但与其他个体不发生直接联系。无直接联系或关系间断的现象，从网络整体来看，好像网络结构中出现了洞穴，因而称作结构洞。例如，在 ABC 网络中，如果 AB 之间有关系，BC 之间有关系，而 AC 之间没关系，则 AC 对于 B 来说是一个结构洞。AC 要发生联系，必须通过 B。假如 A、B、C 处于资源竞争的状态，AC 结构洞的存在为 B 提供了保持信息和控制信息的两大优势。因此，任何个人或组织，要想在竞争中获得、保持和发展优势，就必须与相互关联的个人和团体建立广泛的联系，以获取信息和控制优势。

思考题

1. 什么是社会关系？社会关系可以分成哪几种不同的类型？
2. 什么是社会角色？如何理解社会角色是构成社会的基础？
3. 社会互动的形式是什么？有关社会互动的理论有哪些？
4. 社会资本的特征是什么？如何理解社会资本与经济资本、人力资本的差异？
5. 社会网络的研究主要包括哪几种？

推荐阅读书目

[1]费孝通. 乡土中国[M]. 北京:生活·读书·新知三联书店,1985.
[2]李惠斌,杨雪冬. 社会资本与社会发展[M]. 北京:社会科学文献出版社,2000.
[3]郑杭生. 社会学概论新修[M]. 4 版. 北京:中国人民大学出版社,2013.
[4]边燕杰. 社会网络与地位获得[M]. 北京:社会科学文献出版社,2012.

第五章

社会群体与社会组织

在英国现代小说家笛福的著名小说《鲁滨孙漂流记》中，描述了一个名叫鲁滨孙的人在海上遇难，被迫流落荒岛，经过他与自然艰难的斗争，离群索居长达28年后，最终重返人类社会。笛福表面上讲述的是一个现代人离群索居的故事，然而，仔细分析就可以看到，鲁滨孙之所以能够离群索居，其基础是他从沉船残骸上抢出来的工具和原始材料。正如有评论家所说的：鲁滨孙并非一个原始人，也非一个无产者，而是一个资产者；他是无数其他人劳动的幸运的继承人，是这些他人劳动凝聚成的工具使他的独立劳动和离群索居成为可能。而且，在鲁滨孙荒岛生活的后期，由他改造和驯服的一个他取名为"星期五"的当地土人在他的生活中起着重要的作用。正是在鲁滨孙与"星期五"之间那种主奴关系的建立，才使得鲁滨孙作为人的自我意识不断得到确立。所以，即使是在笛福虚构出来的这种现代绝对个人主义形象中也不无社会的影子，更不用说我们现实生活中的个人，就像需要阳光、空气、食品和水一样，我们需要接触他人，结成各种关系。正如马克思所说的，人一生下来，就为各种社会关系所环绕，人要持续地生存下去，就不可能脱离由种种社会关系构成的社会群体。

第一节　社会群体

一、什么是社会群体

（一）社会群体的界定

我们在前面介绍了个体的社会化以及个体之间的社会关系。两个或两个以上的个体通过持续的互动来实现利益的认同、感情的需求或兴趣的交合,这样的集合体就是本章所要介绍的社会群体。加入社会群体是人的地位获得的基本方式之一。

古希腊思想家亚里士多德曾经这样界定人的天性(nature):“人天性是城邦的动物,在天性上脱离城邦的动物,不是神,就是野兽。”亚里士多德所谓人是城邦的动物,其含义是,人不仅是一般的群居动物,还是离不开政治生活的群居动物。中世纪宗教思想家托马斯·阿奎那在将亚里士多德这句著名的话翻译成拉丁文时,加了半句话:“人天性是城邦的动物,也就是说,人是社会的动物。”虽然从思想史的内涵来看,“城邦的”(politicus)与“社会的”(socials)这两个词存在重要的差别,但是,这两种说法从不同的角度道出了人在本性上的群体属性。

我们一开始已经给出了社会群体的定义。要理解这个定义,还需要把它与其他相关概念区分开来。社会群体是人群的集合,但并非所有人群的集合都是社会群体。例如,我们坐公共汽车到一个电影院去看电影。在这个过程中,与我们同坐公共汽车的乘客,与我们同样在电影院附近的麦当劳排队买饮料的顾客,以及与我们同样在电影院里面看电影的观众,都是人群的集合,但这些人群的集合并不存在独特的群体结构和群体文化,他们彼此既不认识,也不相互关心,他们之间不存在其他相互联系的纽带,而只是非常偶然地坐在同一辆车上、排在同一队伍中或坐在同一电影院里。社会学一般把这种没有独特结构和文化的人群聚集称为“聚合”(aggregates)。但是,如果这一天同路去看电影的人是我邀约的几个朋友,那么,这几个人就构成一个社会群体,因为在这些人之间存在着相互联系的独特模式。

一般来说,社会群体的规模并不非常庞大,群体的规范并不特别复杂,群体的目的性并不十分清晰,在很多情况下,社会群体的成员都彼此认识,并存在着较为密切的面对面的互动关系。这几方面的特点把社会群体与本章后面要讲到的社会组织区别开来。

(二)社会群体的特征

一般而言,社会群体具有以下几个基本特征:

第一,群体成员之间有明确的交往关系。社会群体必须是由某种纽带联系起来的,这种纽带是在人们的社会交往过程中形成的各种社会关系,是人们相互交往、相互影响的结果。通过某些可与群体外的人区分开来的标志,这些人不仅被该群体的成员所认同,而且,非本群体的成员也一致认为他们是属于该群体的。

第二,群体成员之间有着持续的相互交往活动。由于群体成员之间的关系不是临时性的,他们相互之间保持着比较长久的互动和交往活动。

第三,群体成员有共同的群体意识和规范。群体成员在交往过程中,通过心理与行为的相互影响或学习,会产生或遵守一些共同的观念、信仰、价值和态度。群体成员有共同的兴趣和利害关系,并遵循一些模糊的或者明确规定的行为规范。

第四,群体成员有共同行动的能力。在群体意识和群体规范的作用下,社会群体随时可以产生一致的行动。社会群体与乌合之众的根本区别就在于有没有共同行动的能力。

第五，规模的有限性。社会群体的规模较为有限，成员数量不太多，成员交往较为直接且密切。

（三）社会群体的分类

社会群体的类别是多种多样的。在实际研究中，我们可以根据不同的标准将社会群体划分成不同的类型。一般而言，通常划分为以下五类：

1. 血缘群体、地缘群体与业缘群体。这三种群体主要是根据维系群体成员的关系的性质不同来划分的。血缘群体、地缘群体与业缘群体分别以血缘关系、地缘关系和业缘关系作为联系其群体成员的纽带。血缘群体包括家庭、家族、氏族、部落等具体形式，地缘群体包括邻里、老乡等，业缘群体包括各种各样的社会经济组织、政治组织和文化艺术组织等。现代社会是血缘群体、地缘群体、业缘群体并存和协同发挥作用的时代，同时又是业缘群体处于主导地位的时代。业缘群体处于主导地位，是社会发展进步的表现。

2. 正式群体与非正式群体。按照群体的结构特征，社会群体还可以划分为正式群体和非正式群体。前者指的是按照正式的社会规范建立起来并受正式规范所制约的社会群体。后者指的是对成员资格没有严格的规定，成员行为未受到明确的、正式的规范制约的社会群体。家庭、公司等都是正式群体，而朋友、邻居、同乡、共同爱好者、网友等都是非正式群体。正式群体功能明确、分工固定，是社会稳定的基础，而非正式群体具有较强的随意性，是社会活力和自由精神的体现。

3. 所属群体和参照群体。按照群体成员的归属，社会群体又可以划分为所属群体和参照群体。前者是指成员所在的群体，后者是指被成员用来对比评价或规范自己所在群体的态度和行为标准的其他群体。一个人在一定的时期里置身的所属群体是较为稳定的，但被选来作对比的参照群体则随着不同的需要而经常发生变化。如果说追求社会地位是人最基本的需求的话，那么，这种社会地位是在比较中才显出高低的。为此，人们总是自觉不自觉地把自己与其他人群做比较，参照群体的运用也就成为人们日常生活中重要的内容。例如，一群追星的中学生会认为他们所崇拜的歌星是人生成功的楷模，他们会沉迷在对歌星的追捧和模仿中。再如，大学同班同学在物质生活条件上的差距，会让不少同学自觉不自觉地去比较自己家庭的收入水平与其他同学家庭的收入水平。

4. 初级群体与次级群体。按照成员互动的关系，社会群体可以划分为初级群体和次级群体。所谓初级群体，是指群体成员间存在直接的、亲密的互动的群体，在这种群体中，成员具有强烈的群体认同感。家庭和朋友圈都是典型的初级群体，它们反映的是人们最简单也是最基本的社会关系。而次级群体是指为达到特定目标而通过规章制度建立起来的群体，群体成员间的了解是片面的，成员的关系是较为间接的，所投入的情感是缺乏深度的。职业群体就是典型的次级群体。梁漱溟先生曾提出，中国传统社会是以家庭为核心的伦理本位的社会，而西方社会是团体本位的社会。如果按照我们刚才的划分类型，中国传统社会与西方社会都可以是群体本位的社会，只不过，中国传统社会中居于核心位置的群体是初级群体，而西方社会中居于核心位置的群体是次级群体。

5. 利益群体。按照成员追求利益的差别，社会群体还可以划分出不同的利益群体。所谓利益群体，也称利益集团，是指客观上具有共同利益基础、主观上意识到这种共同利益的存在、现实中以联合的方式自觉追求和维护这种共同利益的社会群体。利益群体是一种典型的地位群体，是社会群体在追求或维系社会地位时形成的。利益集团有两种基本形态，一种形态是"一般性利益集团"，他们在追逐个人或集团利益的同时也促进了社会一般利益的增长；另一种是"特殊性利益集团"，他们孜孜以求的不是竞争而是瓜分，他们不关心提高社会生产率而只希望坐收渔利，本质上是一种寄生性质的分利集团。特殊性利益集团阻碍了资源的流动与合理配置，阻碍了技术进步，增加了社会交易成本，降低了社会经济效益。如果社会中不同利益阶层发育不平衡，庞大的弱势群体因为交易成本太高以及无法采取选择性激励而组成不了实际的利益集团，而强势利益集团却可以利用其强势地位追求在分配中的特殊利益，强势集团也可称为"特殊性利益集团"。而这种具有垄断性、排他性和狭隘性的特殊性利益集团对于经济、政治与社会过程的影响都是负面的。

二、初级群体与次级群体

对社会学来说，最重要的群体分类是初级群体与次级群体的划分。整个历史中，人类社会的基本单位，也可能是最重要的社会群体就是初级群体，即一个相对较小、有多重目的的群体，在那里互动是亲密无间的，并存在一种强烈的群体认同感。而次级群体则在现代社会中越来越普遍，次级群体是为了达到特殊目标而特别设计的群体，其成员主要以次级关系来相互联系。与初级关系相比，次级关系是一种特殊的、缺乏情感深度的关系，它所包含的只是一个人人格的某些有限方面。

（一）初级群体

1. 初级群体对个人和社会的意义。初级群体对个人和社会的意义在于：

第一，初级群体是个人与社会之间的桥梁。个人首先正是通过不同的初级群体，完成了社会化的任务，从一个生物人成为一个社会人。例如，家庭、朋辈等初级群体承担着个人社会化的重要任务，初级群体内富于感情的人际关系和表现多种角色的人际交往，使其在个人，特别是儿童的社会化过程中，发挥着极其重要的作用。

第二，初级群体可以被看作是社会的雏形。它反映了社会的许多特征，如分工、规范等。初级群体是社会最基本的单位，是在潜移默化中保存和传递社会文化的重要力量。人们首先通过初级群体认识社会、了解社会，并与社会建立起广泛而密切的联系。

第三，初级群体在人们的社会生活中占有非常重要的地位，对人们的心理与行为有着重大影响。无论过去还是现在，初级群体在满足人们的情感需要和其他多方面的需求方面，以及减轻心理压力、防止人性异化等方面发挥着重要作用。另外，社会的伦理道德、风俗习惯等，都是通过初级群体才内化为社会成员的行为规范，从而发挥其社会控制效力的。初级群体通过其规范和内聚力的作用，有效地控制着群体成员的行为。

2. 初级群体的基本特征。初级群体的基本特征有如下几点：

（1）群体成员数量有限。从规模上看，初级群体一般是指2~30人的小群体。因为人数过多，很容易产生次级关系，从而失去初级群体的特征。

（2）群体成员间有直接的、经常的面对面互动。由于成员数量有限，初级群体中的人们相互之间才可能进行比较深的交往，建立比较密切的联系。

（3）群体成员间的交往具有情感性。正是在直接的、经常性的面对面互动交往中，成员对于彼此的言谈举止、脾气性格都非常熟悉，从而增进了彼此间的感情联系。成员间期望相互关心与安慰，有一种共同的心理维系。

（4）群体成员的关系难以替代。在初级群体中，成员间充满着富有感情色彩的多种角色关系，因而某个特定成员是不能随意由另外一个人来代替的。而在次级群体中，可以随意按程序挑选一个人来顶替，相互关系可以不断变更。

（5）群体整合程度高且多依靠非正式控制。在初级群体中，成员彼此熟悉，关系极为复杂而且密切，利益休戚相关，因而其群体意识很强，群体整合程度高。而且，在初级群体中，一般没有明确、严格的规章、制度和法律。成员的行为、成员间的关系以及成员与群体的关系，主要靠习惯、风俗、伦理道德、群体意识等非正式的手段来控制、维持。

3. 初级群体形成的条件。初级群体的形成一般需要具备以下几个方面的必要条件：

（1）活动空间接近。根据海德和费斯汀格等人的研究，相互交往的多寡与居住距离的远近成反比。所谓“远亲不如近邻”，地理上的接近，是初级群体形成的重要条件。在现实生活中，地理位置上的接近，便于人们相互接触与了解，彼此间容易变得熟悉。活动空间的概念既包括现实中的区位关系，也包括观念上的区位关系，如老乡就是一种观念上的区位关系。

（2）互动的持续性。初级群体一般在持续的长期交往中才能形成，只有在长期的交往中，人们才有可能全面了解，并维持相对稳定的初级关系。

（3）交往的情感性。初级群体的形成建立在成员之间具有感情色彩的交往上，在群体的成员关系中，如果他们只是工具性的次级关系的话，由于替代性较强，很难维持密切的、持久的交往，也就难以形成初级群体。

(二)次级群体

在现代社会中,次级群体越来越普遍。办公室里的工作人员、大学院系的同事、政府机构的官员,所有这些多数是次级群体的成员。次级群体的成员通常是通过电话、信函等进行间接的交往,而不是面对面的直接交往。人们最熟悉的次级群体是各种类型的正式组织,本章将在社会组织部分对其予以介绍。

1. 次级群体的特征。次级群体是为达到特殊目标而特别设计的群体,其成员主要以次级关系来相互联系。与初级关系相比,次级关系是一种特殊的、缺乏情感深度的关系。与初级群体相比,次级群体的规模一般比较大。此外,它还具有如下一些特征:

(1)次级群体成员间的关系多数是工具性的。由于次级群体成员关系的建立主要是基于偶然的合作关系,他们之间相对自由、灵活,一般很难有像初级群体成员那样的情感性私人关系,多数停留在合作范围之内,是工具性的关系。这种特征反映了次级群体的目的是达到务实的目标,而不是提供情感支持或作为自我表达的工具。

(2)次级群体成员关系的转移性和可替代性比较强。不像初级群体那样,维系次级群体的是一种特殊的、缺少情感联系的关系,它能够很轻易地找到替代者,人们可以在很广泛的范围内建立次级关系。

2. 次级群体对个人和社会的作用。这主要表现为以下几方面:

(1)次级群体给个人提供了更多的自主性。由于次级群体的个人空间相对较大,有利于人们自主性的充分发挥,而不是像初级群体那样因为内部整合程度高,压抑和束缚人的个性与自由。

(2)次级群体有助于更大范围的社会整合。前面讲过,初级群体自身具有一定的封闭性和排他性,有时会导致社会成员间的隔阂与对立,妨碍社会的充分一体化;而次级群体则比较开放,成员的流动性和吸纳性较高,有助于更大范围内的整合。

(3)次级群体日益占主导地位,标志着人们更多地依靠正式分工及规章制度等次级关系来处理问题,从而有助于提高工作效率,实现组织目标。这是一个社会走向合理化的表现。

第二节　群体结构与群体运行

一、群体规模

群体的规模是群体结构中最外显也非常重要的要素。在最小规模的群体即二人群体中,两人的关系纽带是单一的、紧密的,每个成员的行动都必然牵动对方全面的反应,两个人的关系直接决定着群体的走向。这种状况既可能保证成员情感的充分投入,但也可能使他们压力骤增,为了保持关系而刻意去与对方的想法或做法保持一致。而在三人群体中,成员之间的互动关系不再是单一的,第三个人可以在某些场景中起到调解者的作用,从而加强群体的稳定性。但如果其中两个成员的意见经常一致,第三个人又可能产生局外人的感觉。或者如果有谁总是试图主导其他两人时,也可能成为关系紧张的来源。三人以上的群体更加复杂,成员数量的增加使群体内的成员关系数量呈几何级数增加,权力与服从、中心和边缘的关系也随之出现,成员关系的间接性开始增加。

二、群体规范

(一)规范的定义

规范是指为群体成员所接受的整体行为的模式,这些行为模式是成员对群体中正规和恰当的行为方式的共同期望与信念。在群体中,群体成员会感到有些行为是能接受的,有些行为是不能接受的。规范具有"应该"或"必须"的特性,规范同时也必然地界定了不被接受的行为。

(二)规范的形成

规范是群体成员习得的行为,当一个群体刚刚组成时,成员在群体过程中相互观望。随着群体活动的继续,群体成员的某些行为会得到奖赏和赞扬,其他行为则受到惩戒或否定,从而导致规范的形成。例如,在群体组成的第一个阶段,群体成员通常保持沉默,因为他们在观察别人的行为。随后,小部分群体成员会参加讨论。他们的投入会被群体所认可,认可或赞成使得群体成员逐渐在群体中学会参与和有发展参与的愿望。当群体成员学会"做什么"时,规范就变得清晰了。同样,群体成员在群体中通过群体的否定或惩罚学会"不能做什么"。这样,规范随着群体的发展而发展。

(三)规范对群体的重要性

规范在群体中的主要功能是稳定群体和促进群体成员间的变化。

1. 稳定群体。规范是通过群体成员的互动逐渐发展的,在群体的发展过程中每个成员有权接受某些行为,因为规范是群体成员的共同期望。同样地,群体成员也具有拒绝接受某些行为的权利。通过规范,建立群体的内部控制,帮助群体成员控制他们自己的行为。规范在许多方面有助于群体的稳定。首先,如果一个成员偏离群体期望,其他成员将处罚他。群体按照其他成员的期望来纠正群体成员的行为。规范的产生降低了使用群体成员或社会工作者个人权力的需要,如果群体成员因为个人权力的使用而遵守和依从规范,当这个人不在群体时,群体将变得混乱。其次,规范为群体成员的行为提供指引,群体成员可以用规范来预测他们的行为是否会被接受,在群体中他们将感到更安全。这样的规范可以帮助稳定和调节成员们的行为。

2. 规范能促进群体成员发生行为上的改变。如果群体成员服从这些规范,群体就会成为所有成员互相帮助和支持的场所。此外,规范也会导致群体中不良的行为模式。在一些群体中,规范导致了群体成员的一些不良行为的形成。

(四)改变群体规范的方法

如果规范妨碍群体过程或规范的存在会导致非理想的行为,就要改变规范,群体规范的改变有助于群体成员的改变。改变规范的方法通常有以下几种:

1. 改变群体的期望。为了改变现有的群体期望,群体成员可以一起讨论现有规范的效果,使群体成员更换思考方法,从而使群体成员的行为随着群体成员期望的改变而改变。

2. 奖励理想的行为。群体通过奖励理想的行为并以此取代不理想的行为来促进规范的改变。选择应奖励的行为的前提是这个行为的出现能抑制有害行为的发生。例如,对守时的奖励可以控制群体成员的经常迟到,即强化守时行为会减少迟到行为。

3. 改变奖励和惩罚机制。群体可以利用某个群体成员的行为来改变奖罚机制,从而促进规范的改变。例如,在一个具有懒惰倾向的群体中,一个努力工作的成员会受到孤立。孤立是对他的惩罚。群体可以奖励这个成员与众不同的行为,同时也奖励其他开始努力工作的成员。为了更好地改变群体的行为规范,应该鼓励地位较高的群体成员开始一种新的行为,因为他有较多的自由去违反规范。

三、群体凝聚力

(一)凝聚力的含义

群体凝聚力,是指群体中成员希望留在群体的程度。对群体动力学的研究表明,群体的凝聚力来源于四个方面:第一,对群体成员安全、自尊等需求的满足。对成员具有吸引力的群体,通常能满足其需求。有些成员在群体外的人际关系不愉快或不满足,而期望从群体中得到满足。另外的例子也显示群体能够给群体成员提供安全感。第二,群体的资源,如成员的名声、群体目标及活动内容等的吸引力。如果群体中有知名人士,或群体拥有很优良的名声,或群体运作、目标及内容具有吸引力,这些都是成员愿意参与群体的重要因素。第三,成员对群体有益且可带来重要结果的期待。如果成员对群体有种预期,认为群体结果会对自己有益、有帮助,则此群体即对自己产生吸引力。第四,比较此群体与其他群体的结果。比较的结果,如果发现在此群体比在其他的群体中更能获得满足感,则此群体会对人们产生吸引力,吸引人们加入此群体。

(二)凝聚力对群体的重要作用

伴随着高度的凝聚力,群体中会出现一种正面的情绪气候。有凝聚力的群体倾向于保持全体成员在群体中，因为群体成员愿意留在群体里。群体保持其成员的时间越长，群体成员参加群体过程的可能性就越大。

1. 保持群体成员身份。在有凝聚力的群体里，群体对其成员有高吸引力，并且成员也愿意归属这个群体。群体成员的归属愿望是建立群体规范的基本力量。群体成员为了留在群体里以满足他们的需要，会遵从群体期望，甚至愿意接受惩罚。然而，如果对违背群体规范的惩罚超过了他们留在群体中的愿望，他们就会试图离开群体。

2. 群体规范的遵守。在凝聚力高的群体里，遵守群体规范的效果并不总是令人满意的。高凝聚力会导致群体强化这种不理想的规范，当凝聚力上升时，群体成员的接纳性也相应地有所提高。渐渐地，群体成员会以较缓和的方式违反规范，只要他们的成员身份不受影响。这种差异将随着凝聚力的增长而增长，其负面的结果是会容忍群体成员背离其角色，即背离群体的期望。

3. 划清群体界限。凝聚力的增长在群体成员中加强了"我们"的意识或感受。这种"结合在一起"的意识造成了成员与非成员间明显的不同，这就是群体界限的建立。应该注意的是，如果群体成员过于认同群体，可能会对与其他群体的关系产生负面影响，例如，会减少与其他群体的沟通，特别是当群体成员完全脱离与其他群体的联系时，会导致群体的孤立和缺乏群际沟通。

4. 提高群体成员的参与度。研究结果证明，随着凝聚力的增长，群体成员的参与度也相应地增长。在有凝聚力的群体里，群体成员更喜欢尝试参与实现群体目标，他们还愿意承担更多的责任和工作，对群体更忠心。有凝聚力的群体，群体成员也会更频繁、有效地沟通，他们乐于自由地表达自己，聆听他人，并且准备影响他人和接受他人的影响。

5. 提高群体成员的满意程度和个人适应性。有凝聚力的群体对群体成员的满意程度和个人适应也有正面影响。群体中"我们"的意识是安全感的来源，并且它可以降低群体成员焦虑，使他们在群体中能较好地适应。在有凝聚力的群体中，被其他成员喜欢、接纳和推崇，能提高成员的自尊。这是心理健康的重要方面。群体成员能较自由地表露感受，有较强的信心，愿意利用其他成员的评价，这对群体成员在群体中的改变和成长都是有益的。

（三）影响群体凝聚力的因素

1. 群体的构成。群体的规模、活动的性质、成员的背景特征与群体的凝聚力有高相关性。

2. 个人需求和相互依存的目标。满足群体成员的需要是吸引成员留在群体内的基础，相信群体能够帮助个别成员达到他们的个人目标是另一个与群体凝聚力有关的重要因素。换句话说，当群体成员相信他们能通过群体达到他们的目标或满足他们的需要时，群体将会变得有凝聚力。然而，群体成员的需要可能随时间而改变，所以建立相互依存的目标会提高凝聚力，相互依存的目标是那些群体成员为达到目标而不得不相互依赖的目标。

3. 信任的关系。信任的气氛是发展凝聚力的基础。只有当群体成员彼此信任时，他们才能分享他们的感受、观念和思想或接受建议或倾听他人的评论。

4. 其他因素。另外还有许多因素影响群体的凝聚力。研究表明，如果群体成员有一个共同的对手，群体将变得更有凝聚力；当成员对他们的组员身份无可选择时，凝聚力也较高；当群体有一个成功的经历时，群体也可以有凝聚力。

四、群体目标

（一）群体目标的作用

群体目标是群体成员对事情未来状态的期望。群体目标对群体的如下方面具有非常重要的作用：

1. 引导和激励群体成员。群体成员是会为他们渴望和重视的东西而工作的。所以，群体目标展现了群体成员的动力，群体目标有助于引导和鼓励群体成员参与群体活动。

2. 发展成员责任心。为了有效地实现群体目标，必须划分角色和责任。在建立目标的基础上，应计划和协调群体成员的分工，这样就能够以工作为基础去分配角色和责任。

3. 为评估打基础。目标是群体评估群体任务完成状况的基础。群体成员将采取行动以实现群体的目标，他们行动的有效性取决于其怎样推动群体目标的实现。

4. 指导冲突的解决。在群体内，冲突或存在不同的观点和看法是不可避免的，在有助于达到群体目标的基础上，群体成员可以用更理性的方法去解决冲突。

（二）个人目标与群体目标

1. 个人目标与群体目标的差异与联系。人们带着满足他们需要的希望加入群体，希望通过群体活动使他们的愿望得以实现。所有群体成员的个人目标的结合便是群体的目标。每个群体至少有一个目标，然而，更多的群体有许多目标。虽然群体目标不需要全体成员都同意或明确说清楚，但是群体目标是为了满足群体成员个人的需要的。

2. 达成群体目标的共识。虽然群体成员可能仅仅部分地知道，有时甚至完全不知道他们自己的目标是什么，所以，个人目标的改变，不会立刻影响群体目标的实现。群体成员的个人目标可以是相似或不同的。如果群体成员的目标是相似的，那么群体就比较容易在群体目标上达成共识。相反，如果个人目标是不同的，那么必然会在群体目标上产生分歧。通常，在有相似个人目标的群体中的组员比在个人目标不同的群体中的组员有更好的适应性。很明显，如果在既定的群体目标上没有一致性,群体将不能恰当地发挥作用。

群体成员可以为群体建立共同的目标。其中,一些需要在长期的群体活动中实现的目标,即为长期目标;另外一些需要马上着手实现的目标,即为短期目标。长期目标通常较为宏观,而短期目标则是较具体的目标,在较短及特定的时间内达到。长期目标为群体提供了一个目的地,短期目标是达到长期目标的铺路石。

(三)不同性质的目标与群体的互动

群体目标的性质可以是协作的、竞争的或个人化的,通常,群体目标的性质不同,群体互动的方式也不尽相同。

1. 合作性目标。合作性目标是群体成员知道只有在合作精神下工作,才能达到他们的目标。

2. 竞争性目标。竞争性目标指的是一些群体成员知道只有在其他成员没能达到目标时,他们才能实现自己的目标。与合作性目标不同,在竞争性目标的群体内,组员间很少分享、讨论工作。在这样的群体内,群体成员不会帮助、支持和鼓励他人。

3. 个人化的目标。个人化目标指的是这样一些群体目标,即群体成员并不需要依靠其他成员的努力便可以达到个人的目标。一些治疗群体中,群体成员带着解决他们自己问题的希望而来,这些个人问题都不涉及他人的目标。个人化的目标不鼓励群体成员之间的互动。

并不是所有的目标都能使群体成为改变群体成员的工具。当这些目标能在推行方面界定清楚、有明确的后果时,这些目标才有助于群体发挥作用。同时这些目标应是有意义的、实际的、可以实现的,并且对群体成员具有挑战性。需要强调的是,群体的进展既要满足整体的群体的需要,又要满足群体成员个别的需要。

五、群体决策和问题解决

(一)群体决策

群体决策是指在群体活动中,群体针对遇到的问题而做出判断和决定的过程,是群体发挥作用的重要步骤。群体决策一般经历以下几个连续的阶段。第一阶段是搜集信息。群体成员通过分析这些信息来决定自己的态度。第二阶段是对搜集到的信息做出评估。此时,成员表明自己的看法,并对他人的意见做出反应。第三阶段是做出决定,在这一阶段,联盟的组成和一个正在形成的多数派将其观点强加于少数人,会出现紧张情绪。一旦决定做出,就出现第四阶段,这时成员们普遍努力恢复他们之间的融洽关系,以保证群体继续团结。

通常,群体决策可以集思广益,能够弥补单个人的不足,以改善决策效果,提高决策水平。通过群体决策,运用大家的信息和知识,可更正判断误差,还可产生多种可供选择的方案,以便进行比较优化。但是,群体决策往往也更容易导致冒险和失误。这主要是因为群体表面一致的压力和群体成员对保持群体和谐一致的高度关心,使得群体成员自觉不自觉地受群体意识的束缚,尽量寻求与其他成员意见的平衡,压制自己个人的看法,从而妨碍了对解决问题的办法做符合实际的评价与分析,可能会做出错误的决策。另外,在通过集体讨论所遇到的问题之后,成员对问题更为熟悉,心理紧张的状态大为减轻,在做出决策时就不再过于小心谨慎了。并且,由于群体决策将责任分散到各个群体成员身上,所以每个人所承担的失败恐惧便大大减少,而敢于做出具有冒险性的决定与行动,也就是所谓的"冒险转变"。即使后来事实证明这种决策是错误的,参与决策的成员也不会因此感到内疚。所以,在群体决策过程中,尽力解除群体意识的束缚,实行分工负责制是十分必要的。

(二)问题解决

问题解决关系到群体成员如何克服困难和寻求解决问题的方法。它是实现群体目标所部署的活动和完成的任务的重要部分。

在以下条件下群体所面对的问题才是真正的问题:

- 当群体对问题的状况及群体成员对它的感受有明确而完整的资料时;
- 当群体还不知道解决问题的办法时;
- 当群体成员准备一起解决问题时。

(三)群体成员在问题解决过程中的行为

如果问题是正式的,在问题解决过程中,群体成员的行为就会以可预见的顺序而改变。当问题不成熟时,群体成员的行为是不可预见的。

当群体开展问题解决活动时,在不同阶段,群体成员将发挥不同的作用,有不同的举止。按照问题解决的过程,他们的行为可以分为三个不同的阶段:①定位。在这个阶段,群体确定应该对问题状况了解什么,群体成员查询、提供或澄清有关群体所面对问题的资料。②评估。在这个阶段,群体成员讨论如何感受这个问题或问题状况。他们也查询、提供或评估其他成员所提供的意见。③控制。在这个阶段,群体确定对这个问题状况能做些什么。群体成员提供或征求有关可行行动的建议和指导。同时,他们可能表现出正面的反应和负面的反应。在群体提出解决办法之前,群体成员的负面感受和反应是最强烈的。此后,如果能够成功地解决问题,正面感受和反应就会取代负面感受和反应。

第三节　社会组织

一、社会组织的特征

社会组织是人们为实现某些特定目标而精心设计的较为复杂的社会群体,是人的地位获得的最重要的方式。组织在社会发展过程中具有重要作用，人类社会的产生和发展都与各种社会组织相联系。从以家庭、非正式群体和村社占支配地位的农业社会，向以大规模正式组织出现为特征的工业社会的过渡，在许多方面都体现了组织的作用。人类所取得的无数成就也都体现了支配与管理庞大社会组织的能力。现代社会的一个显著特点就是社会组织取代初级群体成为占据主导地位的群体形式，大量规模巨大的、极其复杂的组织渗透到社会生活的方方面面。

（一）社会组织的特征

1. 目标的特定性。社会群体虽然也有要努力实现的目标，但那些目标经常是一般性的、含混的，或情感性的。而社会组织与此不同的地方在于，它的目标是明确、清楚地表达出来的，并常常是工具性的。

2. 成员的流动性。组织是一个有较大规模的人群集合，它可以超越某一特定成员而生存，它有自己的生命周期，有特定的吐故纳新的规则。人们常说部队和学校是"铁打的营盘流水的兵"，其实，所有社会组织都具有这种成员的流动性，只不过部队和学校的流动性更加突出而已。

3. 权力的集中性。由于一个组织内成员众多而目标又很明确，因此，为了高效地实现组织的目标，组织主要按照正式的规范来管理，横向分工明确，而纵向权力集中。

4. 关系的非人格化。因为组织的目标是明确的，组织的管理是规范化的，所以，组织成员的互动常常是片面的角色互动，他们之间的关系是不太亲密的。

（二）社会组织的分类

1. 按照组织的功能和目标来划分。

（1）经济组织。它是指那些以营利为主要目标的组织，通过生产物品或提供服务，实现自己的经济功能。这类组织的典型形式是企业。

（2）政治组织。它是指那些以获得一定权力或控制为目标而形成的各类组织形式，通过影响国家的权力运作或公共决策来实现自己的政治功能。这类组织主要包括政党、议会、政府机构等。

（3）非营利组织。它是指在政治领域之外不以营利为目的的组织，它的目标一般是提供公益和公共服务，其所涉及的领域非常广，包括学校、艺术、慈善、教育、卫生、环保等。非营利组织有时也被称为第三部门，以区别于政府（第一部门）和企业（第二部门）。

2. 以受惠者为基础的分类。

（1）互惠组织。这种组织的成员因共同的兴趣和利益而结合在一起，参与程度较低。组织成员参与程度的多寡会直接影响到组织权力的大小。

（2）服务组织。这种组织以服务为主，主要为组织的受惠者提供良好的服务。

(3)经营性组织。它是指那些可以用货币形式衡量活动价值的组织,如银行、公司、工厂、零售店等。

(4)大众福利组织。社会公众都是这类组织的受惠者,如邮局,飞机场等。

3. 以组织谋求人们顺从的方式的分类。

(1)疏远型组织。它是利用职权指导个人或群体活动的组织。

(2)功利型组织。它是以实际性奖励和非实际性奖励为基础的组织。

(3)道德型组织。它是以劝导和感召来将人们的行为引导到被认为是正确的轨道上的组织。

4. 以组织所使用的技术为基础的分类。

(1)长链组织。它是指那些需要在时间序列中执行功能的组织形式,如汽车工业中的流水线作业形式和建筑工业中的工序结构及其工作安排等。

(2)媒介组织。它是指将希望保持相互依赖的人群结合在一起的组织,如银行系统。

(3)集约组织。它是指将各种各样的工艺技术或方法结合在一起以改变人或对象的组织。

二、组织的结构

组织是一个有明确目标的社会实体,精心设计的正式结构以及基于人际关系形成的非正式结构是组织的典型特征之一。

(一)正式结构

组织的正式结构是指为了完成组织的目标而精心设计的一整套权责分工与合作协调体系,通常表现为指导组织成员活动的一系列明确陈述的规定、纪律和程序。正式结构包括以下几方面:①规范化,指组织中书面文件的数量;②专门化,组织的任务分解为单个任务的程度;③标准化,组织内相类似的工作活动以统一的方式来执行的程度;④权力层级,指管理层次与管理幅度;⑤复杂化,指子系统的数量;⑥集权化,表明有权做出决策的层级;⑦职业化,组织成员接受培训和正规教育的程度;⑧人员结构,即各类人员的比例。

正式结构的正功能是富有成效地完成组织目标。每个成员都在某种程度上承担了特定的组织任务,同时,每个人都必须清楚与其他任务承担者的成员关系。所以,对每一个成员的职责与权力,以及成员之间的分工和协作方式,组织都有严格而清晰的说明。每一成员都清楚地知道何时、何地、由谁通过何种方法来进行决策,以及自己处于组织等级中的哪一位置。

组织也必须提供正式的约束手段,即适用于全体组织成员的奖惩制度,以确保组织成员对规则和制度的服从。在商业组织中,奖励性约束制度可能包括晋升、加薪、授予称号、提供舒适的办公室,以及一些附加福利如提供带薪休假、邀请参加某些社会活动等，这些都会用于激励或酬劳那些完成了组织任务的成员。对那些没有遵守规则的组织成员则施以惩罚性约束，如降级、解雇或者该提升时不予提升等。在一个规模大而复杂的组织中，通常确立一些正式手段来衡量群体成员的绩效，如评估与考核等。

以正式结构为主的组织就是正式组织，大多数组织，包括公司、学校和政府等，都属于这类组织。

（二）非正式结构

组织的正式结构总是以非正式结构为补充的。非正式结构是由组织成员为了满足社会交往的需要在工作环境中自然形成的，一般表现为利益型和友谊型两种。虽然非正式关系并不在组织的规划之中，但是对组织的功能发挥却必不可少。正式规则和程序并不能解决组织所遇到的所有问题，在某些情况下，它甚至还不如非正式规则有效率。非正式结构的正功能主要表现在延续和维护组织文化，满足组织成员人际交往的需要，提供正式结构之外的信息沟通渠道和情绪宣泄途径等。总之，非正式结构有助于组织适应千变万化的社会环境，否则组织效率可能降低，目标难于达成。

然而在有些情况下，非正式结构也产生消极性后果。通常，非正式结构会对组织的变革形成一定的阻力，而且传谣和从众也是非正式结构经常出现的行为模式，另外，在正式结构与非正式结构中的不同角色，往往容易给组织成员带来角色冲突的问题。

尽管如此，非正式结构总是与正式结构结伴同行，几乎所有正式的组织都存在一些非正式的结构，如大学里的同乡会、公司里的登山队等。

三、有关组织的理论

有关组织的理论与研究大致包括如下几大类：

（一）传统组织理论

传统组织理论主要是指古典组织理论和行为科学组织理论，他们的代表人物分别是韦伯、法约尔及梅约、巴纳德等人。

古典组织理论重视组织经济效率的协调，认为组织是由合法的管理权威进行计划和控制的机械性系统。其中，以韦伯对科层制的研究为代表。在他看来，科层制组织的主要特点是：因职设位，服从效率和管理原则，职位不属于私人所有；分工明确，横向按职能分工，讲求职责、权限和任务清晰，纵向按职位层层授权，每一层级的管理人员必须具有特殊的才能，经过特殊的培训；规则严密，组织管理和权力分配建立在一系列为所有组织成员共同认可和严格执行的正式规则基础之上；等等。科层制以有效地实现目标为取向，其运行完全按照纯粹形式的法律制度，具备很高的效率。但科层制也包含了非理性的成分,例如,注重书面文件带来的文牍主义;形式上求全导致效率降低;官员按规定行使权限导致对规定外的事情漠不关心;科层机构内人情冷漠;等等。人们常作为贬义词的"官僚主义"实际上说的就是科层制的这些消极影响。

行为科学的组织理论主要偏重动态组织结构的研究,认为组织是一种心理及社会系统,重视组织结构中人的问题,特别是人的心理需要及反应对组织结构的影响。行为科学的组织理论以梅约等人的"霍桑实验"最具代表性。在对美国西屋电器公司的研究中,他们发现,在正式组织中,并非只有正式的规则在发生作用,非正式的规则和非正式群体同样在发挥作用。尽管不是所有的非正式群体或非正式规则都是积极的和有助于组织目标实现的,但它却是实际存在的。

(二)权变理论

传统的组织理论忽视了环境因素对组织的影响,而权变理论则强调应该根据环境的变化不断调整组织结构和组织形式,认为处于急剧变化环境中的组织结构与处于稳定环境中的组织结构有很大的不同。权变理论的代表人物有卡斯特、罗森茨威克、加尔布雷斯等。权变理论有三个基本命题:①不存在所谓的"最好"的、一成不变的组织形式;②任何组织方式都不具有同样的有效性;③最好的组织方式总是依据组织和环境的关系来确定的。其基本假设是,如果组织内在的特征能够最好地满足环境的要求,组织就具有最好的适应性。因此,权变理论特别强调信息加工的重要性,并指出环境的不确定性是满足环境要求的关键。因此,针对环境的不确定性,权变理论的组织策略是明确组织战略、组织决策和组织设计。

(三)种群生态理论

来源于生物学的种群生态理论强调从作为群体的组织层面探讨问题而不是把组织个体当作分析单位。运用这种方法,种群生态理论试图解释为什么一些类型的组织生存了,而另一些则消亡了;组织又有着怎样的生命周期。种群生态理论认为,组织类型或形态对环境的适应性决定了组织的存亡。这一观点是基于对组织作为一个群体的强调,并假设分享相同资源的组织之间会因为争夺资源而相互竞争。因而,有三个过程非常重要:第一,变异过程,指组织的创新。第二,选择过程,指环境选择适宜的组织。第三,存留过程,指组织的生存。组织的生命周期理论、生命周期阶段模型等是种群生态理论的扩展性研究。种群生态理论的组织策略强调竞争的类型、方式,竞争战略的差异以及针对环境的选择性。

(四)资源依附理论

与种群生态理论强调环境的选择性和组织的被动性不同,资源依附理论是从组织出发,强调组织对环境的适应性和组织的主动性。资源依附理论的基本假设是,没有组织是自给自足的,所有组织都在与环境进行交换,并由此得以生存。具体来说,就是:①对资源的需求构成了组织对外部的依赖,资源的稀缺性和重要性决定了组织对环境的依附程度。②组织对环境的选择与操纵。在组织与环境的互动关系中,组织通过参与、考察环境,进而发现机会和威胁,并由此趋利避害。资源依附理论非常强调确定资源对组织的关键性或稀缺性以及组织寻求关键性资源的多种途径如何,其组织策略是组织要采用各种战略改变自己,选择环境、适应环境。

(五)新制度主义理论

前面的几种组织理论涉及的是组织与环境的关系,并假定在这样的关系中,组织是理性的,组织通过与环境的互动来追求最大的效率。但是,在组织追求效率的同时存在大量的无效率现象,有些组织建立起一些显然是没有效率的机构,甚至有些组织本身就与效率无关,但却照样生存和扩大。而且不同类型的组织在结构上具有趋同性。新制度主义理论试图对这些问题给出自己的解释。

新制度主义理论认为,理性并不是组织的最重要特征,最重要的是每个组织都有自己的生命。组织这个有机体的特点由参与者的个性、职责以及外在环境的影响所形塑。因此,只有了解那些能够引起组织结构变化的关键决策而非日常决策,才能理解组织的个性。组织获得个性的过程就是“制度化”,它是在组织面对外在约束、环境压力、内在人员变动、兴趣和非正式关系变迁时发展的,许多有影响的压力不仅仅来自效率的考虑,也来自社会公平和文化的影响。而影响组织趋同的三种机制分别是:强迫机制——如政府的法律法规;模仿机制——模仿其他组织以应付环境的不确定性;社会规范机制——如行业规范和共享观念。因此,新制度主义理论的组织策略是:①明确组织的稳定性与合法性及共识的“权力性”;②了解组织结构中的非理性部分、趋同性、文化追求等;③明确制度是一个开放系统,不仅出自效率的考虑,也有来自社会公平和文化的压力。

(六)信息技术的发展与组织演变

20 世纪 80 年代以后,各种类型的组织经历了一场深刻的变革,福特式的生产模式已经成为历史,代之而来的是弹性生产、小型组织、分散机构。尽管世界上最大的经济实体,例如,世界 500 强企业基本上都是大型的跨国公司,但它们组织的扩张并不是旧有结构上的人员增加,而是在大型企业背后的一系列分散机构。20 世纪 90 年代以后,在计算机网络基础上形成的企业信息化管理系统,使得基于 ERP(enterprise resource planning)的新型组织形式的出现成为可能。它们是:①虚拟组织,即保留组织核心部分的协调、控制和资源管理活动,其他不太重要的部分“虚拟”出去,转包或分包,以充分利用外部资源。②网络组织。通过小型的结构核心,聚集周边性的、有紧密联系的独立经营单位,突破部门界限或边界,在结构核心的协调下,形成一种组织网络。这些新型组织形态的产生直接挑战了“组织总是表现为一定的空间形式”的传统组织观。

第四节 组织过程和组织变迁

一、组织的过程

组织的过程表现在,像一切生物系统和社会系统一样,组织也有从诞生到死亡的生命发展周期。一个组织的发展过程可以被描绘为五个重要阶段的序列:产生、成长、成熟、衰落和消亡。以下是对这五个阶段的简单描述。

(一)产生阶段

当一群成员为了一个共同的目标、利益和需要而走到一起时便产生一个组织。一般而言,这样的组织开始时是相当不正规的,没有成文政策或正式的规章制度,许多相互作用处于日常的面对面接触的水平上,组织成员彼此能相互了解,甚至带有较强烈的私人感情色彩。当普通操作人员、中级管理部门以及顶端管理部门形成之后,一种等级阶梯就建立起来了,尽管如此,这个时候的组织的非正式倾向还是十分明显的。此外,此时组织的最高领导者或创始者强烈地影响和左右着组织,主导着组织的发展。

(二)成长阶段

当一个组织成功地吸纳到了成员,并且得到了他们的信赖,能富有效率地实现其目标,能被更大的社区所接受,它就通常能在相对稳定的结构中,在一整套目标和价值观的指导下,形成有序的运作模式。此时组织便处于第二阶段。在这个阶段,利润(如果是一个经营性的组织的话)和规模每年递增百分之几百也属常事。目前,大多数的中国企业就处在这个阶段中,组织的主导性人物所起的作用开始降低,组织成员之间面对面的日常联系也逐渐减少。组织开始变得较正规化,成文政策和正规的等级结构开始取代通过面对面相互作用所曾达到的那种非正式的共同意见。当组织变大时,人们开始感到自己失去了个性而变得千人一面。这是因为随着组织的迅速成长,它就越来越倾向于变得具有高度的结构并发展起包罗万象的政策和程序,换言之,组织更多的关系是其结构的分化、职能的细化和成员技能专业化,而忽视了人的能动因素。

(三)成熟阶段

在这个阶段,组织的成长变慢了,新的发展方向或者新市场、新产品开始被开拓穷尽,组织发展变得停滞下来。从成长阶段开始的那种制度化过程,现在逐渐演化成僵硬的官僚机构的过程,并有窒息组织的可能。组织刚开始形成时,它能相对自由地进行尝试。它的目标变动性较大,实现这些目标的方式也可以有多种选择,成员之间的关系也可能是非正式性的,可以相互调整适应。但随着组织的成长,其结构就逐渐地为典型的制度化形式所主宰。虽然在这一时期组织已经建立了一种文化，一种办事的既定方式，并且组织也形成了自己珍视和奉行的价值观、行为的规范或标准，但是，对传统和现有文化过于强烈的依附，无疑会使这个组织停滞，因此，保持活力是组织这个时候的关键任务，尤其是在组织需要寻求获取其他组织以不断扩张的时候，不过应该指出，成熟阶段在组织的一生中常常占有最长的时间，在这期间，组织年复一年地缓慢变化。

（四）衰落阶段

在这一阶段，组织开始遇到难以应付的问题：关键人物离开、组织的方针和策略与外部环境不相吻合等，组织只看重成员的服务时间，而不看重他们的思想观念和作为，尤其是新的思想常常受到阻遏。于是这样的组织开始它的衰落过程，在这个过程中，原先就存在于组织内部的各种积弊也已经由萌芽到成熟并开始暴露无遗，各种反常行为逐渐盛行起来。例如，组织成员更加关注组织本身的存续和他们在组织中的位置，而不去关心是否与组织的实际目标相符合；成员之间非正式结构的发展，使得他们关注于保全自己的利益而不是组织的需要。

（五）消亡阶段

当组织的衰落程度已发展到不能再回返的时候，组织将停止作为社会中的一种有活力的角色而宣告它的生命的终止。并不是所有组织都是在完全停止存在的意义上消亡的，它们消亡的形式是多种多样的，如它可以是被一个较大的组织所吞并，可以是与其他同类型组织重组，也可以是彻底退出主流的活动领域，悄无声息地维持着最基本的运作。

二、组织变迁

（一）组织变迁的动力

正如组织的生命过程所表明的那样，每个组织都蕴含着变迁的动力。组织变迁的动力一般来自两个方面：组织内部和组织外部。从组织内部看，组织结构方面权力关系的改变和调整、领导的去职，或者是员工的反对，都可能构成组织变迁的内在力量。从组织外部看，诱发组织变迁的因素主要是组织环境。

1. 组织变迁的内部动力。

（1）组织目标的改变。随着组织的发展，组织目标必然要做出相应的改变和调整。或者是组织既定的目标已经实现或即将实现，需要寻求新的发展、新的目标；或者是组织既定目标无法实现，需要及时转轨变型；或者是组织目标在实施过程中与环境不相适应，出现偏差，需要进行修正与调整。

（2）组织结构的改变。现有结构重新划分与组合，对组织权责体系、分工协作体系的调整，将引起整个组织系统效能和作用的变化，从而要求调整管理幅度和层次，改变现有结构设计不合理或不适应环境变化的状况。

(3)组织职能的转变。组织职能随着现代社会的发展而发展,现代社会组织的职能更专业化,强调职能细化、分工明确,以及服务职能和对社会责任的强化。因此,这就要求组织改变原有的结构体系,以获得继续发展。

(4)组织成员的心理变化。组织成员的动机、态度、行为、需求等的改变,对整个组织的变迁具有重要意义。组织成员需要层次的提高,参与意识、自主意识增强,个性化趋势增强,要求组织改变激励手段,改善工作环境和工作条件等以适应成员的心理变化趋势。

2. 组织变迁的外部动力。

(1)技术的更新。技术的更新与发展,正在以空前的广度和深度影响和改变着社会生活的各个方面,它给组织结构、组织管理方式、组织运行要素等都带来了巨大的影响。例如,信息技术和互联网络的引进,使得组织结构日趋扁平化,中间层次大大减少,组织的横向与纵向沟通更为快捷,沟通方式也大为改变。

(2)竞争压力的增大。现代社会竞争日趋激烈,新的进入者不断加入,替代品不断出现,竞争的领域、范围不断扩大,如果组织不进行相应地变革,就难以应付竞争的压力。

(3)社会的变迁。社会快速而重大的变迁是推动组织变迁的重要外部力量。例如,接受大学教育的人越来越多,年轻人不断推迟结婚年龄,离婚率越来越高,单亲家庭数量不断增加等,所有这些变化使组织需求的人力资源队伍出现了明显的变化和新的特征。例如,年轻且受到高等教育的组织成员更加重视闲暇而不是工作,单亲家长需要组织提供能够照顾孩子的设施和时间,等等。这些现象对组织的变迁无疑产生了巨大而深远的影响。

(二)组织变迁的阻力

同样地,组织变迁的过程也不是一帆风顺的,而是会遇到相当多的阻力。

1. 来自组织成员个体的阻力。组织变迁中的个体阻力来源于人类的一些基本特征,如知觉、个性和需要等。

(1)习惯。人类是有习惯的动物,生活很复杂,每个人必须每天做出很多决定,在做决定的时候,人们往往依赖于习惯化或模式化的反应,当变革出现时,以习惯的方式做出反应很可能就成了变革的阻力源。

(2)安全的需要。由于变化会带来一些不可预知的结果,会给人们带来不安全感。因此,出于安全的考虑,人们在变革来临的时候,一般会倾向于保持现状。

(3)对未知的恐惧。变迁意味着模糊的未来和用不确定性代替现有熟悉的东西。人们不知道自己在新的组织形态中还能否继续保持自己原有的地位和所得,是否能够很好地适应新的情况,因此,对变化采取消极甚至抵触的情绪就是非常自然的事情。

(4)知觉的选择性。个体是通过知觉塑造自己的认知世界的,而知觉具有很强的选择性。为了保持知觉的完整性,个体有意对信息进行选择性加工,他们只听自己想听的,而忽视那些对自己建构起来的世界形成挑战的信息。因此,他们对于组织变迁的必要性和潜在好处,可能会充耳不闻,只是一味地抵制。

2. 来自组织本身的阻力。组织变迁还要面对来自组织本身的一些阻力,它们有如下几个方面:

(1)组织的结构惯性。同个人一样,组织有其固有的机制保持其稳定性。组织的规范化明确了组织成员必须遵循的规章制度和程序,组织会以某种方式塑造和引导成员的行为,当组织面临变革时,结构惯性就充当了维持稳定的反作用力。

(2)组织中不同群体的惯性。组织中存在着各种各样的正式与非正式群体,例如,专业人员群体、管理人员群体、领导群体、工会等,他们有自己的规范和利益要求,由于组织任何的变化都将改变已有的权力关系和资源分配格局,因此,这些不同的群体会从自身的角度出发做出支持还是抵制组织变迁的决定。

第五节　转型社会中的群体与组织现象

在从传统社会到现代社会的转型过程中,一般的趋势是初级群体日益衰落,而以各种社会组织为典型的次级群体不断发展。但是,初级群体的衰落与次级群体的发展并非一个简单的替代过程。在特定情况下,初级群体可能通过转换其结构与功能而适应社会发展。与此同时,次级群体的发展也可能导致对初级群体的新的需求。家族式企业和庇护主义关系就是初级群体与次级群体相互交错和相互缠绕的结果,或者说是在新旧交替时期两者相互角力又相互适应的结果。而自由与亲密两者似乎不可兼得,则说明了在社会群体的变迁过程中人们的矛盾需求和矛盾心态。

一、家族式企业与庇护主义关系——初级群体与正式组织相互交错的两种现象

(一)家族式企业——初级群体中的正式组织现象

家族式企业,通常是指企业的所有权,乃至企业的经营与管理等主要事务由具有血缘关系的某一个家族成员所掌握的企业。家族式企业不管是在经济发达的欧美国家,还是在发展中国家都存在,但是,在华人圈里,特别是中国大陆民营企业的发展过程中,家族式企业是更加常见的。

发达国家的家族式企业,多数情况下是由家族成员控制企业的所有权,而把经营权、管理权等交给职业经理人去打理,这样既可以避免因个别家族成员不懂经营而胡乱干涉,又能保证企业的大部分利润落在家族成员手里。发达国家的家族式企

业,从组织形式来说,基本上都是具有正式结构的、实行现代企业制度的大型科层组织或其他类型的社会组织。与初级群体的关系,如果说有的话,大概也只在家族所有这一形式上。而中国的大多数中小型家族式企业却恰恰相反,几乎是真正意义上的初级群体形式,无论董事长、总经理,还是各部门经理,甚至许多普通职员,都是具有血缘关系的自家人。与初级群体不相同的地方在于,他们的企业从形式上看,完全是现代社会组织的架构,但真正的运作却离不开家庭会议或家族主要成员的指挥和领导。近些年来,部分家族式企业随着规模的扩大,开始转变自己的经营管理方式,企业从最初引进除财务、人事等核心部门之外的职业经理人,逐步过渡到随着企业规模持续增长、企业结构日益复杂而不断削弱家族关系的影响。但是,即使是对于上市公司的家族企业来说,家族所有、家族控制和家族管理等家族治理形式依然对公司的发展产生重要的影响。但是,对于数量占多数的中小型家族式企业来说,在很大的程度上,与其称之为现代企业组织,不如称其为有组织的现代初级群体更合适。

之所以称其为有组织的初级群体,是因为家族式企业在很多方面仍然保留了初级群体的最主要特征。例如:第一,人数较少。这里的人数少不是指家族式企业的职工人数少,主要是指能够在企业经营管理上拥有发言权的人很少,一般局限在几个主要的家庭成员之间。第二,成员关系紧密,成员间相互扮演多重角色。在家里是丈夫、妻子,在企业里可能是董事长、总经理。第三,成员间的关系难以替代,内部整合度高。家族式企业一般不去外面找人担纲重要职位,内部团结一致,特别是在创业期。这些特点基本符合一个初级群体的所有特征。当然,它们也有一些符合现代社会组织的特征,如明确的组织目标、完善的技术手段等。因此,可以将家族式企业称为初级群体中的正式组织。

家族式企业在转型时期的迅速发展至少说明了两点:一是传统社会向现代社会的转型是一个相当长的过程,原有的社会群体形式会以一些新的形式继续存在;二是传统的初级群体在转型社会中的诸多不确定因素中,因其密切的情感性联系而能够帮助企业在资金积累和获得必要的劳动力及人力资源方面起到其他社会组织无法替代的作用。

(二)庇护主义关系——正式组织中的初级群体现象

在对中国组织制度的研究中,庇护主义关系的概念很早就在文献中出现了,但直到20世纪80年代华尔德等人的一系列研究才提出了一个完整的理论模式,用以解释当代中国组织内部的人际关系及组织间关系。庇护主义关系研究的主要观点包括:①指令性经济赋予下层干部在资源分配上的垄断权力,普通群众只能通过与这些干部建立庇护性的依赖关系才能获得益处,这样,庇护主义关系遂成为国家与社会之间的一个主要纽带;②单位的封闭性以及社会关系的感情纽带导致了这种社会关系的稳定性;③这种庇护主义关系具有重要的政治意义,它加强了国家渗透与协调社会的能力,导致了人们对现有社会制度的认可,促进了社会群体的分化,减弱了社会自主行动的能力。

研究者指出,对庇护主义关系的研究,虽然主要是针对改革之前的单位制度,但似乎对改革后某些领域中的情况更具解释力。改革以后,组织管理者的权力有了极大的扩展,而一般职工的权益的制度保障相对下降,同时,由于改革后政治运动的打击明显减少,庇护主义关系似乎得到了进一步的发展和巩固。

当我们使用社会群体的视角来考察庇护主义关系的时候,实际上可以发现,它和初级群体的许多特征紧密联系在一起。尽管沃尔德等人所研究的庇护主义关系大量地出现在改革前的中国社会,但是,改革以后,直到今天,在许多正式组织中,我们仍然可以看到大量的庇护主义现象,庇护主义的表现形式有一些社会组织中的裙带关系、程度不同的帮派集团、围着领导转的小圈子等。所不同的是,当时庇护主义关系出现的部分原因在于生活消费品的短缺,而现在的部分原因则是若干重要职业机会、收入机会、培训机会等的短缺。虽然其中的很多问题涉及单位制以及权力延续机制等社会分层领域所研究的内容,但从社会群体的角度看,这实际上是一种非常典型的初级关系和初级群体在现代正式组织中存在的现象。庇护主义关系,从渊源上看,是初级群体中常见的一种具有私人性质的初级关系。它本来不属于现代组织现象,但由于中国社会的转型远远没有完成,中国社会的组织在很大程度上保留了传统社会的一些特征,再加上一些历史和现实的原因,某些单位、领导和个人基于自身的记忆和经验,出于维护就业安全、工作保障和个人利益等的考虑,使庇护主义关系,即使在今天中国社会的许多正式组织中,特别是在大量体制内的单位组织中,程度不同但却相当活跃地存在着。

从组织研究的有关理论可以知道,正式组织中初级群体的存在,有可能干扰正式组织关系,破坏组织结构,妨碍组织效率的提高和组织目标的实现。主要原因在于初级群体中非正式的个人化的关系模式与正规组织中正式的非个人化的关系模式相冲突,群体规范与组织规则有可能不一致,从而导致群体目标与组织目标出现偏差乃至相背,这在一定程度上损害了组织形象,降低了组织效率。

从家族式企业和庇护主义关系这两种初级群体与现代组织相互交错的现象可以看出,中国社会的转型带有明显的新旧交替特点,新的、旧的,合理的、不合理的现象同时出现在相同的时空中,发挥着各自的影响作用。而这种情况也必将进一步影响中国社会的转型过程和变迁与发展方向。

二、自由与亲密——社会群体变迁过程中的矛盾

在社会群体的变迁方面,转型社会的一个基本特征就是出现了初级群体不断衰落、次级群体日益普遍的现象,由此,引发了人们心理和社会生活上的许多矛盾。在传统社会,社会流动率低,许多人从生到死都在一个地方,并受特定传统与家族关系的支配,因此,他们所属的群体多数属于初级群体。当前,随着我国社会转型过程的

推进，初级群体的性质和地位都发生了变化，并出现了不断衰落的趋势。

（一）自由与亲密——初级群体和次级群体的不同社会功能

在传统社会，社会群体的主要形式是初级群体。初级群体承担了生育后代、教养孩子、劳动生产、赡养老人等绝大多数的社会功能。此外，初级群体还是人们主要情感的来源和心灵的栖息之地。人们基于血缘和地缘等纽带结成了相互之间的亲密关系，这种亲密关系，在日常频繁的、面对面的直接交往中得到不断的巩固和加深。

而在现代社会中，正式组织等次级群体成为替代初级群体的主要形式。次级群体不但承担了原来由初级群体承担的大量社会功能，而且，次级群体基于非情感性的、工具性的次级关系将成员联系在一起，因此，次级群体不像初级群体那样成员间关系亲密，成员对群体的忠诚感强，甚至会为了遵从群体意识和规范而压制个人。因此，人们在次级群体中获得了较大的个人自由，能够充分发挥个人的能动性，做出较大的个人成就。

随着传统社会向现代社会的转型，初级群体在社会中的作用和影响力正在逐渐被次级群体所取代，相应地，人们在获得更多自由和张扬个性的同时却发现，传统社会那种人和人之间亲密无间的感情，似乎也在不知不觉中发生了改变。

（二）自由与亲密不可兼得？——初级群体与次级群体更替所产生的矛盾现象

随着社会的逐步分化，初级群体原有的功能不断发生转移。初级群体曾经承担过的许多功能，如生产、教育、福利等都已逐渐转移给专门化的次级群体或社会组织。例如，儿童由传统社会中主要在家庭等初级群体中接受教育转向主要在各级各类学校等次级群体中接受教育。另外，随着社会流动的加速，大众传媒的发展，价值观念的转变，以及家庭规模的缩小，人们之间的交往日趋带有短暂性、间接性和功利性的特点。因此，带有情感性特征的初级群体，不可避免地出现了衰落的趋势。与此同时，随着社会转型过程的深入，各种大型的、专业化的和非个人的次级群体，如企业、政府、学校等，已经在迅速发展并在社会生活中逐步占据主要地位。

究其根源，初级群体与次级群体变迁在转型社会所产生的矛盾现象，主要来源于人们对情感性需要与工具性需要的不同要求。在我们这样一个初级群体不断衰落、次级群体日益普遍的转型社会中，人们一方面希望挣脱传统社会强加给个人的约束和限制，也即初级群体所产生的对个性与自主性的压抑；另一方面，在竞争日益激烈、人和人之间关系逐渐疏远、淡薄的时候，人们又渴望能够改善现代社会各类大型社会组织或次级群体中那种例行公事、缺少温情的工具主义关系。

从个人心理的角度看，在特定条件下，初级群体由于其自身的封闭性和排他性而在社会生活中发生负面影响，这主要是因为初级群体中，成员之间关系亲密，成员对群体的忠诚感强。那些与群体中其他成员发生不愉快、不遵守群体规范的人会被孤立，乃至遭受明显的冷落和惩罚。因而，个人发挥其个性和主动性，自觉谋求自身更大发展的心理与行为，就受到一定的抑制。为了寻求个体的独立发展，一些人不得不从他们的家庭、家族等初级群体中挣脱出来。

然而，即使在现代社会，当人们遇到问题或困难的时候，或者在人们与其他人或群体发生冲突的时候，初级群体仍然是主要的认同来源和安全来源。因为初级群体接纳的是整个个人，它给人以一种必要的情感支持。如果脱离或失去了初级群体这个感情归依的重要场所，人们内心的失落可想而知。但是，现代社会的趋势似乎是讲求效率、理性的次级群体将逐渐取代相对低效率、感性的初级群体。无怪乎近年在西方一些发达国家出现了“睦邻友好运动”“回归传统社区”等呼声和要求，代表他们对初级群体在现代社会全面衰落尤其是感情冷漠现象的一种抗争。在中国社会的转型过程中，同样必须注意到初级群体和次级群体在社会生活中发挥的不同作用，不能在获得一些自由的同时，失去了人和人之间美好的亲密感。

思 考 题

1. 什么是初级群体、次级群体？它们之间的差别是什么？
2. 简述群体规范、目标、凝聚力在群体运行中的作用。
3. 社会组织的发展过程一般包括哪几个阶段？
4. 如何看待现代社会人和人之间自由与亲密的两难困境？

推荐阅读书目

[1]奥尔森.国家兴衰探源[M].吕应中，译.北京：商务印书馆，1999.
[2]罗宾斯.组织行为学[M].孙建敏，译.北京：中国人民大学出版社，1997.
[3]周雪光.组织社会学十讲[M].北京：社会科学文献出版社，2003.
[4]马奇，西蒙.组织[M].邵冲，译.北京：机械工业出版社，2013.

第六章

社会制度

孔子曾经这样来勾画人生各个阶段所应达到的境界:“三十而立,四十而不惑,五十而知天命,六十而耳顺,七十而从心所欲,不逾矩。”显然,“从心所欲,不逾矩”在他那里是人生的最高境界。孟子所谓的“不以规矩,不能成方圆”与孔子所说的人生最高境界有异曲同工之妙。一个人无论是要做到“世事洞明”或“人情练达”,还是要追求“立功立德立言”这所谓“三不朽”,首先就需要懂得社会的规矩,就像玩游戏者必先明白游戏规则一样。规矩或规则在社会学上被称作制度。社会制度奠定了人们进行社会互动的基本结构,制度变迁则决定了社会演进的方式,因此,社会制度是理解社会奥秘的一把关键的钥匙。

第一节 社会制度

一、社会制度的基本含义

要理解社会制度的基本含义,先要从社会规范谈起。在社会学上,社会规范是先在于行动者,还是行动者先在于社会规范,这个问题是存在争议的。以帕森斯为代表的比较主流的观点认为,社会规范是社会独立于个人预先决定的,稳定的社会秩序就依赖行动者对社会规范的遵守。对这种主流看法持批评意见的可以美国社会学家加芬克尔为例。加芬克尔认为,在日常生活中,社会行动是行动者的权宜性努力,而社会规范更多是在行动后做出事后解释的一种工具。这两种针锋相对的看法实际上是从不同的角度揭示了社会行动及社会规范的复杂性。社会行动不可能是为所欲为的,社会规范就是要对社会行动进行原则上的指导和限定。但社会行动者又不可能完全是社会规范的木偶,也就是说,社会规范总是要为社会行动留出充分的自由空间的。因此,我们可以总结说,社会规范是在一定的弹性空间内对社会行动提供方向、明确限度、控制偏离的文化手段。

在纷繁复杂的各个社会领域里,存在着各不相同的社会规范。从研究这些特定的社会规范着手,我们可以触摸到社会万象的脉络。社会规范尽管各具特色,但它们之间不可能是杂乱无章的,相反地,它们总是存在着某种有机的联系,共同构造出了社会的秩序。社会制度正是一套相互联结、彼此制约的社会规范的体系。

社会规范纷繁复杂,有些不同程度地存在于人类各个社会,有些只是针对某个特定社会而言的;有些在很长的历史时期里都存在着,有些则只具有临时的性质。与社会规范相比,社会制度有两个鲜明的特点:

一个特点是普遍性。诸如家庭、宗教、政治、经济、教育是五种最基本的社会制度,它们是为了满足人类的基本需要而存在的,对社会生活具有不可缺少的社会作用。

另一个特点是稳定性。社会制度是维持社会秩序、实现社会团结的重要手段,所以,它具有较强的稳定性。只有在产生社会制度的历史条件发生了根本性的变化,社会系统各部分之间产生了较严重的失衡或脱节,才可能出现社会制度的变迁。

这样,我们就可以给社会制度下一个定义:社会制度是为了满足人类基本的社会需要,在各个社会中具有普遍性、在相当一个历史时期里具有稳定性的社会规范体系。

要准确理解这个定义,我们还需要将它与日常生活中的用法区分开来。人们平常所说的社会制度,含义非常广泛。从宏观层面来说,人们用社会制度来指称与某种生产方式相对应的社会经济形态。例如,邓小平同志在1991年南巡时谈到,不要用姓“社”还是姓“资”的问题阻碍改革开放的步伐。他这里提到的社会主义制度和资本主义制度就是宏观层面的社会制度。从微观层面来说,人们有时又用社会制度来指某一地方、某个单位的某些规章制度的总和。例如,中国顶尖高校近年按照与国际接轨的要求实行教师岗位准聘-长聘制度。

社会学所说的社会制度主要体现在中观层面上。所谓中观,顾名思义,介于宏观与微观之间。社会制度的中观层面主要有两种含义。一种含义是从制度空间来说,社会制度主要以现代民族国家(nation-state)为依托实体。也就是说,“社会制度”中的“社会”在指称的范围上与“国家”比较接近。所以,我们一般没有诸如“研究中国四川省的社会制度”这样的提法。我们虽然可以对全球的社会制度做些非常粗略的勾勒,但在进行实际研究中,大多针对的是某个具体国家的社会制度。

另一种含义是从制度内涵来说的,社会制度主要是指一个社会比较具体的社会规范体系。若要考察中国的社会主义制度,这对于社会学研究来说过于宏大;而若要考察北京某个国有企业的劳动用工制度,这对于社会学研究又显得过于琐屑[①]。我们通常要研究的应该是某个社会的基本社会制度,它们主要包括经济制度、家庭制度、教育制度、政治制度与宗教制度。对此,我们将在第二节中分别进行介绍。

二、社会制度的构成要素

社会制度是一组比较复杂的系统,它是由各种不同的要素系统组成的综合体。这些要素系统包括五个方面:规范系统、策略系统、知识系统、组织系统、设备系统。

(一)规范系统

规范系统是社会制度的首要要素。经济学也好,政治学也好,社会学也好,一提到制度,共同想到的就是规范。但对规范本身的理解,在不同学科之间是存在着一定差异的。在社会学中,可以将规范理解为权利安排与行动准则的总和。

权利安排决定的是在社会制度框架中社会成员进行社会行动的基本权利,即责任和义务的分割。这种安排往往涉及制度中的社会成员如何利用制度框架中的资源来实现其行动目标,满足社会需求。

权利安排既可能是明确的法律规定,也可能是以各种非正式方式出现的习惯等。只要这些习惯涉及人们在社会行动中彼此的责任和义务的界定,就属于权利安排。从这里可以看到,社会制度并不仅仅是正式的、成文的社会规范,它还包含了非正式的、不成文的社会规范。例如,有研究表明,在中国乡村的礼物馈赠中,农民并不是简单地遵循理性的互惠原则,而是按照一个复杂的人情伦理体系来行事的,在这种人情伦理中,是道德义务而非理性计算更可能主导他们的行为。这种在礼物流动上的道德义务就是一种非正式的权利安排。

所谓行动准则,一般是指社会行动者能够以话语方式表达的对行动进程的规定,往往涉及行动者在说明行动的理由、过程、结果时应遵循的一种被社会认可的确定方式。

比较而言,权利安排与社会成员行动前的决策或策划有关,而行动准则与社会成员在行动中或行动后对行动的过程和对行动的说明有关。

(二)策略系统

人们对社会制度的要素分析通常会忽视策略系统。但如果认识不到这个问题,就无法理解我们在上文中所说的社会制度为行动所留下的弹性。实际上,一个社会制度的运作,是社会成员在权利安排的基础上,依据具体情况灵活地采取行动的。

---

① 需要注意的是,以对某个企业的劳动用工制度本身为研究目的和对这个企业的劳动用工制度做个案研究,进而做出某些更具一般性的推论,这是两回事。前者是企业内部的行政管理者所考虑的事情,后者是社会学研究者所承担的任务。

制度规范本身并不能够决定社会成员的行动,不论是权利安排,还是行动准则,实际的行动进程都要取决于社会成员的策略。法国著名社会学家布迪厄就特别强调人们的社会实践具有模糊性和紧迫性,也就是说,实践并非完全可以通过认知来进行,即使存在理性的认知和规则,行动者往往也没有充分的时间来考虑,而是被迫要在很短的时间里迅速做出决断。因此,社会行动就并不是一个固守规则的过程,而是要通过在长期的社会生活中所形成的一种特殊的感觉[他称之为"实践感"(sense of practice)]来展开,因此,这也就是一个随机运用策略的过程。

(三)知识系统

分析社会制度时,另一个容易被忽略的要素就是知识系统。而实际上,制度在运行时必须依赖由各种可以言传的知识与"默会的知识"(tacit knowledge)所构成的知识系统。"默会知识"是英国哲学家迈克尔·波兰尼(M. Polanyi)提出来的一个概念,意指某些知识具有默会的性质,难以用规则或技术规范来加以明示与传授。布迪厄所说的"实践感"就与这种默会的知识有密切的关联。一个社会成员对行动准则及与其他行动者的权利划分、各种制度运行的微观策略、社会信任关系、行动策略和行动准则之间的协调等方面的了解,有些属于可以言传的知识,有些则是默会的知识,但它们都是制度行动者去实现其行动目标所不可缺少的知识。

(四)组织系统

组织系统是社会制度的主体,它主要包括组织首脑、职能部门、组织成员。无论是社会制度所要起的规范作用还是社会制度所支持的自由行动,都要通过组织系统去落实。我们在第五章已经对社会组织做了详细的介绍。这里需要注意的是组织与制度的关系。任何组织既有适应制度安排原则的一面,也有依据效率原则行动的另一面,因此,组织与制度并不是简单的等同或包含关系。不过,组织与制度是密切共生的。著名经济学家诺斯对这种共生关系有一个简洁明了的说明:制度决定了一个社会的机会,而组织的创立是为了捕捉这些机会;而且,正是组织的演进,导致制度的变迁。

(五)设施系统

设施系统是社会制度运行的保障。它可以分为两类:一类是符号性的设施,如一个国家的国旗、国徽,卫生系统通用的红十字标记等;另一类是实物性的设施,如经济制度的货币,教育制度的学校、教科书等。

以上这五类要素是任何社会制度都必须具备的,缺一不可。它们之间的配合协调决定了社会制度的正常运行。

三、社会制度的运行分析

对社会制度的运行分析,可以从两个方面展开:功能分析和机制分析。我们分别来进行说明。

(一)功能分析

社会制度的创设和维系是为了满足人类的基本社会需要,所以,我们首先要对社会制度进行功能分析。具体的功能分析要点如下:

1. 区分社会制度的产生原因和客观后果,将分析重点放在客观后果上。涂尔干最早明确区分因果关系和功能关系。他指出社会现象尽管有时会与特定的目的相符合而显现出某种功能,但产生某种社会现象的原因与这一现象所服务的目的并不是一回事。我们在马克思主义哲学课上可能听说过,马克思曾经非常深刻地批判过德国哲学家黑格尔的一个说法——"凡是现实存在的都是合理的",因为有些现实存在虽然曾经是合理的,但今天却可能已经丧失这种合理性了。马克思的这个批判对我们这里的思考非常有启发。社会制度并不都是因为有用的结果而存在的。我们不能想当然地从社会制度的历史渊源来推论社会制度在当今所起的社会作用,而是应该对社会制度的客观后果进行全面的、具体的考察。

2. 辨识社会制度的客观后果的多重性和复杂性。制度功能从动机与后果的关系来看可以区分为显功能与潜功能,从社会制度对社会秩序的影响上又可以区分为正功能与反功能。我们下面即对其进行简述。

(1)社会制度显功能。它是制度行动者所设计或能够预料到的制度后果。例如,现代家庭制度是满足种的延续、性的需要和情的愉悦的基本手段。尽管社会学家在家庭制度到底起源于哪一种功能的问题上存在争议,而且这几种功能在不同社会、不同历史时期所占的分量也各不相同,但是,这些功能至少都是人们所曾料想到的。

(2)社会制度潜功能。它是制度行动者未曾预料到的制度后果。默顿认为潜功能分析是功能分析中最重要的环节之一,他首先提出了研究潜功能的具体方案。根据他的方案,我们研究社会制度的潜功能,就要回答以下几个问题:第一,潜功能究竟是在哪个环节上发生的——是在同一个制度内部产生的,还是在与其他制度的关系中产生的?第二,潜功能针对的是部分行动者还是全体行动者?行动者不了解的是制度的作用过程(也即机制)还是作用后果?第三,潜功能为什么不被行动者所预料?它是否又会因为行动者的意识而改变其作用方式?第四,潜功能产生的是直接后果还是间接后果?

(3)社会制度正功能。它是能够满足特定的社会需求、促进社会整合的制度后果。例如,教育制度的正功能就是通过社会化机制向社会输送合格的社会劳动者。

(4)社会制度反功能。它是无法满足特定的社会需求、带来社会冲突的制度后果。应该注意的是,反功能并不都是对社会起消极破坏作用的制度后果,有些社会制度的反功能具有促进制度变迁的积极意义。

显功能—潜功能以及正功能—反功能的交叉分类就构成了功能分析的四个基

本取向，可以在这四个取向上对社会制度的客观后果进行具体分析，可参见图 6-1。在这些取向中，要充分重视潜—反功能，因为从中往往可以发现社会问题和制度变迁的根源。

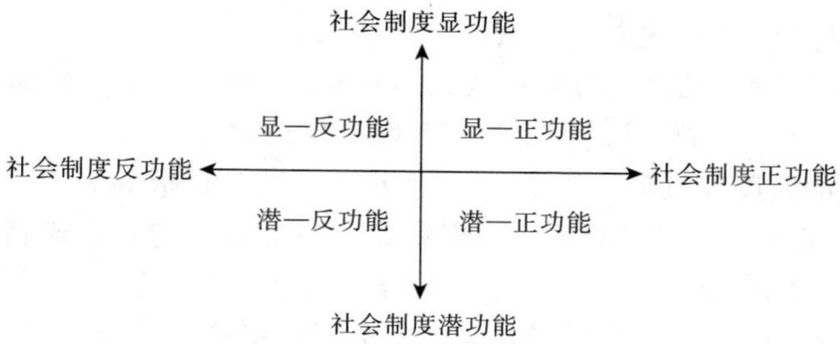

图 6-1　社会制度的功能分析

（二）机制分析

简单地说，机制是目标与后果之间的中介变项。对社会制度做机制分析，就是对社会制度的运作过程进行具体分析。

分析社会制度的运作机制有什么意义呢？我们在前面已经谈到，涂尔干分析社会制度的一个基本思路是把因果分析与功能分析区分开来，将重点放在功能分析上。然而，这并不意味着社会学就可以置因果关系于不顾。我们所应该考虑的问题是：社会学在分析因果关系上有何特殊之处呢？

社会学家埃里克松（B. Eriksson）对这个问题做了一个很好的回答。他认为，社会学与传统哲学之间的一个性质差异在于：传统哲学处理的是抽象的因果关系，他称其为“大事件因果关系”；而社会学处理的是历史的、具体的因果关系，他称其为“小事件因果关系”。所谓“小事件因果关系”模式，就是要把各种具体的事件，包括那些偶然出现的、看上去似乎不重要的小事件，作为社会学分析的焦点。这是因为，社会是由某种外在于人的自主性的力量所决定的，这种力量使社会行动在一定程度上向人们意图之外的方向发展。事物本身的一些重要特征，事物内部不同因素之间的复杂关联，以及这一事物在与不同的情境发生遭遇时所可能发生的变化，既不完全是能够意料到的，也不是都能体现在最后的结果中的，只有在对事件动态的考察中，才可能逐步展示出来。

这里值得注意的是，埃里克松所说的事件分析与默顿所说的潜功能分析之间的差别。两者都注意到了意料之外的社会行动的问题，但它们的关注重心完全不同：潜功能分析关注的只是最后的结果，关注这种结果是否影响对社会基本需求的满足；而事件分析关注的是导向这一结果的过程，它会把事先设计中的不确定性以及结果中的不可见性都展现出来，由此去挖掘社会本身的隐秘所在。

就社会制度而言，无论是分析它的历史起源，还是关注它最后的客观后果，都还不足以展现它的微妙之处。要做到这点，就需要把社会制度框架下所产生的各种具体事件及其牵涉的各种复杂而抽象的社会关系作为分析的焦点，国内有学者称其为"关系/事件的社会学分析"思路或"过程—事件的分析"思路。

具体的机制分析要点是：

1. 记录相关事件的独特性，耐心地收集各种原始材料，关注伴随着每个开端的诸多细节和偶然事件，对事件的反复出现与断裂保持敏感。

2. 非正式的制度和灵活的策略、技术比正式制度和死板的规则具有更大的因果力量，具有更大的解释价值，因此，应该把重点放在对灵活的非正式制度与变化多端的权力策略和技术的分析上。这一点对于分析社会转型过程中的中国社会来说特别重要。例如，孙立平、郭于华以华北地区一个镇的定购粮的征收为例，深入地分析了在正式行政权力运作的过程中，权力的行使者如何以及为何将诸如人情、面子、常理等日常生活原则和民间观念引入权力行使的过程中。这一正式权力的非正式运作的实践正表现了中国基层乡村政治制度的鲜明特点。

3. 不仅关注已经发生的事件，而且关注曾经被尝试、具有潜在可能性的事件；不仅关注记忆，而且关注遗忘；不仅关注发声，而且关注沉默。

4. 通过力量爆发的时刻去揭示错综复杂的力量关系，通过日常生活被触动、被冒犯、被侵略的时刻去展现模糊不清的日常生活。例如，方慧容在研究中国土改口述历史时，就分析了调查研究和"诉苦"这两种权力实践，尽管在遭遇农村社区时面临着"无事件境"记忆的障碍，但仍然重新塑造了村民的心态，正是在这个重新塑造的过程中，我们得以窥见村庄日常生活无言的苦难所在。

第二节　主要的社会制度

一、家庭

家庭是所有社会制度中最古老的。尽管家庭的功能在漫长的历史时期里发生过许多重大的变化，但家庭至今仍是一切社会中最基本的社会制度。那么，到底什么是家庭呢？家庭是由两个或两个以上的成员由于婚姻、血缘或认领关系而构成的最基本的社会组织形式，其成员长期在一起共同生活，存在紧密的经济关系和特殊的情感交往。作为社会制度，家庭主要强调的是家庭成员的结合法则和活动规定，也即在一定历史条件下家庭关系和家庭活动的规范体系。广义的家庭制度包括了婚姻制度、生育制度和狭义的家庭制度。

（一）家庭的功能

绝大多数人一生中的大部分时间是在家庭中度过的。家庭普遍存在的功能有五个方面。

1. 性需求的满足与规范。无论是在传统社会还是在现代社会，家庭都是性需求得以满足的最合法、最稳定的渠道。不过，家庭同时也是对性对象进行限制和规范的手段。例如，绝大部分国家都严格禁止家庭乱伦现象的出现，许多国家还进一步限制近亲之间的婚姻关系。现代社会虽然比传统社会对婚外性关系要宽容得多，但最多是不采取强硬的反对和制裁措施而已，一般不会是鼓励的态度。

2. 种族的绵续。人类如果没有一种制度来使它的社会成员世世代代得到补充，就无法存在。家庭就是一种稳定的、制度化的种族延续方式。费孝通在他的《生育制度》中强调，生育制度是社会解决新陈代谢问题而规定的产生、抚养新成员的办法，它确定了夫妻、亲子及亲属的社会角色，使人们能按部就班地过日子。

3. 社会化。仅仅生产、养育子女还无法彻底解决社会的继替问题，因为孩子必须经历社会化的过程，才可能成为社会上合格的劳动者。家庭正是孩子社会化最早的，也是极重要的社会化工具。尽管学校在现代社会成为主要的、专门的社会化手段，但家庭仍在孩子的社会成长中扮演着不可替代的角色。

4. 情感的温暖。家庭的一个重要功能是为家庭成员提供温情。孩子只有得到亲人充分的关爱，在身体、智力尤其在情感成长和社会发展上才不会受到损害。成人虽然不会因为缺乏爱而死，但也非常需要情感的温暖，许多时候，人们对情感的追求甚至会超过对面包和金钱的追求。家庭既是人最初的诞生地，也是最后的避风港和歇息地。

5. 经济的合作。家庭在传统社会不仅是生育单位，还是生产单位。现代社会尤其是工业化程度较高的社会，大部分的生产活动是在家庭之外进行的，但家庭仍然是重要的经济单位，只是家庭的经济合作由生产变成了消费。孩子的成长需要父母在经济上给予保障，没有工作或工作收入较低的妻子需要依靠丈夫在经济上的支持。不过，在中国，由于实现了妇女的普遍就业以及男女的同工同酬，妻子对丈夫的经济依赖比西方社会要小得多。

（二）家庭的结构

家庭的结构是指家庭成员的组成以及家庭成员之间的身份和角色的关系。

按照家庭成员所担当的身份的演变，家庭可以分为出身家庭和生殖家庭。在出身家庭中，家庭成员主要以子女的身份出现，他们在此出生并进行大部分的社会化。在生殖家庭中，家庭成员主要以父母的身份出现，他们结婚生子，组建新的家庭。未成年人只有出身家庭；而大部分的成年人都同时有出身家庭和生殖家庭，不过，他们的生活重心是放在生殖家庭上的。

按照家庭成员的关系及规模，家庭可以分为核心家庭和扩大家庭。核心家庭又被称为小家庭，其家庭成员主要包括一对已婚夫妇及其未婚子女。扩大家庭是由一个核心家庭或一个以上的核心家庭再加上其他亲属组成的家庭。一般来说，扩大家庭是传统社会的产物,而核心家庭则是现代工业社会的一个发展趋势。核心家庭能够为夫妻关系的健康发展提供一个良好的空间,也有利于子女的健康成长,同时还能更好地培养家庭成员的独立精神。当然,核心家庭也有一些弊端,例如,每个人能从中获得感情和经济支持的家庭成员较少,容易产生孤独感等。

按照家庭中权力分配的不同,家庭可以分为父权家庭、母权家庭和平权家庭。父权家庭通常是指最年长的男性成员居于统治地位的家庭。母权家庭通常是指最年长的女性成员居于统治地位的家庭。平权家庭是丈夫与妻子的权力大致平等的家庭。在历史上,父权家庭较为常见,母权家庭则比较少有。现代社会中,随着妇女解放的推进,平权家庭越来越多。

按照婚后夫妻居住地点的不同,家庭可以分为从夫居、从妻居和单居制。从夫居是指婚后,女方到丈夫家居住;从妻居则是男方到妻子家居住。在父权传统的影响下,从夫居远远多于从妻居。但当代社会更多的是单居制,即男女双方结婚后不与任何一方的父母住在一起,而是单独居住。这与现代家庭的核心家庭化潮流是一致的。

按照婚姻形式的不同,家庭可以分为一夫一妻、一夫多妻以及一妻多夫。一妻多夫相当少见,而一夫多妻则是很普遍的多偶制家庭,但世界上大多数人还是生活在实行一夫一妻制的社会里。

按照选择配偶时的优先,家庭可以分为实行族内婚制的家庭和实行族外婚制的家庭。有些群体期待或要求其成员与同一群体的成员通婚,即为族内婚制;有些群体期待或要求其成员与该群体外的成员通婚,即为族外婚制。民族、种族、宗教这些群体一般实行族内婚制。但实行族内婚制的社会或群体仍普遍存在乱伦禁忌。

按照世系相传和财产继承的方式,家庭可以分为父系制、母系制和双系制。在父系制下,世系和继承都是按照家庭中男性的一方传下来的,女性不被允许继承。母系制则相反,世系和继承完全按照家庭中女性的一方传下来。现代社会主要实行的是双系制,即世系和继承按照家庭中双方的血统来进行。父母的亲属都被看成是亲属,无论男女,都可以继承财产。

(三)中国的家庭制度及其发展趋势

在过去两个世纪里,家庭制度发生了世界性的变化,古老的大家庭制度普遍瓦解,取而代之的是核心家庭制度。社会学家古德专门分析了工业化是如何使核心家庭具有更多的正功能的。在这种变迁趋势中,单居制必然会取代从父居制或从母居制;多偶制的规范势必让位给一夫一妻制的规范;家庭的经济功能日渐淡化。与此同时,随着妇女社会地位的上升,平权家庭和双系制逐步成为主流的家庭模式。

中国当代的家庭制度是基本符合这一世界潮流的。它以核心家庭和单居制为主,严格执行双系制,平权家庭在逐步上升。不过,中国的家庭制度中还保留着父权制的一个历史烙印,即子女通常都继承父亲的姓氏。此外,中国的家庭是不甚严格的族内婚制，多数人与本种族、民族、宗教群体内的成员通婚，但并不禁止族外婚，在不同社会阶层和文化群体之间的通婚并不罕见。

中国的改革开放政策使家庭摆脱了过去对更大的经济和政治组织的依赖，具有越来越多的经济上的自主空间，但人口的流动、观念的新生，也推动着个人主义的发轫，使个人的自我意识膨胀，家庭作为社会团结的牢固基底开始松动，夫妻关系日趋松散；曾经长期实行的计划生育政策则推动着核心家庭成为中国社会的主导家庭模式，以男性为主导的传统大家庭不可挽回地走向没落，家庭内部关系趋向简单化，但是曾经由家庭承担的养老抚幼职能也受到了冲击。

我们常常理所当然地把家庭或婚姻与爱情紧密联系在一起，我们对“没有爱情的婚姻是不道德的”这样的格言耳熟能详。但事实上，爱情在婚姻中占据重要分量，这在家庭制度中是相当晚的事情。对于中国传统社会的家庭来说，正如费孝通所言，只要求“夫妇有敬”而并不要求“夫妇有爱”，一个家庭更像是一个以传宗接代为中心任务的生育合作社。即使是在当今社会，生育不再是家庭的主旋律，但婚姻的缔结和维持仍更多地与经济因素、社会因素或生理因素相关，爱情未必是家庭中最重要的因素。不过，生活环境越接近现代化，文化层次越高，人们就越看重浪漫爱情。随着现代化水平的提高，真正为了爱情而去成家的人越来越多，同样，为了不降低情感追求的高度而选择晚婚、离婚或独身的人也越来越多。

现代社会居高不下的离婚率并不简单意味着有越来越多的婚姻恶化了，它也许只是意味着愿意留在不幸的家庭中的人更少了。当然，离婚宣告了家庭的破裂，通常会给所有的家庭成员带来创伤，对未成年子女的影响就更加消极。是为了减少对孩子的伤害而维持不幸的婚姻，还是为了追求自己的幸福而结束痛苦的婚姻，这是许多人在考虑离婚时不得不面对的两难问题。不过，也有人认为，生活在一个婚姻十分不幸的家庭里，孩子在感情上受到的伤害会更大。

我国改革开放以后，人的自主性不断增强，社会宽容程度日渐扩大，家庭制度势必向着多样化、情感化、平等化、松散化的趋势发展。不仅婚姻内部的情感色彩在不断加重，而且，独身、同居、婚外恋等这些非婚姻选择也越来越多。因此，家庭传统的稳定性正在受到强烈的冲击。不过，对于社会上的大部分人来说，追求婚姻内的幸福还是首要的选择。今天的家庭制度尽管面临种种危机，但越来越多的人认识到家庭制度不可取代的重要性。尤其对中国人来说，复兴文明、培育社会、滋养民情，家庭都是最重要的基础。

二、经济

恩格斯在马克思的墓前曾有一段非常著名的讲话：“人们首先必须吃、喝、住、穿，然后才能从事政治、科学、艺术、宗教等；所以，直接的物质的生活资料的生产，因而一个民族或一个时代的一定的经济发展阶段，便构成基础。”从这段话可以清楚地看到,经济制度是人类生存和发展最重要的基础,是对整个社会产生最大影响的社会制度。

（一）经济制度的内涵

经济制度是对商品和服务进行生产和分配的制度化体系。它有以下的基本构成要素:

1. 分工是经济制度的基础条件。人类最初的劳动分工以性别为基础,所谓“男耕女织”指的就是这种情况。随着经济活动的复杂化,分工也越来越发达。现代经济一般可以分成三大部分:第一产业,主要是农业;第二产业,主要是工业或制造业;第三产业,主要是服务业。不仅这三大产业之间存在着分工合作的关系,而且在每个产业的内部还存在着更精细的分工。分工不仅具有经济意义,而且具有深刻的社会后果。涂尔干就专门分析了劳动分工对社会的重要影响。他指出,传统社会是以社会成员的相似性聚集在一起的,而现代社会则是以社会成员的差异性和互赖性聚集在一起的,他将前者称为机械团结的社会,而将后者称为有机团结的社会。

2. 产权是经济制度的核心内容。它规范了财产、资源和技术所有者对这些东西的拥有权以及这种权力的具体使用,并由此确定了社会生产活动中人与人关系的基本性质和一般行动取向。

3. 市场和计划是经济制度的调节方式。在市场经济中,消费者是最关键的决策者,市场经济必须对消费者的喜好做出敏感的反应。在计划经济中,计划者是最关键的决策者,他们所发出的行政指令制约着经济发展的方向。要注意的是,市场和计划并不是资本主义和社会主义经济制度之间的差别,它们可以同时为这两种经济制度所运用。

4. 契约是经济制度的保障手段。无论是在分工合作中还是在产品交换中,都必须通过契约来确保经济秩序的维持和经济效率的实现。

（二）经济制度的基本类型

因为产权是经济制度的核心内容,所以,我们可以根据产权的不同,将经济制度分为三种基本类型。

第一种类型是私有产权的经济制度。这种制度在现代社会最典型的代表就是资本主义制度。资本主义制度的基础正是私有财产。在资本主义社会中,几乎所有的财产都归个人或群体所有,它们是与作为一个整体或政治统治者的社会相对立的。这种经济制度充分鼓励和保护市场的自由竞争,以利润作为生产所追求的主要目标。现代资本主义制度的基本单位是有限公司,它们由股份持有者群体所拥有,通过法律限制对公司债务的连带责任,从而保护个人资本。

马克思对资本主义经济制度所带来的社会生产力的巨大历史进步有过高度的赞扬,同时他对这种制度所存在的问题更做了深刻的批判。马克思认为,资本主义经济制度强化了劳动异化(alienation)。所谓“异化”,是指人们面对自己认为是带有压迫性和无法控制的社会制度时所产生的无能为力感和无意义感。在马克思看来,不仅生产者对他们的劳动以及他们所生产出来的商品及服务来说是异化的,生产者与其他人(包括资本家和其他生产者)之间的关系,甚至生产者与他自己的关系也是异化的。

第二种类型是公有产权的经济制度,这种制度在社会主义国家中最为常见。在社会主义制度下,社会基本的生产和分配方式是国家或集体所有的而非私人所有。这种制度注重的是社会平等分配的实现,所以,对私人财富的积累和市场的自由竞争采取程度不一的种种限制措施,偏好用计划指令的方式来确定价格和调控经济。

第三种类型是混合经济制度。资本主义和社会主义是经济制度的两种“理想类型”,在现实世界中实际存在的社会更多是以混合经济为特征的。在这种制度下,国家拥有具有战略地位的工业和服务业,如铁路、航空、银行、矿山、钢铁等,其他生产资料允许私有。广泛运用市场调节手段,但同时也采取包括高税率、高福利在内的一些措施来修正市场自由竞争对社会平等等方面所带来的消极影响。

(三)中国的经济制度改革

中国在1978年前的经济制度属于比较典型的社会主义公有制。1978年开始实行经济体制改革,尤其是1992年以来,中国逐渐确立了社会主义市场经济体制。除了少数关系国计民生的重要行业中公有制仍占据主导地位之外,非公有制经济的发展受到特别的鼓励,市场调节逐渐成为主要的调控手段。与此同时,还建立了适应市场经济体制的社会保障体系。

近年来,在新发展理念的指导下,全面深化改革,着力推进高质量发展,推动构建新发展格局,实施供给侧结构性改革,我国经济实力实现了历史性跃升,经济总量占世界经济的比重达80.5%,高居世界第二位。

三、政治

古希腊哲学家亚里士多德有一句格言:“人是政治的动物。”的确,无论我们是否对政治有兴趣,都不可能完全回避政治。政治就像毛细血管一般渗透在我们的日常生活中,从根本上影响着个体与社会、自我与他人之间的关系。

(一)对权力分析的三种模式

政治制度运行的核心在于权力的获得、运用与维持。在社会学上,对权力的理解和分析主要有三种模式。

第一种模式是传统的“利益—冲突模式”,它关注的核心是社会行动者之间的可观察到的利益冲突,即两人之间的支配关系。这种模式理解的权力是韦伯对权力所下的定义:“一个在社会关系中处于某个位置的行动者,可以不顾反对而实现自己意愿的机会。”

第二种模式是帕森斯等人倡导的“权威—合法化模式”，它关注的核心是具有合法性的权力，即将强制与认同结合在一起的社会共同行动的能力。这种模式理解的权力实际上是韦伯所说的权威，即制度化的合法权力。

第三种模式是福柯提出来的，可称为“生产—运作模式”。其基本思路是：权力具有多种形态，而不仅仅局限于政治领域；权力是作为关系出现的策略，而不是一种可以被占有、被分配的实体性的物；权力首先是生产性的实践，而不仅仅是压制性的外在控制；权力与知识之间存在着微妙复杂的关系；对权力的分析不应只看到宏大的权力，而应充分考虑权力的微观运作。

尽管这三种模式对权力的具体理解各异，但它们仍有某些相通之处。我们可以把第一种模式看作权力的标准模式，而将后两种模式看作标准权力模式的不同变形。第二种权力模式主要是在方向上对标准权力模式的变形，即在自上而下的强制权力之外增添了自下而上的权力认同维度；第三种权力模式主要是在弹性上对标准权力模式的变形，即将充满僵硬禁令的制度安排变成了遍布灵活策略的生产实践。

（二）权威的三种类型

韦伯不仅提出了权力与权威的区分，还根据权威的来源将权威分为三类：

第一类是传统型权威，它是历史上最普遍的、由习俗所赋予的权威。在世袭君主制中，君王的权力被认为是与生俱来的，他们统治的合法性在于他们的血缘，在于他们的祖先创立了该王朝或曾经统治过它。人们之所以服从他们，在于“历来如此”“古已有之”。当然，如果君主的统治超越了一定的限度，人们也可能认为这样使用权力是非法的。不过，在传统体制下，即使是最激烈的反对者，其锋芒所指向的也仅仅是占据君王位置的那个人，而不是君王位置本身。《史记·项羽本纪》中说，少有大志的项羽看见秦始皇出游的阵势时，脱口而出一句话——“彼可取而代之也”，说的就是这个意思。

第二类是卡里斯马（Charismatic）权威。它是由于特殊的个人魅力和超凡的才能而为人们所拥戴、追随的权威。诸如耶稣、甘地、毛泽东、拿破仑这样的宗教、政治或军事领袖都是典型的具有特殊感召力的权威。革命常常是由这种权威所领导的，人们甘冒杀头的危险去追随他们。但卡里斯马权威的个人魅力无法传承，所以，以这种权威为基础的政治制度普遍存在着继承人的问题，因而是不稳定的。

第三类是法理型权威。它是由理性的、成文的规则或法律所赋予的权威。人们服从这种权威，是因为相信法律或规则对统治者的权力与义务做了恰当的界定。也就是说，这种权威不是建立在人身之上的，而是建立在法理之上的。这种权威是多数现代社会中的政治制度的特点。

（三）三种政权形式

历史上曾经存在过许多不同的政权形式。当今世界并存的基本政权形式主要有三类：

第一种类型是威权主义(authoritarianism)政权。它是指由一个人或少数人来掌握权力的政权。统治者可能是世袭的君主，也可能是军事政变上台的独裁者。在这种政权中，意识形态不起重要作用，大众动员程度低，权力运作没有宪法和程序的基础，公民权受到高度压制。

第二种类型是集权主义(也译"极权主义")(totalitarianism)政权。它是指由一个政党来统治的政权。与威权主义政权不同的是，集权主义政权掌握了深入监控社会各个层面的现代技术手段，广泛运用了意识形态宣传工具，社会动员程度很高。

第三种类型是民主政权。它是指权力源于被统治者的认可，且公民有权参与实际决策过程的政权。它的基本特征是：所有公民都有平等的参政权；多党竞争；司法独立；保障人身权利以及包括结社、言论、出版、思想和迁移在内的自由。在民主政权中，最普遍的形式是代议制，即由全体公民投票选举出代表他们的高层官员。这些代表一旦当选，即按照法律制度和民主决策的程序来做出政治决定。100多年前，托克维尔在仔细考察了美国的民主体制后，做了一个预言：民主化是世界各国不可阻挡的发展趋势。一个多世纪以来，全世界先后三波规模宏大的民主化浪潮已经基本证实了托克维尔当年的预言。

(四)研究中国政治制度的三种范式

如何认识中国1949年后建立的社会主义政治制度，国内外学术界存在着三种不同的范式。这些论述难免存在编颇之处，但作为学术讨论，我们姑且列在这里，不做更多的评述。

第一种范式是集权主义范式，即把中国的政治制度归结到集权主义政权中去。对坚持这种范式的学者来说，他们强调的是执政党对全社会的总体性控制，领袖的卡里斯马权威的影响，国家与社会的边界完全被摧毁，警察无所不在的监控，广泛的思想斗争，社会主义意识形态与资本主义意识形态的完全对立，公民权利被压制。

第二种范式是多元主义范式，即将中国的政治制度视为世界政治现代化进程中的组成部分。倡导这种范式的学者强调的是中国社会与西方社会一样存在着各种利益群体，即使它们无法发育为正式的组织，但仍会对政治制度产生重要影响。他们还认为集权的政治制度与经济增长之间存在着某种矛盾，随着中国工业化水平和科技革命的推进，政治制度也会不可避免地发生某些向民主制度接近的重要变化。

第三种范式是新制度主义范式。这种范式认为中国的政治制度既不像集权主义范式所认为的是与西方民主制度完全对立的一极，也不像多元主义范式所认为的是与西方民主制度逐步趋同的，而是一种非常独特的政治制度。例如，这个范式的重要代表人物华尔德就指出了中国政治制度的几个独特之处：①虽然这种制度的确存在着比较强大的监控体制，但它更强调的并不是强制，而是对服从的正面鼓励；②国家对社会进行动员时提出的是意识形态化的标准，但这些标准却出人意料地发展出一套高度制度化的庇护关系网,在这个关系网中,行动者对党在意识形态上的忠诚与对党组织领导人的个人依附是紧紧结合在一起的;③在中国社会的确充满了竞争和冲突,但利益群体的作用或由利益群体形成的制度是非常有限的,更重要的是在制度化的人身依附关系上的竞争和冲突。

无论华尔德的这些分析是否完全准确,他在分析中有一个非常可取之处,即不是满足于给中国的政治制度硬套上固定的模式,而是努力去深入分析这种制度复杂的现实运作过程,从中敏锐地捕捉它的微妙之处。我们在第三节对中国现代政治制度的一个重要表现形式——单位制度进行分析时,将更多借鉴这种分析范式。

四、教育

英文的school(学校)来源于一个古希腊文单词,该词的意思是“悠闲”。这意味着,接受教育最初对于为谋生而奔忙的多数老百姓来说是可望而不可即的。中国古代也有类似的说法,如孟子所谓的“劳心者食于人”,这就是说,没有“食于人”的条件是不可能劳心的。然而,进入现代社会,教育从少数人的一种奢侈物变成了大多数人的一种必需品。不仅劳心者要接受系统的、精深的专业教育,而且,如果缺乏相当程度的普通教育,甚至连劳力者的资格都可能不具备。因此,世界上多数国家都以立法的形式确立了对国民必须进行若干年(有些是3~5年,有些是12年,我国是9年)的义务教育制度。作为一种社会制度,教育影响甚为深远。它既是公民社会化最主要的渠道,也是影响社会分层的关键因素。

(一)教育:从功能的角度看

像家庭制度一样,我们也可以对教育制度进行功能分析。我们首先来看看教育的四种显功能:

1. 人格塑造。人们一提起教育,首先想到的功能就是传授知识和技能。但实际上,知识的灌输并不是最重要的,对人格的塑造才是教育最基本的功能。因此,中国古代文豪韩愈才会在论述教育的功能时把“传道”放在“授业”与“解惑”之前。古希腊最伟大的思想家柏拉图则把教育视为通向美好生活的途径。当然,教育所负载的“道”在古今社会是有较大差异的。在古代社会,教育是贵族的一种特权,所以,它所强调的是对高贵品质、对圣贤人格的塑造;而在日益平等化的当代社会,教育已经广为普及,所以,它所强调的是对公民德性、对健康人格的塑造。但无论古今,教育都是与对受教育者正当的生活方式的锤炼紧密联系在一起的。教育使我们获得社会性的成长,它不仅使我们能够适应社会的要求,遵循社会的规范,而且使我们能够以独立、自由和审慎的精神去参与对社会的创造。

2. 文化传播。从生物的角度来说,人类要得以繁衍,就要依靠生育制度;而从社会的角度来说,人类要得以维系,民族要得以持存,文化要得以传播,就要依靠教育制度。教育在传播文化时一般具有比较保守的特性,因为它主要传播的是过去的文本、人物和经验，与鲜活的现实生活、前沿的科学探索往往有一定的距离。但是，教育绝不是一股脑儿将过去复制下来，它所传递的仅仅是过去那些最有价值、最成熟、最系统的知识与技能，这些经受住了漫长时间考验的东西凝聚着人类真正的智慧，因此，它们最终是要引导我们面对现实生活，走向未来创新的。

3. 筛选。现代社会体系的运转是以高度的社会分工为基础的。不同的社会位置需要不同的技能。教育的一个重要功能就像筛子一样，通过证书或文凭将人们筛选分配到特定的职业岗位上去。教育的这种筛选功能体现在学校体系的方方面面，不同的教育层次，不同配置和质量的学校，不同的专业教育，还有同学中不同的学习成绩，这些都会影响学生的职业分配。

4. 革新。我们前面说到教育制度的相对保守性，但教育制度还存在着另一面的性质，即革新创造性。它通过发展新知识、新技术和新观念来推进社会变迁。教育的革新性集中体现在高等教育制度上。也就是说，大学肩负着追求最高形式的学识的使命。大学营造的是自由批判的氛围，培养的是独立思考的知识分子，鼓励的是突破禁区、填补空白的研究成果，这样，就使大学与主流社会自觉地保持某种距离。但恰是这种距离，使大学有可能发挥引导社会前进或校正时代谬误的作用。

前面所说的都是教育制度的显功能。教育还有某些潜功能，例如，学校发挥着看护孩子的功能，从而解除了家长照看孩子的负担；学校的封闭建制使学校与社会隔离开来，从而形成了独特的学生亚文化；等等。

（二）教育：从冲突的角度看

对现代人来说，追求平等是一种强烈的信念。而教育的复杂性在于，它既是实现平等的手段，又是强化不平等的渠道。说它有助于平等，是因为无论家庭背景的差距有多大，国家都为人们提供了接受基础教育的同等机会；说它有助于不平等，是因为教育承认受教育者在学习能力和效果上的不平等，并把这种不平等与人们接受高等教育的不平等机会，进而与社会阶层的不平等地位紧紧联系在一起。而且，像家庭背景这种先天的不平等因素也会因为高等教育的昂贵学费而影响到孩子进行深造的机会。布迪厄在《再生产：一种教育系统理论的要点》中就指出学校实际上是为社会等级制提供证明的极为重要的制度机制，是社会支配关系的再生产机制。现代社会日益向所谓的“文凭社会”演进，高学历、好文凭成为获得高收入的通行证。教育制造了文凭的神话，却罔顾文凭背后所凝聚的不平等社会关系以及文凭与能力之间的脱节。在一些教育制度还亟待健全的国家，有权有势的人可以用钱做铺垫，通过混乱的非正规教育以及正规教育中的非主流渠道（如自费、在职攻读、委托培养等），获得轻松捞取包括博士学位在内的高文凭的便宜机会，而多数普通人却被迫在拥挤的高等教育门槛前拼搏。

（三）中国的教育制度改革

教育是国之大计。培养什么人、怎样培养人、为谁培养人是教育的根本问题。1949年后，中国确立了由执政党统一领导的教育制度。在半个多世纪里，教育事业有了很大发展，为国家培养了大批人才，形成了上千万人的教师队伍，办学的物质条件不同程度地有所改善。到2005年，全国实现"两基"（基本普及九年义务教育、基本扫除青壮年文盲）的地区人口覆盖率达到95%。到2022年，高中阶段毛入学率达到91.6%，高等教育毛入学率达到59.6%。高等教育初步形成了多种层次、多种形式、学科门类基本齐全的体系；形式多样的成人教育、民族教育和民办教育也得到很大发展；国民受教育程度和科学文化素质有了较大提高。

近年来，中国教育制度改革坚持以人民为中心发展教育，加快建设高质量教育体系，发展素质教育，促进教育公平。加快义务教育优质均衡发展和城乡一体化，优化区域教育资源配置，强化学前教育、特殊教育普惠发展，坚持高中阶段学校多样化发展，完善覆盖全学段学生资助体系。统筹职业教育、高等教育、继续教育协同创新，推进职普融通、产教融合、科教融汇，优化职业教育类型定位。加强基础学科、新兴学科、交叉学科建设，加快建设中国特色、世界一流的大学和优势学科。推进教育数字化，建设全民终身学习的学习型社会、学习型大国。

第三节　中国单位制度分析

在中国改革开放前，"单位"是使用频率极高的一个词。城市里的陌生人见面，开口问的第一句话常常是："你是哪个单位的？"中国人习以为常的"单位"绝不仅仅是一个普通的职业组织，还是中国社会结构的一个基本组成部分，是城市人最重要的社会身份标识、资源分配机制和社会行动系统。在中国向市场经济的转型过程中，单位制度尽管发生了一些重要变化，但仍是国家进行统治、个人谋求利益的重要工具。因此，对单位制度有了深入的理解，就会抓住中国社会制度中一些独具特色和非常关键的东西。

一、什么是单位和单位制度

单位制度是国家通过具有特殊功能的科层组织来对各种社会、经济资源进行再分配，并通过这种再分配实现有效的政治控制的一种体制。单位则是这种再分配体制下的制度化组织。任何组织都具有两个方面的性质，即依据效率原则的技术性质和适应特定的制度安排的仪式性质。一个组织的制度化程度取决于该组织对它的制度环境的依赖程度。依赖程度越高，组织的制度化程度越高。单位具有极强的制度化程度，这主要表现在以下几个方面：

第一，短缺经济和福利的单位分配制。匈牙利著名经济学家科尔内曾经精辟地分析了传统社会主义国家所具有的短缺经济性质,即社会制度结构上的原因,造成了这种国家普遍和长期存在的短缺现象。在这种情况下,单位需要为成员解决住房、医疗、交通工具等在市场经济体制下由个人在市场上购买的商品或劳务。单位的这种福利性质使其必须从制度环境输入大量“非投入”性资源。这就加剧了单位的制度化程度。

第二,多重控制项。上级对单位的评价很少像市场经济体制那样只依据该单位在生产中的效率表现来进行,计划生育、环境污染、职工生活、思想状况几乎都是一个单位是否“管理良好”的标准,其中,许多控制项都是“一票否决权”性质的关键参数。因此,单位中所包含成员行动的许多方面都直接受上级控制,这就大大增加了单位的制度化程度。

第三,结构科层化与功能科层化的分离。在中国制度科层化的发展过程中,一个重要的特点是结构科层化与功能科层化的相互分离。单位正是结构科层化与功能非科层化这两个方面共同作用的结果。结构科层化是指所有基本组织都被纳入等级制的制度框架之中,在等级制之外不存在与单位这种制度化组织相竞争的组织力量,这就削弱了对单位的外部技术约束。功能非科层化是指正式科层组织的各种理性化的形式规则、规范性程序被有意识地加以拒绝或无意地被忽视,单位组织活动缺乏内部技术限制。

第四,永久性就业。中国单位成员的永久性工作保障使组织领导难以运用解雇作为管理手段来促进组织内资源的最优配置,也就很难符合效率原则。而且从组织成员的角度来说,也不能通过辞职等方式来改变其组织归属。加上单位所具有的广泛的福利性质,可以近似地认为,在一个人的预期中,他的一生都是在一个单位内度过的。因此,无论就管理者还是生产者而言,永久性就业都削弱了单位的技术性质。

正由于单位这种极强的制度化程度,所以,单位最突出的特点就表现在由它所发展出来的“制度性依附”,即单位对国家的全面依附以及个人对单位的全面依附。从单位的外部关系来说,单位既与市场缺乏有机的联系,也与横向上的其他单位缺乏有效的沟通,其焦点在于与代表国家的上级单位之间的关系。尽管它们之间也存在着复杂的讨价还价关系,但这种关系的基础在于国家对资源垄断性的配置和单位对国家的全面依附。再从单位的内部关系来说,普遍存在着单位成员对单位的社会和经济依附、对单位领导的政治依附以及对直接领导的人身依附。在这三重依附关系的基础上,进一步形成了独特的单位制度文化。这种文化的构成要素有三个方面:一是单位领导与单位积极分子之间的庇护—依附关系;二是单位内部积极分子与非积极分子之间的对立关系;三是遍及单位内外的实用性的私人关系网的发育。在单位制度下发展起来的这种“制度性依附”使国家对社会尤其是城市社会及其社会成员实现了有效的高度控制和整合。

二、单位制度的形成

单位制是现代中国在经历了一场由共产党领导的社会革命并由这个夺取了政权的政党运用国家行政力量对社会进行大规模重新组织之后形成的。这种体制并没有在其他社会主义国家中出现。只有在中国,国家对社会的控制相对较少地依靠正式的国家机器,而更多地依靠以就业场所为基本环节的行政组织网络。这种组织方式造成单位对国家、个人对单位的全面依附。从实际的历史过程来说,有三个因素塑造了这种独特的社会制度安排。

第一,新中国政治关系的历史特点。中国共产党为夺取政权进行了长达22年的武装斗争,并在此期间形成了一套独特的农村根据地制度。根据地的物质条件极为匮乏,无法对革命队伍的成员实行正规的工资制,而是由"公家"对个人按大体平均的原则供给最基本的生活必需品。在根据地历史的后期,随着物质条件的改善,供给制进一步演化为等级供给制,即按个人的职务和资历定出不同等级的供给标准。在革命根据地的制度与新中国的社会体制相结合的过程中,由供给制所体现的组织原则和分配方式实际上也以各种形式在公共部门中被继承下来。中国城市社会经济的落后性使党需要并能够使用它所熟悉的直接组织群众的方式向城市社会渗透权力,这种渗透是与国家承担职工永久就业和各种福利的义务并行的。就业场所由此被赋予了提供全面福利和实行严密控制的双重功能,这正是单位的基本特征。

第二,工业化模式和社会经济条件的矛盾。20世纪50年代,中国是在人口多、人均自然资源匮乏、基础设施薄弱、传统农业的商品率极低的情况下强制启动以重工业为中心的工业化进程的。在政府必须保证城市居民的粮油供给而农业的供给弹性又很小的情况下,国家对农产品实行了统购统销。由于要在人口压力很大的情况下实现城市的充分就业并保证职工福利,国家一方面限制企业对职工的解雇和职工的自由流动,另一方面又以户口登记制来限制农民自发流入城市。这进一步强化了单位对城市人的永久性意义和全面性控制。

第三,对科层制的破坏。新政权在中华人民共和国成立初期所采取的一些政策和制度安排可以说是在特殊条件下或为达到某种特定策略目标的权宜之计,本来应该随着新的国家体制的确立而逐渐改变。但这种建立新国家体制的努力被从20世纪50年代后期开始的长达20多年未曾停息的政治运动所破坏。在以阶级斗争为纲的岁月里,即使科层制的形式得以保存,但它始终无法发挥科层制的正常功能。组织直接掌握群众的政治关系模式带来的是以人身依附关系为基础的家长制权威,公民缺乏发展的空间,取而代之的是出现了许多善于巴结和斗争的"单位人"。

三、单位制度的运作机制

单位的高度制度化并不意味着单位内的行动完全由科层制中的上级所确定，也不意味着单位成员的行动完全被单位领导所牵制。实际上，无论对单位来说，还是对单位成员来说，都存在着单位制度化所意想不到的后果，存在着一定的自主行动空间。我们对单位制度运作机制的分析，就应该把握住制度化与自主行动之间的这种复杂关系。

（一）单位的外部关系

我们先从单位与国家或下级单位与上级单位之间的关系来看，国家对单位的全面控制受到两个因素的制约。

第一个因素是单位等级制中严重的信息不对称。尽管在任何等级制中都存在因为信息不对称而产生控制失灵的情况，但单位等级制中的信息不对称问题尤其严重，这主要是因为：

1. 上级的控制范围过大，控制项过多。根据组织管理的跨度原则，一个上级能有效管理下级组织的数量是有限的，而这种能够有效管理的下级组织的数目又随控制项的增多而减少。因此，在中国，尽管一个工业局要管理多达上百家的企业，但实际上它只能区分重点和非重点企业，有选择地进行管理。这样势必有许多企业处于“有婆婆没人管”的状况，从而使单位具有一定的来自被忽视的行动空间。

2. 缺乏成本低的控制项。对市场经济体制中的技术性企业来说，利润率是一个信息成本很低的控制项。但对于中国单位来说，控制项的信息成本则很高，有许多控制项如职工生活、单位的“安定团结”，很难利用简单明了的信息方式来获得。即使一些如利润、生产数量这样在市场经济条件下容易评估的控制参数，也由于不存在平等竞争市场，而难以真实地确定其意义。因此，必须收集其他的额外信息才能评估其表现，而这些信息往往只有单位自身才真正了解，这便构成了单位信息优势的一个重要源泉。

3. 缺乏组织竞争。在市场机制下，组织之间的竞争本身就是组织评估的一个重要而又廉价的机制。在单位制度中，由于不存在单位破产，也就不存在真正意义上的竞争，因此上级也就缺乏直接信息获取的评估机制。

4. 缺乏公共信息渠道。由于中国社会对大众传播媒介中公共舆论的控制，上级也缺乏可资利用的公共信息渠道来获取下级单位表现的信息。

由于上述原因，上级很难获得评估单位表现的信息，这就为单位的机会主义行为与“实质”自主性提供了条件。

第二个因素是单位制度在分配上的德治原则。所谓德治原则，指的是社会资源不是按照绩效而是按照思想品德和政治觉悟的标准进行分配的。中国传统社会就具有很强的德治性质，1949 年后，中国社会的新德治的特点在于将现代的政党伦理作为资源分配原则。然而，按德治来进行分配的做法缺乏清晰的界定、成文的规则和可操作的方案，具有很强的模糊性和随意性。正因为此，单位领导就获得了资源分配的具体解释权和实际控制权，自上而下的权威不可能毫不走样地沿着科层等级制的阶梯，按照从上级到单位领导再到单位成员的顺序实现其意图。

（二）单位的内部关系

我们再从单位的内部关系来看。单位对个人的全面控制也受到两个因素的制约。

第一个因素是单位矛盾的幕后解决。除了“文革”时期最混乱的若干年外，几乎永久性处于一个单位中的人总是要力图保持表面的一致，因此，尽管各种仪式性活动缺乏实效性，但单位中还是充斥着这种表面上把大家团结在一起的仪式性活动。然而，在单位这种“形式主义”的表现仪式性活动的背后，却存在着广泛的“幕后解决”方式。也就是说，各种矛盾和冲突是放在幕后来解决的。幕后解决的无规则性，为单位成员某种意义上的自主行动提供了空间。

第二个更重要的因素是，单位领导几乎不可能是高度一致的群体，单位领导之间存在着比较尖锐的矛盾。这样，在同一个级别内，就会形成若干个上下延伸、平行断裂的关系网络，即所谓的派系结构。派系结构是隐藏在正式结构之下并实际起作用的权力结构、利益结构和行动结构，是单位运作的基本形式。

当单位的某位领导准备贯彻自己或上级的意图时，除了按正式权威途径组织成员行动外，更重要的是通过各种途径（交换、暗示、许诺、命令等）动员自己在各权威等级内的派系力量，依靠他们来实现目标。这类派系中的中心成员即积极分子与其派系领导有着极强的庇护关系；边缘分子一面表示支持，一面观望风色，通过各种信息途径对派系力量进行不断地估计和认识。积极分子往往较边缘分子对形势拥有更准确的认识。当感到自己的派系力量面临崩溃时，积极分子也可能蜕变为边缘分子甚至其他派系内的反对分子。彼派系内的积极分子相对于此派系来说往往是强硬的反对分子。当此派系力量实际支配单位运作时，他们表现出来的态度和行为便像是非积极分子。单位内的各派系之间、派系内的积极分子与边缘分子之间以及在各种派系间摇摆的非派系分子间存在着一个复杂的博弈过程。每个成员都依据自己对形势的认识建构起一个派系结构图，并依据这个图示决定个人的行动策略。

总的说来，单位在不断制度化的同时，也从中获得了某种“自由空间”；领导在不断控制群众的同时，也在某种程度上反过来依赖群众。无论是吉登斯所谓的“控制辩证法”，还是福柯的权力运作观，都启发我们去深入地体察单位制度多元交错的权力关系。

四、单位制度的变迁

自 1978 年中国实行改革开放政策以来，尤其是 1992 年实行市场经济改革以来，单位制度开始发生重大变化。第一,单位与成员经济关系的变化。这构成了单位制度变迁的基础。计划体制下的单位制,对于其成员是一种全面承包的关系,即单位给其成员几乎提供了经济上所需的各个方面的东西。而作为一种社会交换,单位成员也将个人的权利全面让渡给了单位。市场转型以后,单位内部的非市场机制受到重大冲击,单位外出现了越来越多的自由流动资源,单位成员自由流动的空间也不断扩大。第二,单位制从对人的全方位控制,逐步转变为只是对人们职业活动的控制。市场转型前,中国的单位不仅是人们职业活动的场所,还是人们政治生活、社会生活、文化生活的场所。单位已经侵入了其成员生活的各个方面。市场转型以后,单位内的关系逐渐由初级关系转为次级关系,单位逐步向单一的就业场所转化。第三,单位从涵盖城市中的大部分人口变为仅能涵盖城市中的部分人口,原来被单位所容纳的一批成员被甩了出去,这些成员包括国有企业的下岗职工、新增失业人口等。

特别值得注意的是,单位制度尽管发生了这样一些重大的变化,但它并没有解体。事实上,单位制度的变迁中同时出现了弱化和强化两种倾向。所谓弱化,是指单位在市场的冲击下,其内控力越来越弱了。所谓强化,是指由于单位有了更为明显的独立经济利益,单位经济体制向国家争利益的现象更突出了,而单位成员尽管在政治上对单位的依赖性大大降低了,但在经济上对单位的依赖反而加深了。当人们所需要的社会资源在很大程度上还得通过单位来得到满足的时候,人们就只有以自己对单位的服从来交换所需要的那些资源。尽管在市场改革中强化了国家与单位、单位与个人之间依赖关系的双向性质,但在这种互动关系中,优势的一方仍然是国家和单位。

思考题

1. 什么是社会制度？它有哪些构成要素？
2. 对社会制度的功能分析与机制分析有何不同？
3. 社会制度有哪些主要的类型？其基本特征分别是什么？
4. 中国的单位制度有什么样的独特特征？

推荐阅读书目

[1]费孝通．生育制度[M].北京:北京大学出版社,1998.

[2]诺斯．制度、制度变迁与经济绩效[M].刘守英,译．上海:上海三联书店,1994.

[3]韦伯．经济与历史·支配的类型[M].康乐,译．桂林:广西师范大学出版社,2010.

[4]科尔内．短缺经济学[M].张晓光,译．北京:经济科学出版社,1986.

[5]谢立中．结构—制度分析,还是过程—事件分析[M].北京:社会科学文献出版社,2010.

[6]应星,周飞舟,渠敬东．中国社会学文选(下册)[M].北京:中国人民大学出版社,2011.

第七章

社会分层与社会流动

《中国青年报》在一些大学的校园中做过一次深入的调查，他们发现，在如今的大学生中存在着“五大部族”：大富之家、小康子弟、工薪阶层、困难生、特困生。这五个部族的消费水平和消费的内容有着明显的区别。而且，经济差异对大学生的成长产生了巨大影响：不同背景的学生形成了不同的价值取向、思维方式和性格特征。我们都知道，大学生还没有走入社会，他们本身都是没有身份区别的大学生，而且大学的学生历来都是一个彼此间差异最小、最为平等的人群。但在今天，大学中已经出现了明显的“分层”现象，这也许折射出了目前我国社会分层正在形成的现实。

第一节　社会分层与社会流动

一、韦伯划分层次的三标准

分层(stratification)本来是地质学家分析地质结构时使用的名词，是指地质构造的不同层面。后来，这个概念被社会学家借用来分析社会结构。在社会学中，社会分层(social stratification)就是按照一定的标准，将人们区分为高低不同的等级序列，意即人与人之间、集团与集团之间，也像地层构造那样分成高低有序的若干等级层次。

社会分层是社会学研究的一个重要课题。正因为如此，有人说，近几十年来没有一个问题比分层得到更多的注意，或比它有更混乱的主题。

在西方社会学中，最早提出社会分层理论的是韦伯。韦伯社会分层理论的核心是划分社会层次结构所必须依据的三重标准，即财富——经济标准；威望——社会标准；权力——政治标准。这种对于社会层次结构的多元划分标准也是今天社会学中社会分层理论的一个最基本的特征。

在韦伯看来，所谓经济标准即财富，是指社会成员在经济市场中的生活机遇（life chance）。那么，什么是在经济市场中的生活机遇呢？用韦伯的话来说，就是个人用其经济收入来交换商品或劳务的能力，即满足自己物质需求的能力，其中包括使自己受到良好教育以获得较好经济地位的能力。实际上，这是把收入作为社会分层的经济标准。

社会标准是指个人在其所处的社会环境中所得到的声誉和尊敬。在社会分层理论中，就是按照这个标准把社会成员划分成不同的身份群体（status group）。所谓社会身份群体，就是由那些有着相同或相似的生活方式，并能从他人那里得到等量的身份尊敬（status honor）的人所组成的群体。韦伯认为，由经济标准所形成的阶级和由社会标准所形成的身份群体之间虽有非常密切的联系，但二者并不完全等同，例如，收入很高的妓女却并不拥有很高的社会尊敬。韦伯认为，也许可以说，阶级是依据人们与商品的生产和获得的关系而划定的，而身份则是根据消费的原则来划定的，它以特定的生活方式为特征。

政治标准就是指权力。什么是权力呢？韦伯认为，权力就是"处于社会关系之中的行动者即便在遇到反对的情况下也能实现自己的意志的可能性"。在韦伯看来，权力不仅取决于个人或群体对于财产的所有关系，还取决于个人或群体在科层制度中的地位。

韦伯认为，这三条标准虽然有时是互相联系甚至是互相重叠的，但它们之间并不能完全等同或互相代替。其中的任何一个标准都可以独立作为划分社会层次结构的一个原则，财产差别产生阶级，威望差别产生身份群体，权力差别产生政党。现在，西方更有一些社会学家认为，随着现代社会的发展，这三者的独立性更进一步地加强了。

目前，西方社会学对于社会层次结构的研究基本是在韦伯所奠定的这个三重标准的基础上进行的。

二、西方社会分层研究

目前，西方社会学分层理论的研究，涉及的范围非常广泛，但就其基本研究课题来说，主要集中在以下几个方面：第一，对社会或群体中的层次结构进行描述，如有多少个层次，每个层次的规模，其成员在收入、职业、声望上有什么特点，他们在社会生活中处于什么地位等。第二，进行层次结构划分的标准是什么，是一元的还是多元的，如果是多重标准，那么这些标准的相互关系是什么，又如何根据这多种标准的综合指标进行层次划分。同时，每一个标准又都有一个如何量度的问题。第三，属于同一层次的人们在社会生活中有何共同特征，层次地位对于他们的政治态度、宗教态度以及娱乐兴趣方面有何影响。第四，社会分层对于社会秩序的稳定、社会变迁的进程有何影响。第五，不同社会的层次结构各有什么特点。第六，在社会发展的不同阶段会产生什么样特殊形式的层次结构。但是，引起社会学家们更多注意的是对于社会层次结构的描述。

在对西方社会层次结构进行描述的时候，由于各自的立场不同，出发点和目的不同，以及所使用的标准不同，所得出的结论也是大不一样的。但从大体上说，这种描述基本上是在以下三个层次上展开的。

（一）把社会划分成几个大的阶级

在这个层次上所进行的阶级划分，由于使用的标准不同，曾出现了五花八门的阶级模式，其中影响比较大的有以下几种：①三个阶级理论。这是一种比较通俗、比较流行的阶级模式，即把人们分成上等阶级、中等阶级和下等阶级。但由于在进行划分时所依据的具体标准不同，得出的结果也往往互相抵触。同时，由于这种划分往往依据多重标准，因此难以得到严格的结论。例如，有的人在收入上属于上等阶级，在权力上则属于下等阶级，其阶级归属也就成了问题。②林德的两个阶级模式。林德夫妇在他们于1929年出版的《米德尔敦》和1937年出版的《过渡中的中镇》两书中提出“企业家阶级”和“工人阶级”模式。其中，所谓企业家阶级是由从事商业和工业管理的人，以及通常被称为专家的人所组成的。其他人则属于工人阶级。③米尔斯的阶级模式。米尔斯在其1956年出版的《权力精英》一书中，把工人分成白领和蓝领两个阶级。所谓白领，是指技术熟练的工人，包括管理者阶层，他们从事的是脑力劳动。所谓蓝领，则是指非熟练的体力劳动工人。此外，近些年来所开展的对“新中间阶级”的研究也属于这个层次。

在这里需要指出的是，在第二次世界大战以后，马克思主义阶级理论对于西方社会学的影响越来越大，因此，在西方社会学中，试图用马克思主义的阶级模式来分析研究西方资本主义社会结构的人也逐渐多了起来。

（二）把社会成员划分成若干个阶层

这种划分方法既可以依据其中的一个单项指标，也可以根据政治、经济、社会等综合指标。其所划分的阶层，一般都具有相当的规模。20世纪40年代，沃纳（Warner）等人曾提出六个阶层的划分方法，实际是把上、中、下三个阶级各一分为二。

这六个阶层是：①上上层。这个阶层由世世代代富有的人们所组成，他们不但拥有大量的物质财富，而且有上流社会特有的生活方式。②下上层。这个阶层实际上是一些暴发户，他们虽然在财产上并不逊色于上上层，但他们还没有学到上流社会的生活方式。③上中层。这个阶层基本上由那些居住在舒适且景色诱人的郊区的企业家和专业人员组成。④下中层。他们的生活条件并不如上中层那样好，主要包括一些小店主、神职人员等。⑤上下层。与上中层、下中层的人们相比，他们的收入并不少，但他们从事的是体力劳动，如操作机器的工人，在装配线上工作的工人等。⑥下下层。这个阶层主要是指那些没有固定收入、领取救济金的人,失业者以及只能从事一些非熟练工作的人。还有人认为,除此之外,还存在一些“阶层之外的人”,包括精神分裂症患者、酒鬼、吸毒者等。现在,这种划分方法得到了普遍的应用。

这种划分阶层的方法依据的是多重标准。如沃纳所用的标准就有 8 项 19 个:①职业;②收入多少;③收入的来源(是来自财产继承还是来自工作报酬);④文化程度;⑤生活方式[包括:(a)住什么样的房子,(b)该住宅坐落在城市的哪一个地区、哪一条街上,(c)有几处房子,(d)闲暇时间干什么,(e)有哪些体育爱好,(f)去什么地方旅行,(g)朋友分布情况(本地、全国,还是世界各地),(h)消费情况,(i)穿着,(j)使用什么汽车,(k)看哪些书报杂志,(l)参加何种社团、俱乐部];⑥宗教信仰;⑦政治态度(政治主张是什么,参加什么政党);⑧价值观念。这些指标综合到一起,就构成了一个人的社会经济身份,即他在社会层次结构中所处的位置。

(三)续谱排列

从这个层次上进行的研究,既不是把社会成员划分成几个大的阶级,也不是划分成若干个具有相当规模的阶层,而是根据人们在职业分工、工资收入和身份声望等方面的具体而细微的差别,把社会成员划分成连续排列的多个小层,即续谱(continuum)。这种理论的特点在于,不承认在社会层次结构的续谱中存在一条客观而明显的分界线,这样,将社会划分成若干阶级或阶层是不可能的。

由于续谱模式所依据的是具体而细小的差别,所划分的层数之多,往往可以达到几十个,甚至上百个。在这方面比较具有代表性的是 1964 年美国的职业评分,这次评分的职业上至联邦最高法院的大法官、医生,下到清道夫、擦鞋童者,共 87 种,所得的分数最高为 94 分,最低只有 34 分,共排成 40 多个层次。当然,在这种续谱理论中,也有人认为即使是进行这种微小层次的划分也是不可能的。

三、封闭性分层结构与开放性分层结构

社会的分层结构(包括阶层结构)从它的变动上看,又可以分为封闭性和开放性两种。这一对概念,可以使我们从一个方面来认识和区别不同社会中的分层结构。

所谓封闭性的分层结构,是指那种分层划分较固定、社会流动性较小的结构。在封闭性的分层结构中,个人的地位是社会预先规定了的,本人不能自由选择,也就是说,当一个人生下来的时候,他处在哪一个分层、哪一个阶层,就已经“命中注定”了,而且这辈子很难发生变化。所谓开放性的分层结构,则是较富有弹性的、社会流动性比较大的分层结构。在这种开放性的结构中,个人的地位不是世袭的,而是靠个人的努力获得的。在一个人的一生中,他的地位可以随自己的努力和社会条件的变化而发生变动。当然,所谓封闭性或开放性都是相对的。在现实的社会生活中,并没有纯粹的封闭性结构或开放性结构,在以封闭性为主的社会中,也会有开放性

的因素，而在以开放性为主的社会中，也存在封闭性的因素。但我们还是可以根据其基本的特点把一个社会叫作封闭性的社会或是开放性的社会。

封闭性的分层结构，可以用印度的种姓制度作为代表。在19世纪前的印度社会，全体社会成员被分成四个种姓，其高低顺序为：婆罗门，即僧侣阶层；刹帝利，即武士阶层，包括王侯和军人；吠舍，即农夫和商人阶层；首陀罗，也就是工人和奴隶阶层。这样的一种社会分层结构是由宗教、职业以及各种文化历史因素造成的，特别是印度教在这种制度的形成中起了重要的作用。在这种种姓等级结构中，各层次人群之间的关系要遵循以下原则：①一个人所属的种姓和家庭决定一个人的分层地位和身份，小孩出生以后就继承其父母的分层地位，并且终身不变；②实行分层或种姓内婚制，即不同阶级、不同种姓的人不许通婚；③一个人获得的职业要按照种姓制度的规定；④各个种姓都有自己独特的饮食起居和日常生活的风俗习惯，就是婚丧嫁娶的仪式也各不相同；⑤宗教信仰上的限制，如印度教教徒不得加入别的宗教；⑥丧失种姓者被社会排除出去。近些年来，由于教育的普及、交通的发达以及外来思想的影响，这种僵硬的种姓制度已经开始有所松动，但总的来说，各个分层及阶层的关系仍然是比较僵硬的。

在封闭性的分层结构中，分层和等级往往是联系在一起的。所以，这里我们需要对分层与等级的关系做一点探讨。从字面上看，等级和分层是不同的，分层是一个社会概念，并且首先是一个经济概念；而等级则是一个政治、法律、宗教、种姓的概念，它是指从政治、法律、宗教和种姓制度上将社会成员划分成若干个不平等的层次。这种等级的划分，既有法律的明文规定，又有政治制度的保证。这是与分层不同的地方。但是，在另一方面，等级和分层又是有联系的。

现在我们再来看开放性的分层结构。前面已经说过，从严格的意义上说，纯粹的开放性分层结构事实上并不存在，只是存在于人们的理念之中。但是，只要我们将近现代社会与传统社会比较一下就不难看出，近现代社会的分层结构具有更大的开放性。特别是在市场经济社会中，开放性就更为明显。在这样的社会中，不平等仍然存在，但社会流动比较大；个人的地位在很大程度上依靠个人的成就，职位依靠个人的贡献。在这样的社会中，尽管每个人的机会是不完全平等的，但只要一个人努力奋斗，自己获得成功的可能性还是比较大的。这与封闭性社会的情况是根本不同的。在封闭性的社会中，一个处在下层的人，无论他如何奋斗，上去的机会都是很小的。

不同的社会分层结构也会造成不同的生活方式。一般来说，在分层比较固定的封闭性社会中，不同阶层生活方式的差异是比较大的。例如，在西欧的中世纪，贵族阶层的生活方式与平民阶层的生活方式的区别是相当明显的；而在像美国这样的开放性社会中，不同阶层之间在生活方式上的差别要相对小得多。这首先是因为在开放性的社会中，不同阶层的生活方式互相影响的地方比较多；但更重要的是，“要在说话腔调、举动礼貌上表示分化，每个人在他所处的地位上必须停留得相当久，而且一定得从小就生活在这个地位上；像说话腔调那种富于习惯性的肌肉动作，长大了是不容易改的，即使改了，也很难自然，在别人听来特别刺耳”。因此，我们一般所说的“上流社会的风气”“上流社会的文化”，在封闭性的社会中更为明显。

四、社会流动

一个社会成员或社会群体从一个社会阶级或阶层转到另一个社会阶级或阶层的过程叫社会流动。在封闭性结构的传统社会中，个别的、少量的社会流动，也是不时发生的；而在开放性的社会中，这种流动就更为经常，更为频繁。甚至可以说，我们之所以将有些社会称为开放性社会，就是因为在这样的社会中存在相对大量的社会流动。

社会流动按其本身的性质来说，大体可以分为两种类型：其一是结构性流动，其二是非结构性流动。结构性流动是指经过社会革命或其他剧烈的社会变动，社会分层结构发生了根本性变化。在这种变动中，各个阶级、阶层之间的关系发生实质性的变化。例如，在1949年之后中国分层结构发生的变化就属于这种类型的变动。

非结构性流动则是在常规状态下社会分层结构所发生的变化。它是在一个社会的基本分层框架不发生变化的情况下，某些社会成员的阶级、阶层地位发生的变化。在这种流动中，一些人从较低的层次上升到较高的层次，另一些成员则由较高的层次下降到较低的层次。在这个过程中，会出现某些层次人数减少，另外一些层次人数增加的现象。非结构性流动的情况比较复杂，大体可以分为下列一些类型。

（一）垂直流动

垂直流动可以分为两种，即上向流动和下向流动。垂直流动是人们最关心的一种社会流动，尤其是上向流动。社会学家对上向流动感兴趣的是哪些人上向流动的机会多，什么样的社会结构能够给人们提供更多的上向流动的机会，人们按照什么秩序上向流动，上向流动对社会结构产生什么影响，等等。有人认为，影响上向流动的原因主要有两个：一是工业化水平；二是教育的发展程度。这是因为，在一个社会工业化的过程中，由于机械化和自动化水平的提高，一些笨重的、危险的体力劳动逐步由机器来承担，同时又会创造出一些条件较好的职业，如看管机器、处理信息等。这就为上向流动创造了条件。在西方，这个过程典型地表现为白领工人大量增加，蓝领工人急剧减少的趋势。但是，从现实性来说，究竟哪些人会得到这种流动的机会，则与一个人受教育的程度有直接关系。因为在工业化过程中创造出的一些条件较好的职业，往往都要求进入这种职业的人具有较高的文化水平和一定的专业技能。

（二）水平流动

水平流动是从处于同一水平线上的一种职业向另一种职业的横向流动。所谓同一水平线，是指两种职业在收入、地位、名声等方面基本相同。水平流动对个人地位没有多大影响，但是对社会结构却产生影响，所以仍然是社会流动。水平流动还包括从一个地区向另一个地区的空间流动，目前世界范围内的主要趋向是从乡村向城市流功，从中小城市向大城市流动。这种流动同时包含上下流动和职业流动。

（三）代内流动与代际流动

代内流动是指一个人一生中的流动。这种流动既可能是垂直流动也可能是水平流动。代际流动是指一个家庭中两代人之间的流动，即子女从父亲所在的阶层向别的阶层流动。代际流动在于两代或几代人的差异。这种差异既可能是生理上的，也可能是由社会原因造成的，而后者往往起着更重要的作用。

第二节　改革前后中国的社会分层

一、从身份社会到分层社会

1949 年前后，通过一系列的经济社会改造，社会中绝大多数资源集中到了国家手中，并在此基础上形成了配置资源的再分配体制。所谓再分配体制，是指将社会中的主要资源集中到中央集权的国家手中，然后依据社会成员在社会中的不同位置进行再分配。再分配是与市场完全不同的一种资源配置体制。

中国社会的分层结构是与这种再分配体制密切联系在一起的。概括地说，这种分层结构具有如下几个特征：

第一，身份成为社会分层的重要基础。从 20 世纪 50 年代开始，户籍制度、单位制度、干部工人区分的档案制度、干部级别制度等构成的身份制度便逐步形成。这种制度将户口、家庭出身、参加工作时间、级别、工作单位所有制等作为区分社会身份的基本标准，并以此为基础形成了社会分层的基本结构。

第二，在各种身份中，政治身份占有一个重要位置，因而这种社会分层又有一种政治身份分层的特征。当时，阶级成分包括工人、贫农、下中农、中农（包括富裕中农）、知识分子、自由职业者（包括职员）、宗教职业者、小手工业者、小商、小贩、地主、富农、资本家、革命干部、革命军人、革命烈士家属、反革命分子、坏分子、右派分子。到了“文化大革命”时期，还出现了所谓“红五类”“黑五类”之说，分别指阶级成分好的与阶级成分不好的群体，并由此将政治分层差距发展为一种政治歧视。

第三，分层结构的封闭性。区分身份地位的指标多是一些非连续性的、异质性的指标，区分身份地位指标的另一个特点是，它们多与一些“先赋因素”有关。所谓

"先赋因素",指一个人与生俱来的、不经后天努力就具有的因素。以先赋因素来确认人的身份地位,这样一种体制的最大特点就是讲究等级、秩序。当这种身份得到了法律、法规的认可以后,各身份群体也就难以越轨,没有了跨越身份界限的非分之想。在这种体制之中,不仅垂直社会流动很难发生,水平流动也相当困难。于是在许多地方都存在"夫妻分居"的现象,原因就是户籍制度限制了地区或城市之间的社会流动。同时,代与代之间的社会流动也相当稀少,"工之子恒为工""农之子恒为农"。对于农村居民来说,只有接受高等教育和参军提干(以及机会极少的招工)才有可能改变自己的社会身份。

第四,分层结构的相对平等化。关于改革前中国社会分层的平等化程度,至今有许多完全不同甚至对立的看法。因此,需要对这个时期社会平等问题的不同含义加以仔细的区分。白威廉(Parish) 在讨论中国改革前的社会分层时认为,那时存在一种"反分层化现象"。这与人们通常所说的平均主义现象相一致。也有人指出了当时在阶层内部存在的"均质化"特征,如在农民或工人的内部等。但同时也要注意的是,在当时的城乡,是存在巨大的经济和社会差别的,而在不同的政治身份群体(即当时所说的阶级)之间则存在明显的政治不平等。

市场化改革从根本上改变了社会资源的配置机制。在过去 40 多年改革的过程中,市场逐步代替再分配成为社会资源配置的主要机制。在这个过程中,"自由流动资源"与"自由活动空间"出现了。在此基础上,新的社会力量在生长,新的社会分层结构在形成。

二、当代中国社会的分层结构

当代中国社会大体可以划分为 10 个阶层:

(1)国家与社会管理者阶层。这是指在党政、事业和社会团体机关单位中行使实际的行政管理职权的领导干部,具体包括:中央政府各部委和直辖市中具有实际行政管理职权的处级及以上行政级别的干部;各省、市、地区中具有实际行政管理职权的乡科级及以上行政级别的干部。这一阶层在社会阶层结构中所占的比例约为 2.1%。

(2)经理人员阶层。这是指大中型企业中非业主身份的高中层管理人员。这一阶层的社会主要成员来源于三部分:第一部分是原来的国有和集体企业干部;第二部分来自较大规模的私营企业或高新科技产业领域中的私营企业;第三部分是三资企业中的中高层管理人员。这个阶层在社会阶层结构中所占的比例约为 1.5%,但在地区之间的分布极不平衡。

(3)私营企业主阶层。这是指拥有一定数量的私人资本或固定资产并进行投资以获取利润的人,按照现行政策规定,即包括所有雇工在 8 人以上的私营企业的业主。在人数上,中小企业主构成了这一阶层的主体。就全国而言,私营企业主阶层在社会阶层结构中所占的比例约为0.6%,但地区差异比较大。

(4)专业技术人员阶层。这是指在各种经济成分的机构(包括国家机关、党群组织、全民企事业单位、集体企事业单位和各类非公有制经济企业)中专门从事各种专业性工作和科学技术工作的人员。专业技术人员在中国的阶层结构以及社会中间层中所占比例还比较低,他们主要集中于城镇。专业技术人员在社会阶层结构中所占比例约为5.1%。

(5)办事人员阶层。办事人员阶层指协助部门负责人处理日常行政事务的专职办公人员,主要由党政机关中的中低层公务员、各种所有制企事业单位中的基层管理人员和非专业性办事人员等组成。他们在社会阶层结构中所占比例大约为4.8%。

(6)个体工商户阶层。这是指拥有少量私人资本(包括不动产)并投入生产、流通、服务业等经营活动或金融债券市场并且以此为生的人。例如,小业主或个体工商户(有足够资本雇用少数他人劳动但自己也直接参与劳动和生产经营的人)、自我雇佣者或个体劳动者(有足够资本可以自己开业经营但不雇用其他劳动者)以及小股民、小股东、出租少量房屋者等。个体工商户阶层在整个社会阶层结构中所占比例为4.2%。

(7)商业服务业员工阶层。商业服务业员工阶层指在商业和服务行业中从事非专业性的、非体力的和体力的工作人员。商业服务业员工阶层在社会阶层结构中所占比例约为12%,但城乡之间的差异极大,因为这一阶层与城市化的关系最为密切。

(8)产业工人阶层。这是指在第二产业中从事体力、半体力劳动的生产工人、建筑业工人及相关人员。整个产业工人阶层在社会阶层结构中所占的比例为22.6%左右,其中,农民工占产业工人的30%左右。城乡之间差异极大,不同经济结构的城市之间、不同发展水平的乡村之间,差异也都很明显。

(9)农业劳动者阶层。该阶层是指承包集体所有的耕地,以农(林、牧、渔)业为唯一或主要的职业,并以农(林、牧、渔)业为唯一收入来源或主要收入来源的农民。与中国改革开放初期相比,中国农民阶层的规模已经有了显著的缩小,纯粹的农业劳动者和以农业为主业的农民在劳动人口中所占比例,已经从1978年的70%以上减少为2023年的34.84%左右。

(10)城乡无业、失业、半失业者阶层。这是指无固定职业的劳动年龄人群(排除在校学生)。这一阶层的许多成员处于贫困状态。这一阶层在社会阶层结构中所占比例约为3.1%。

三、中国的中产阶层

从社会结构图上看,中产社会是一个菱形结构的社会,而两极社会是一个金字塔形社会。从社会结构的意义上来说,中产阶级占据社会的主体,是现代社会走向稳定的重要结构原因。这是因为:第一,中产阶级是介于社会高层与底层之间的缓冲层,当它成为社会主体时,社会高层与底层间的冲突就会减缓。这是社会稳定的政治原因。第二,中产阶级在社会上代表温和的、保守的意识形态,当这种意识形态占据主导地位时,极端的、激进的思想和冲突论就很难有市场。这是社会稳定的思想原因。第三,中产阶级也是引导社会消费的最主要群体,当中产阶级占社会的多数时,中产阶级的生活方式就保证了社会庞大稳定的消费市场。这是社会稳定的经济原因。

在过去关于改革的讨论中,经常出现这样一个假设,即中国将走向一个中产阶层的社会。这个假设的出现是基于如下两点理由:第一,一个经历了较充分的工业化,且经济体制是市场取向的社会,往往是以中产阶层为主体的。第二,改革开放以来,中国社会发展的某些现实,如私营企业的发展、白领阶层的扩大等,似乎也在预示着这样一种社会结构的出现。但就目前而言,中国的中产阶层仍然很小。如果将国家公务员以及享受公务员待遇的人员剔除出去的话,目前中国的中产阶层主要由如下几部分人构成。一是传统的“中产阶级”,包括小业主、小商贩等自营业者、个体户等。据国家统计局统计,截至 2022 年底,全国共有个体户 1. 11 亿户,约占市场主体总量的 2/3。二是改革开放以来新生的私营企业主、乡镇企业家。据国家统计局统计,到 2023 年底,私营企业共有 5 200 万户,约占全国企业总量的 92. 3% 。三是由引进“外资”及高新技术人才而出现的新型中间阶层。自 20 世纪 80 年代起,在大规模引进外资的社会运作中,一些新型的、高新技术产业、职业应运而生,随即出现了两大职业群体:一是现代企业家群体。他们或是掌握高新技术者,或是留学海外学成回国的创业者,或是原体制下掌握一定权力资源者(如国有企、事业负责人、业务员、办事员等)。他们以独具的技术、资金优势和“外引内联”的权力、关系优势,创办起高新技术产业,获得较高的社会回报。二是应聘于外商独资、合资企业中的“白领”员工,其工作、劳动方式、职业声望及报酬均高于原国有企业及传统职业。这两类职业群体,可视为典型的现代“工业社会”中新型的中间阶层的代表群体。

因此,可以说,中国的中产阶层还较为弱小,主要集中在东部沿海地区,特别是这些地区的大城市中。中国的中产阶层发育缓慢涉及多种因素。中产阶层的形成需要一些基本的条件:第一,工业化。在工业化阶段才能形成有规模的中产阶层,如管理层、技术层、商业层、职员层等白领阶层。第二,职业变迁。这是指现代社会中现代职业结构形成的问题,即一个庞大的、不是直接操作生产劳动的阶层的形成。第三,教育状况。在传统的两极社会中,只有极少数的人受过高等教育,多数人都没受过正规教育。而在现代的发达社会中,大多数人都接受了大学教育,这样,一个中产阶层也就形成了。大学是造就中产阶层的机器,大学教育非常重要的功能之一就是使人接受社会主导规范或中产阶层的规范。

第三节 中国社会分层的新趋势

一、贫富差距呈现扩大趋势

世界银行1997年发布的一份报告指出，中国20世纪80年代初期反映居民收入差距的基尼系数是0.28，到1995年是0.38，到90年代末为0.458。[①] 按照世界银行的统计，这一数据除了比撒哈拉非洲国家、拉丁美洲国家稍好外，贫富悬殊要比发达国家、东亚其他国家和地区以及东欧国家都大。报告指出，全世界除中国外还没有一个国家在短短15年内收入差距变化如此之大。如果短期内没有政策来调节的话，贫富差距可能还会继续扩大。

在2002年亚洲开发银行第35届年会上，国务院发展研究中心副主任鲁志强指出，按照国际通行的判定标准，中国已经跨入居民收入很不平等国家行列，收入分配问题已成为中国当前社会问题中最引人注目的问题。这是中国首次公开承认进入居民收入很不平等国家行列。按照世界通常标准，基尼系数在0.3以下为最佳的(best)平均状态，在0.3~0.4为正常状态(normal)，但超过0.4就算进入警戒状态(warn)，达到0.6则属于社会动乱随时可能发生的危险状态(danger)。

自20世纪90年代末期以来，我国的基尼系数仍在以每年0.1个百分点的速度提高。根据有关的数据推算，中国的基尼系数1999年为0.457，2000年为0.458，2001年为0.459，2002年为0.460，2023年为0.470。这说明尽管收入差距的问题已经引起社会和政府的高度重视，并在农村脱贫攻坚战中取得了瞩目的成绩，但由于种种因素，收入分配差距不断扩大的趋势仍然没有得到遏制。从目前的情况来看，这种收入差距还有进一步扩大的可能。劳动和社会保障部工资研究所的一项研究预测表明，未来我国城镇居民收入将面临新一轮的增长期，但居民收入差距的进一步拉大已经不可避免了。这是因为，一方面中国加入世界贸易组织之后，外资、外企与内资、内企的人才争夺战会愈加激烈，高素质人才的收入会迅速提高；另一方面，农村大量劳动力流向城市，加上城镇失业率的上升，致使普通劳动者供大于求，收入

---

① 20世纪初意大利经济学家基尼根据洛伦茨曲线找出了判断分配平等程度的指标，设实际收入分配曲线和收入分配绝对平等曲线之间的面积为A，实际收入分配曲线右下方的面积为B，并以A除以A+B的商表示不平等程度。这个数值被称为基尼系数或洛伦茨系数。如果A为0，基尼系数为0，表示收入分配完全平等；如果B为0，则基尼系数为1，收入分配绝对不平等。该系数可在0和1之间取任何值。收入分配越是趋向平等，洛伦茨曲线的弧度越小，基尼系数也越小；反之，收入分配越是趋向不平等，洛伦茨曲线的弧度越大，那么基尼系数也越大。如果个人所得税能使收入均等化，那么，基尼系数会变小。联合国有关组织规定：若基尼系数低于0.2，表示收入绝对平均；0.2~0.3，表示比较平均；0.3~0.4，表示相对合理；0.4~0.5，表示收入差距较大；0.6以上，表示收入差距悬殊。

水平难以提高。

收入差距的扩大不仅仅表现在收入上,也反映在财富的占有上。截至2023年底,我国社会资产性财产总量共有790万亿元。在这当中,国有资产占45.5%,私有资产占54.5%。在金融资产中(包括手持现金、储蓄存款、有价证券等),政府、企业、住户拥有金融资产的比重分别为18.6%、31.7%、49.7%。也就是说,改革前那种几乎是国家垄断了所有重要资源的状况,已经转变为社会一半以上的财富由个人拥有了。但这种财富的拥有是相当不均衡的。据估算,富有人群占人口比例的0.33%,拥有财富却高达67.4%,人均拥有财富6 304万元;中产阶层占人口比例的7.05%,拥有财富占比25.58%,人均拥有财富111万元;而其他人群占人口比例的92.62%,拥有财富比仅为6.98%,人均拥有财富2.3万元。

二、社会分化的细化与聚合

20世纪90年代中期以来,我国社会分层结构变动的基本走向是两种表面上看来互相矛盾的趋势的交织。这两个趋势,一个是社会分化的不断细化,另一个则是细化的碎片不断聚合。

从最表面的层面来说,在20世纪90年代,有几个过去在我们社会生活中经常使用的名词几乎消失了。其中一个名词就是知识分子。例如,80年代的时候,知识分子是人们经常使用的一个概念,比如说改善知识分子生活条件,提高知识分子待遇和社会地位,知识分子是工人阶级的一部分,等等。当人们这样讲的时候,实际上意味着知识分子被认定是一个同质性的群体,这个群体内部的状况大体是差不多的。但在现在的社会生活当中,知识分子这个词已经用得相当有限了。原因在于,知识分子本身已经高度分化了,体制内的知识分子与体制外的知识分子,进入市场的知识分子和没有进入市场的知识分子,甚至他们各自的内部还在更进一步的分化。在科学院和社会科学院的知识分子与在大学的知识分子,都已经形成差别了。工人与农民的情况也大体如此。这些概念的变化,揭示了一个最基本的事实,就是在过去十多年的时间里,我们社会的分化是越来越细化了。有人将这种趋势称为社会的碎片化。

但这只是一个方面的趋势。这个趋势表明了现代化过程中的一般性趋势:社会分工越来越细化,社会分化或社会的分层结构也越来越细化。其他国家在进行现代化的过程中,也经历了同样的变化和过程。这种社会分化越来越细的趋势对社会生活会产生重要的影响。但仅仅看到这样一种趋势还是不够的。因为在这种趋势演进的同时,还有一个表面上看起来与之相反的趋势也在发生,这个趋势就是聚合的趋势。也就是说,一方面社会分层结构越来越细化,越分越细的群体犹如碎片一样,但从另一个方面来看,这些细化的碎片又正在开始向一起积聚。从目前的情况来看,这种聚合的结果,就是以占有大量资源为特征的强势群体和拥有大量人口为特征的弱势群体的形成。

三、从资源弥散型配置到一体化资源配置的转变

如前所述,社会资源从类型上说可以大体分为三类,一是物质性的财富,即经济资源,二是政治上的权力,三是社会威望或社会声誉。在任何社会中,这三类资源都是稀缺的。这样就出现了一个如何分配的问题。一种方法是弥散型分配,即分配不同种类资源时实行的是不同的原则。在这样的社会中,拥有某种资源较多的人或群体不一定同时也拥有较多其他的资源。而在另外一种社会中,则可能实行一体化的原则。也就是说,各种不同的资源往往集中到同一部分人的手中。我们分别将这两种资源配置的原则称为弥散型配置和一体化配置。按照这两种不同原则进行资源分配所产生的结果和社会影响是完全不同的。

20 世纪 80 年代是一个资源扩散的年代。但这种资源扩散的效应,首先并且主要体现在经济资源上。在 20 世纪 80 年代的时候,农民、城市中没有固定职业者、“两劳”(劳改、劳教)人员等原先处于弱势地位的群体,其经济地位首先获得了改善。其中,中国社会中最早的“先富者”或当时的“万元户”,往往是从这些群体中产生的。但在那个时候,这些群体的社会地位和社会声誉,却往往不能与他们拥有的财富成正比。社会中的相当一部分人,一方面嫉妒他们的收入,另一方面又用歧视的眼光看待他们。而国家干部和国有企业的工人,在收入上往往低于这些“先富者”,但他们不仅享受着“先富者”不能享受的种种福利,而且他们的地位和职业在当时看来是牢不可破的。因此,他们的社会地位是高于“个体户”的。另外一个群体则是知识分子。改革伊始,倡导尊重知识,尊重知识分子。在政治上,过去的“臭老九”成了“工人阶级的一部分”,在社会和文化上,他们开始受到社会的尊敬,以至于当时社会中有了“老九上了天”的说法。但在相当长的时间里,知识分子的经济状况却得不到改善。在这样一种资源配置的格局中,可以看到,在上述群体中,几乎每个群体都有自己可以自豪的地方,也都有令自己感到失落的方面。

但在 20 世纪 90 年代以后,情况发生了明显的变化。如果说在 20 世纪 90 年代个体户这个阶层仍然存在的话,那么其作为富人代称的含义已经不存在了。他们当中尽管个别的人可能发展成具有一定规模的私营企业主,但大部分人回归到了较低的社会地位。更重要的是,在新富阶层迅速崛起的时候,个体户阶层已经逐步失去了在短时间内可以令他们颇为自豪的经济优势地位。而城市中的工人,在改革的过程中不仅逐步失去了种种过去令人艳羡的福利待遇,而且其中有几千万人失去了过去以为不可能失去的“铁饭碗”。在 20 世纪 80 年代初期收入迅速改善的农民,实际上在 20 世纪 80 年代中期以后就告别了短暂的黄金时代。到 20 世纪 90 年代后,其生存状况进一步恶化,其中许多人在经济迅速增长的背景下,收入处于停滞甚至下降的状态。

伴随着资源由弥散型配置向一体化配置的转变,20 世纪 80 年代那种普遍的不

平衡感被部分群体的严重挫折感所取代。在20世纪80年代弥散型资源配置中，大部分群体都由于拥有某些“局部性资本”而形成“局部性优势”。在这种情形之下，形成的是自豪与不平衡的混合物。到了20世纪90年代后，由于社会中各种资源日益集中到强势群体的手中，相当一部分社会成员特别是社会中的弱势群体，由于拥有的资源越来越少，甚至因经济、社会地位发生绝对意义上的下降而产生严重的挫折感。

在近年来的资源积聚过程中，我们可以看到几个方面的影响因素。第一个是金融资本的崛起和资本市场的扩张。在经济中有实体经济和虚拟经济两部分，虚拟经济同样也很重要，没有虚拟经济，金融方面很多事情就做不成。但是实体经济和虚拟经济需要保持大体的均衡。然而近些年来，这种均衡被打破了。实体经济在不断衰弱，金融和虚拟经济在迅速崛起。由于实体经济处境艰难，一些原本经营实体经济的企业主也开始把大量的资金腾挪出来，投入资本市场、金融市场中。第二个是产业结构的变动。在21世纪初，中国最有名的富豪主要集中在房地产和制造业，但最近这些年情况发生了非常大的变化。实体经济尤其是制造业在急剧衰落，房地产现在也渐趋乏力。与此同时，资源迅速向新型产业集中。新经济资本逻辑的重要特点是大倍数盈利，甚至是无限盈利。这样的一种前景和高度的不确定性联系在一起，对资本形成了巨大的吸引力。在这一过程中，新经济中的富豪迅速崛起。第三个是中产阶层的发展和财富的积累。皮凯蒂在《二十一世纪资本论》一书中提出了一个很有意思的概念，叫“小型食利者群体”。这个“小型食利者群体”可以看作是中产阶层中一部分依靠自己的财产获得小型资本、获得收益的人。在过去这些年中，中国中产阶层的规模不断扩大，通过出租物业、理财等方式获得相当规模收益的人在不断增加。

四、社会分层结构的定型化

在资源开始积聚的背景下，社会分层结构逐渐定型化，主要表现在以下几个方面：

第一，阶层之间的边界开始形成。阶层之间边界的形成，是阶层结构定型化的一个重要内容。而阶层之间的边界，往往是通过多种方式建构起来的。最显而易见的是不同居住区域的分离。虽然20世纪80年代就已经开始出现比较明显的贫富差距了，但穷人和富人在居住上并没有分开。在普普通通的住宅区当中，暴发户与贫困的邻居毗邻而居。但到90年代中后期以后，在我国的许多地区和城市，特别是大城市，已经形成了明显的富人区。从全国来说，中国的富人区主要集中在北京、上海、广州、深圳这些大城市。贫富人群在居住上的分区，从外表上就可以看得一清二楚，或者说这是最表面化的“社会区隔”的标志。如果说由居住分区形成的阶层边界是可见的，那么，由生活方式和文化形成的阶层边界则是无形的。但这种无形的边界，不仅可以作为阶层边界的象征，而且，如法国著名社会学家布迪厄所说，是阶层结构再生产的机制。因为甚至像品味和审美这样的因素，都可以因为专属于某一个阶层而起到强调和维护阶层之间边界的作用。依据交通工具，有人将人群划分为私车族、打车族、公车族和骑车族。在吃的方面，有钱人和公款消费的高档饭店，工薪阶层消费的一般饭馆，打工者消费的小食摊，泾渭分明。就是娱乐也开始呈现明显的阶层特征。近些年来，在一些城市特别是大城市，涌现出一批贵族俱乐部。

第二，内部认同的形成。阶层内部认同的形成是与阶层之间的边界联系在一起的。因为人们正是从这种边界中萌发"我们"与"他们"的概念和意识的。但在目前的情况下谈论阶层内部的认同问题，还是很困难的，因为缺少这方面的全国性的系统的调查研究。但我们可以运用另外的一些资料，对这个问题进行一些大致的分析。首先，目前已经有了一些在局部地区进行的调查。有的调查是直接就阶层意识进行的，有的则是间接涉及这个问题的。在 1991 年，上海市社会科学院曾经对上海市民的阶层意识进行过调查，得出的结论还是"有阶层化差别但无阶层化意识"。而 1996 年在武汉进行的调查则表明，绝大多数市民已经具有阶层认知，其中 3/4 的人认为自己处在一个不平等的社会当中。其他的一些研究还表明，在像失业下岗人员这样的群体当中，也具有一种很强的"我们感"。而我们知道，"我们感"与"他们感"是群体或阶层认同的最基本的因素。

第三，阶层之间的流动开始减少。在 20 世纪 80 年代，包括在 90 年代初期，阶层之间的流动是相当频繁的。我们可以看一下大致的流动情形。在农村，大约上亿劳动力进入乡镇企业，由过去种田的农民成为农民身份没有改变的工人；还有上亿的农民直接进入城市，或是从事小规模的经营活动，或是打工。除此之外，还有更多的农民，在从事农业生产的同时，还以部分时间从事多种经营。对于上述流动而言，一般都伴随着收入的提高和生活状况的改善。我们一般将其称为上向流动。在城市当中，原来没有固定职业或职业不理想的人，开始从事个体经营，有的成了最初的富裕户，即当时的"万元户"。在 20 世纪 80 年代中后期和 90 年代初期，一些国有企业的工人、技术人员，还有一些国家干部，辞去了原来的职务，从事经营活动，做起了或小或大的老板，成为私营或民营企业的创办者。但到了 90 年代中后期，上述路径的社会流动已经在明显减弱。90 年代后期以来，乡镇企业就业的职工减少了 2 000 万之多。农民外出打工的人数，在进入 90 年代后期保持缓慢增长（90 年代初流动劳动力就已经达到 7 000 万～8 000 万人，90 年代中期超过 1 个亿，现在也只有 1.3 亿人）。下海的大潮已过，由于经商的门槛越来越高，白手起家的可能性已经很小了。

第四，经济社会地位开始出现世代间的传承。从某种意义上说，这是一种带有"世袭"意味的社会现象。在 20 世纪 90 年代中后期，首先出现了"富二代"这个词；然后到 21 世纪初的时候，又出现了"贫二代"这个词；最近这些年，"官二代"这个词又非常流行,表明人们获得社会地位的方式开始出现了代际的传承形式。

社会结构定型化的过程必然会对整个社会的心态、人们的情绪产生直接的影响。我们经常听到人们说这样一句话:“一个社会有贫富差距不可怕,只要下层有往上走的希望,事情就好办。”其实一个社会不可能没有贫富差距,也不可能没有社会地位高下的差别,不然这个社会就是“一潭死水”。贫富差距可以有,社会地位可以有高下,但是这种高下不能变成“贵贱”之间的社会歧视,更重要的是人们得有改变自己社会地位、社会状况的希望,所有这些东西都涉及社会流动的问题。在一个结构定型、门槛越来越高的社会中,如何保持社会流动的基本渠道畅通,是一个很重要的问题。

第四节　市场转型与社会分层结构

市场取向改革意味着整个经济的整合原则和权力结构的改变,即产品和劳务的配置权由再分配系统转向市场。随之而来的是再分配者对权力的垄断开始弱化,权力开始更广泛地分布在整个经济活动领域和社会之中。这种趋势必然会对社会平等、分层结构产生重要的影响。

一、市场转型与社会不平等

关于市场机制与社会平等的关系,一直是经济学和社会学关心的核心问题之一。在此之前,许多经济学家都认为,市场机制往往会对社会平等造成负面的影响,特别是在由市场推动的经济发展的初期更是如此。这方面的典型代表就是库兹涅茨的倒“U”形曲线理论。按照这种理论,市场之所以会对社会平等造成负面的影响,是因为人的能力和固有的条件本来是有差异的,因此,市场的形成和扩展会造成导致社会不平等的因素不断得到积累。在市场经济中,在处于优势地位的人的优势不断积累的同时,处于劣势地位的人的劣势也在不断积累。结果就是穷人与富人间经济所得的悬殊,也有人将其称之为“马太效应”。

然而,在中国改革开放以来,市场转型与社会不平等所呈现出来的却是一种复杂和多变的微妙关系。

在转型初期,市场转型理论的两个最重要的代表人物撒列尼(Szelenyi)和倪志伟发现市场转型具有一种“平等化效应”。在《社会主义企业家:匈牙利农村资产阶级形成受挫》一书中,撒列尼就指出,在共产主义革命之前,其先辈就从事农业商品经营,因而保存着商品经营“惯习”的人,在市场经济重新实行后获得了明显的优势,而这些人原来大多处于比较低的社会地位。相反,干部们并不太愿意从事市场取向的私营化的农业生产。而倪志伟1985年通过在中国厦门农村所进行的抽样调查,也得出了一系列可以证明改革“平等化效应”的命题。例如,他发现,农村经济精英的绝大部分并没有干部背景；在改革的过程中，绝对贫困的人数在减少，穷人成为市场改革的直接受益者。倪志伟认为，这意味着中国农村的市场化涉及穷人的广泛参与，市场化的成果是由穷人和企业家共同分享的。

为什么市场化改革，特别是在其初期，会有一种"平等化效应"？市场转型理论特别强调了下述两个因素的作用。其一，再分配经济之外的经济成分的发展，即人们通常所说的次级经济的发展。其二，整个经济的增长速度。这两个因素结合到一起，使人均收入迅速提高，从而使得贫困阶层的收入不仅未在市场改革中下降，反而有所提高。

然而，这个"市场转型具有一种平等化效应"的命题从正式提出，就招来无数的批评和质疑。同时，在其之后进行的一系列经验研究，也得出了与上述观点截然不同的结论。为了厘清市场转型与社会不平等之间这种复杂而多变的关系，美国社会学家罗纳-塔斯提出一个区分，即将整个市场转型过程区分为"侵蚀"和"转型"两个不同的阶段。在罗纳-塔斯看来，侵蚀阶段基本上是自下开始的，而转型阶段则是自上启动的。在侵蚀阶段，私营部门仍然被看作是敌对的，它的临时性存在只是一种补充。向市场转型则意味着国家通过一系列的立法行动确立市场经济制度，保护产权特别是私营部门的产权。罗纳-塔斯认为，市场改革的平等化效应的观点较适用于改革的早期阶段，即社会主义经济的侵蚀时期；而认为市场改革会加剧社会不平等的观点则适用于描述改革的晚期阶段，即实际的转型过程。因为在侵蚀阶段，市场和私营经济因素主要被限制在某些特定领域，可以向社会地位不高的人提供机会。而在转型阶段，私营部门成为经济中的一个平等的成分。而且，转型的过程也迫使干部要自找生路。因此，转型越是深入，干部就会越多地从事私营经济的经营。

二、精英循环与精英再生产

从某种意义上说，向市场转型对利益关系和分层结构的影响，会集中地体现在社会中的精英形成和继替模式上。而对精英形成和继替模式的分析，又直接涉及向市场转型过程对机会结构所造成的影响。也就是说，向市场转型的过程会给哪些人提供机会，使之成为社会精英？而在这些问题当中，引起学者极大兴趣，同时也引起诸多争论的，就是改革前后的精英是连续的还是断裂的。

有关精英更替模式的研究和争论，最初出现在东欧学者中间。他们关心的一个核心问题就是改革之前的干部在向市场转型的过程中的命运，是随着权力的丧失而导致社会地位的下降，还是利用原来掌握的权力和其他的社会资源以更方便地获取市场中的机会。换言之，原来的干部地位使他们在市场机会面前是否具有一种优势。匈牙利的汉吉斯认为，在向市场转型的过程中，权力的作用并不会一下子消失。那些拥有权力的干部，利用自己掌握的权力，将自己重构为一个"攫取财富的阶级"。波兰的斯坦尼斯基则用另一套语言表达了同一个过程。他认为，东欧正在经历一场"政治资本主义"

的过程。这个过程的典型特点是,原来的政治职务已经成为私人积累财富的手段。这两种理论的共同点是,就精英的主体而言,在改革前后并没有发生根本性的变化。只不过是由一种类型的精英转变为另一种类型的精英,即由再分配经济中的政治精英转变为市场经济中的经济精英,但人还是那些人。

对上述这种关于精英替代的理论模式,撒列尼等人将其称为精英再生产理论。这种理论更加强调的是改革前后精英的连续性,以及同样的一些人由一种精英向另一种精英的转化。后来,一些学者在对中国改革前后的社会分层和流动模式进行研究的时候,也得出了与"精英再生产理论"相类似的一些结论。根据这种精英再生产理论,在中国向市场经济转型的过程中,并不存在根本性的精英循环。虽然新的企业家阶级出现了,但旧的精英并没有失去存在的基础。

与精英再生产理论相对应的理论是撒列尼称为的精英循环理论。与精英再生产理论不同,精英循环理论强调的不是改革前后精英的连续性,而是精英的断裂。换言之,在向市场经济转型的过程中,以政治干部为代表的旧精英存在的基础不断丧失,在这部分人中出现了实质性的下向流动,而由于新的机会的出现,在原来的非精英群体中形成了一批新的精英,这就是民间企业家,他们中的大部分人并没有什么权力背景。精英循环理论的代表人物是倪志伟。这突出地体现在他的市场转型理论的"权力论题"中。他认为,在向市场经济转型的过程中,再分配者并不能只依靠政治资本致富,因为从再分配经济向市场经济的转型从根本上改变了权力和特权的来源。

三、关于社会不平等的制度主义理论

市场转型与社会不平等之间这种复杂的关系,促使人们对再分配和市场这两种经济整合机制与社会不平等之间的关系进行更深入的理论思考。其结果就是撒列尼和倪志伟这两个本来在许多方面观点并不一致的学者共同撰写了《关于社会不平等的制度主义理论》一文。在这篇文章中,他们认为,自由主义和马克思主义关于社会不平等的理论尽管是对立的,但却有一个共同的特点,即都把不平等看作是某种经济整合机制的固有特征,而忽略了这种机制身处的制度环境。

他们认为,无论是再分配还是市场的经济整合机制,与社会不平等都没有一种固定不变的关系。在不同的制度背景下,不同的经济整合机制对于社会不平等形成的作用是不同的,在资本主义市场经济中,市场是不平等的主要源泉,而福利国家的再分配干预具有一种抵消这种不平等的作用;国家社会主义社会则是一种完全相反的情形,在这里,再分配制造不平等,市场则起一种抵消的作用。更抽象一点说,无论在任何经济体制中,主要的、占支配地位的调控机制总是服务于有特权的、有权力的富人的,而没有特权的人、无权的人和穷人就不得不依赖于第二位的、补偿性的机制。次级机制往往可以被那些在政治上处于被支配地位、在经济上缺乏自我保护能力的人们用来作为生存的策略。

他们认为,市场改革的平等化效应持续的时间是相当短的。当改革进入深水区的时候,市场机制就被拥有特权的人们所操纵,使游戏规则发生扭曲,从而使本来在改革初期具有平等化效应的市场机制成为造就社会不平等的因素。尽管如此,撒列尼和倪志伟仍然强调,市场的扩张将导致机会结构的扩展和多样化,新的流动渠道将会出现。尽管改革前的干部精英会利用在再分配经济体制中积累起来的政治资本为自己在市场经济中谋取优势地位,但在市场经济中,旧精英不太可能重建对资源配置的垄断性控制。

新制度主义理论对社会不平等的这种新的解释,是有一定启发性的。它可以使得我们对造就社会不平等的机制进行更深入的思考。然而,面对社会不平等迅速扩大的现实,我们还是有理由怀疑,在一个社会中共存的再分配与市场这两种不同的经济整合机制,对社会不平等的影响方向一定就是相反的吗?会不会有这样的一种情形,即两种机制影响作用的方向是一致的?换言之,会不会存在这样一种情形,即在特定的情境当中,再分配的权力与市场机制共同造就和推动社会不平等?从这种怀疑当中,我们也许可以找到近些年来中国社会不平等状况变化的原因。

思考题

1. 社会分层的标准是什么?
2. 社会流动有哪些主要类型?
3. 当代中国社会的分层结构主要是由哪些阶层构成的?
4. 20 世纪 90 年代以来中国社会分层呈现出哪些新的趋势?
5. 市场转型对社会不平等产生什么样的影响?

推荐阅读书目

[1]陆学艺. 当代中国社会阶层研究报告[M]. 北京:社会科学文献出版社,2002.

[2]孙立平. 现代化与社会转型[M]. 北京:北京大学出版社,2005.

[3]边燕杰. 社会分层与流动:国外学者对中国研究的新进展[M]. 北京:中国人民大学出版社,2008.

[4]李培林. 中国社会分层[M]. 北京:社会科学文献出版社,2004.

第八章

农村社区与城市社区

人类的社会活动，不但是在一定的社会关系和社会结构的框架内进行的，而且离不开必需的地域条件。换句话说，人们总是在特定而具体的社区中从事自己的社会生活。这样，社区就成为社会学研究的一个重要范畴。

第一节　社区的含义和类型

一、什么是社区

尽管社会学家特别是国外的社会学家对社区的解释仍有分歧，但其所指基本上是大同小异的。概括地说，所谓社区就是聚居在一定地域中的人群的生活共同体。社区是以多种社会关系的结合，从事经济、政治、文化等各种活动，组成一个相对独立的区域性的社会实体。换句话说，社区是由聚集在某一地域中的社会群体、社会组织所形成的一个在生活上互相关联的社会实体。但是，社区这种实体的界限有时并不是很分明的，并且存在包含的关系。例如，整个北京市，它既是一个行政区，但其居民的生活都是互相关联的，因此也可以说是一个社区。它的下面又包含着更多的较小的社区。

作为一种社会实体的社区，一般是由如下因素构成的：

第一，必须有以一定的社会关系为基础组织起来的，进行共同生活的人群。社区并不是一个抽象的概念，它是人们进行社会活动的场所，因此，任何一个社区都必须有人的存在。而且这些人并不是孤立的、没有什么联系的个人，而是要共同进行社会活动，彼此结成一定的社会关系。

第二，必须有一定的地域条件。这是人们赖以进行生产以及其他各种社会活动的基础。从这个角度来说，社区是人类与自然环境的统一体。这种自然条件不仅影响了特定社区中人们活动的性质和特点，还会在很大程度上制约一个社区的发展。

第三，要有各方面的生活服务设施，如商业、服务业、文化、教育等设施。因为人们正是在一个个社区中参与实际的、具体的社会生活的。如果没有这些服务设施，居民的生活就无法进行。

第四，有自己特有的文化。每个社区的文化特点都是由这个社区现实的经济、社会条件和历史传统决定的。由于每个社区的经济条件、政治条件、社会条件及历史文化传统、居民职业构成都各不相同，各个社区的文化也就都有区别于其他社区的特点。

第五，每一个社区中的居民，对于自己所属的社区都有一种情感和心理上的认同感，即有一种“我是某一个地方的居民”的观念。特别是在传统社会中，人们与土地有极其密切的关系，祖祖辈辈生活在一个固定的地方，这种乡土观念也就更为浓厚。“美不美家乡水，亲不亲故乡人”，这句古话也说明了在传统社会中乡土观念的重要地位。

总之，人类的一切社会活动都是在一定的具体的社区里进行的，社会普遍存在的一些现象都可以在某一社区内反映出来，于是社区就成为社会学中一个重要的、具体的研究对象。

二、农村社区

（一）农村社区的产生

农村社区是人类社会中最早出现的社区形式。然而，农村社区也不是从来就有的，它是人类社会发展到一定阶段的产物。从根本上说，农村社区的产生是与人类的农业生产的出现联系在一起的。

在农业出现以前，是没有社区可言的。远古的时候，人们主要是依靠捕鱼、狩猎和采集野生食物来解决自己的吃饭问题。这种渔猎生活是很没有保障的。人们逐水草而居，过着游荡的流动生活。因此，社区的形成是不可能的。

经过漫长的演进，农业开始出现了，并在适合于农业生产的地方逐步取代渔猎和游牧生活。这个过程，大约开始于一万年以前。农业生产的出现，势必对人们的生活方式产生重要的影响。昔日四处奔波游荡的猿人、渔民和牧民第一次定居下来，成为田园里耕作生活的农民。因为农业生产的周期较长，需要人们在一个地方固定地居住一段时间，少则几个月或一年，多则数十年。实际上，由于农业生产所依赖的是可以迅速得到恢复的地力，除非有意外的灾祸降临，否则，他们是不会轻易离开这块已开垦的土地的。这样，固定的住所联结在一起，就成为一个村落，成为一个生活的共同体。

根据史料记载，早在一万年以前，在尼罗河流域的埃及就有了这样的村落。他们用土坯和芦柴搭筑房屋，并把这些房屋连接起来成为小村落。我国也是村落出现较早的国家，据说在距今五六千年前的黄帝时代，中国的农业就已经相当发达了。在那时，人们不但在肥沃的土地上种植农作物，而且大部分人都有了固定的住所。这些住所一般是挖成长方形的土坑，四面有壁，像个小屋，并且屋屋相连，形成村落。我国西安半坡村遗址是一处典型的氏族村落，总面积约五万平方米，包括居住区、制陶窑场和公共墓地等部分。在居住区，原始人盖起了半洞穴式的泥草房。这样的定居生活，使人们更有条件进行农业、制陶、纺织等生产活动。但从出土墓群里的死者来考察，当时大多数人只活到三四十岁，儿童的死亡率更高。可见当时人们的生活条件极端贫乏，要维持生存是很困难的。

因此，村落成了农村社区特有的居住形式。而农村的居民之所以采取村落的居住形式，是由他们现实的生活条件决定的。首先，组成村落可以防御外来的侵害。对于以耕种土地为生的农民来说，土地、牲畜、农具是他们安身立命的必需条件。为了保护这些财产，同时为了获得精神上的安全感，他们必须联合居住在一起，组成村落，以防御外来的入侵者。在有些地方，他们还要在村内村外建立防御工事。其次，村落的形成也是与家族关系联系在一起的。在传统社会中，血缘关系有着极其重要的地位。在可能的条件下，他们总是要聚村而居，以维持他们的血缘关系。居住在一起，像祭祀祖先等活动的开展，家教、家风、家规的维持，也都方便多了。更重要的是，一个大家族的人居住在一起，可以在生活上互相扶持、互相照应。而这些互相扶持和照应，在传统社会中，对于人们的日常生活来说是不可缺少的。最后，空间上的接近，便于生活上互相帮助。在传统农业社会中，一家一户，既是一个生产单位也是一个消费单位。以村落的形式居住在一起，生产和生活上的互相帮助就很方便了，互相之间可以借用生产工具、生活资料，或是在人力上互相支援。如果彼此居住得很遥远，有的家庭就会遇到不可克服的困难。

（二）农村社区形成的途径

社会学家杨开道在《农村社会学》一书中，曾把农村社区形成的途径分为三种类型：

1. 自然的起源。这是指一个农业家族由自然进化的过程而扩大为一个农村社区。杨开道认为在游牧民族当中，社会生活的单位多半是家庭。到了农业时代，他们可以不必四处游牧，而是比较固定地居住在一个地方。由于农业生产的效率要比采集、渔猎、游牧高得多，一块地可以供给许多人衣食，所以人口就很快增加了。起初一家不过数人或数十人，后来由于人口的增加，几个人或几十人的家族就扩充为几百人的家族。这就形成了一个单姓的村落。这种由家庭到家族社会的自然过渡，在太古的时代就很普遍了。杨开道更进一步认为，在这种单姓的农村社会里，家族非常团结，家庭的势力也非常大。社会中的许多事情，都要受家族的支配。

2. 社会组合。这种农村社区是由若干独立的农业家庭的联合而组织起来的。杨开道认为，这样的农村社区不是由一个祖宗传下来的，因此没有血缘关系。他们是从各地迁徙而来的,最初彼此都不认识,并且他们刚刚来到一个地方,开辟农田,工作非常繁忙,没有时间去进行频繁的社交活动。后来,他们慢慢地认识、了解,觉得彼此在生活上有许多相同或共同的方面。这样,农村社区便慢慢组织起来。在这样的农村社区中,个人的思想非常发达,社会势力却十分弱小,而家族势力更微乎其微。他们脑子里面的印象是个人或者家庭,而不是社会。他们的思想和行为是自由、独立的,不为其他势力所限制。这种农村社区,在自然进化的中国以及其他欧洲古国是不多见的。而在美国和加拿大的中部和西部地区,则基本上是这一类型的农村社区,因为他们大部分是从外面迁徙而来的,并已都是一家一户。因此,那里的农村社区大都由社会组合而来。

3. 农村建设。这种途径指的是在一块空地上建设一个新的农村社区。这种途径与自然起源的不同之处在于它是用人为的力量建设起来的。与社会组合的不同之处在于,社会组合是先有许多独立的个人或家庭,然后由他们组成一个村落,而农村建设开始就是一种群体运动。英国新教徒的迁移就是一个典型的例子。他们因为受到宗教迫害,跑到美洲去建设新农村。在这种农村社区中,虽然并没有很强的血缘关系,却有很强的集体感。

(三)农村社区的特点

农村社区既然是指大多数人从事生产食物、纤维和原料的社区,也就是以农业生产劳动力为主的社区,那么农村社区的特点也就决定于农业生产的特点。农村社区大致有以下特点:

1. 从社会结构说,农村社会是以血缘关系为纽带,或者说血缘关系的结合是农村关系的中心。越是社会经济发展比较落后的社区,这种特点越是显著。而其他社会关系也是以血缘、亲属关系为基础的延伸。我国农村大多是以"张家村""李家庄"为名,足以说明这一点。至于有一些以"堡""营""屯""站"为名的,则表明了军垦、戍边或驿站的性质,是士兵落户而成的。

2. 农村社区的主要劳动者农民,是以农业作为生活的主要途径。他们直接从农业中获取维持他们生命的物质。农业是农民生活的终点,是他们生活的目的,而不是达到终点的手段。

3. 农村社区的社会关系多为社区型而非社团型。他们的社会关系是自然形成的,没有什么单一的、独特的目的,而不像城市居民的社会关系主要是社团型或契约型的。

4. 农村社区的生活、农民的居住,受劳动条件的影响,以分立户居、一家一户分立为主。每个农村的人口规模亦不能太大,因此农村像天空中的星星一样,分立在广大的土地上。因为如果太集中,农民在落后的生产工具、低水平的生产力条件下,就无法进行生产。

5. 农村社区的特点,也表现在农民的思想中,即农民的意识也有其与工业社会、城市社会居民不同的特点。农民作为劳动者,有摆脱剥削、压迫,向往平等、获得温饱的强烈意愿;但作为私有者,他们又经常不满足于温饱,向往发家,向往有出头之日,获得特权,使自己成为有资产的人。平分土地,是农民的平等思想,也是平均主义在土地制度上的反映。我国历代的农民革命,首先提出的口号就是平分土地,就是要满足农民的这种终生的愿望。即使我们现在已经到了社会主义社会,工业已经很发达,但人们的思想还在不同程度上带着农村社区中农民的意识特征。

三、城市社区

(一)什么是城市社区

城市由"城"和"市"两个概念组成。在我国古代,城是指帝王或一地之主居住的地方,一般要用起防御作用的墙围起来;而市则是指进行商品交易的场所。在现代,城市这个概念已经成为人们日常生活和社会科学中的常用语。

在社会学中,城市社区是指大多数人从事工商业及其他非农业劳动的社区,它是人类居住的基本形式之一。城市社区在人类历史上出现较晚,要晚于农村社区,而其发展则更晚,一直到近代甚至最近几十年,才成为人类生活的主要场所。城市社区这个概念,与都市或城市的含义可以是一致的,也可以是不一致的。从广义上说,任何一个城市,同时也是一个城市社区,但一个具体的城市社区,不一定只包含一个城市,它可能包括两个以上的城市或若干城镇在内。例如,一个大都会,除了中心城市之外,还包括若干卫星城镇。一个大的城市还可以划分成若干个社区和市郊的农村社区。

(二)城市社区的类型

在这里,依据综合特点,我们把城市划分成以下几种类型:

一是欧洲型。与其他地区的城市相比,欧洲的城市有着自己鲜明的特点。在中世纪,欧洲城市是工商业市民的城堡,这是一种以工商业市民为主体的城市。从城市的建筑上看,是城墙包围着街市,在市中心有市民集会的广场、大教堂以及工商组合的事务所,城市由工商市民管理。产业革命以后,在欧洲其他城市中兴起了许多规模宏大、工人众多的工厂,因此,人口大量向城市集中。由于其功能上的多样性,欧洲城市的结构是极为复杂的。

二是美国型。与欧洲城市的复杂结构相比,美国的城市结构要简单得多。因为美国是一个年轻的国家,没有经历过中世纪的封建社会。它的城市从诞生之日起,就是现代化的产业城市,形成非常合理和整齐的布局。美国城市既没有欧洲城市中常见的城墙,也没有中心广场、大教堂和市政厅,代之而起的是摩天大楼和商业中心。作为城市主宰的是大资本家、大金融家和大投机商等。特别是 20 世纪初以来,随着汽车交通的发展和高速公路的修建,居民区在不断扩大,居民居住日益分散,许多城市的市中心区已经衰败了，而空气新鲜、风景秀丽的郊区成为人们乐于居住的场所。

当然，在欧洲的城市中也并不是完全没有类似的趋势，但由于历史上所遗留的结构以及其他种种原因的限制，原有的城市布局是很难从根本上加以改变的。

三是亚洲型。与欧洲的城市相同，亚洲的城市也是在漫长的历史过程中形成的。但是，在欧洲城市的形成中，商人和作为资本家前身的企业家曾起了主要的作用，而在亚洲，则是政治上的统治者，如皇帝、国王和封建领主起到了主要的作用，在这些国王或皇帝建立了他们的政权以后，这些政权的所在地形成了城市。因此这些城市具有极鲜明的政治色彩。他们用从农民头上收来的租税修建宏大的宫殿以及附属部分，但却很少注意城市中其他部分的建设和发展。从城市的结构上看，城市的中心部分几乎全部被皇帝、领主或殖民统治者的宫殿和住宅占据着，城市的设计标准是确保统治者的安全，而没有或很少有欧洲城市中那种方便的商业和工业场所。

四是中东型。中东地区的城市具有与其他城市不同的特点。这个地区的城市是以伊斯兰教和游牧民族为主建立起来的。城里一般有伊斯兰教的大清真寺，以及为游牧民商队设置的集市和商场，迷宫式的道路是中东城市的一大特点，因为这些城市大多是在村落的基础上形成的，而这些村落则是同一部族的人成群结伙扎帐宿营的地方。

五是苏联型。从城市的空间格局来看，苏联的城市中很少有组合式建筑林立的中心商业区，苏联城市中引人注目的是宏大的广场和其他公共设施。有的西方社会学家认为，这实际上是计划经济和市场经济这两种不同的经济制度在城市空间上的反映。在城市社区的建设上，苏联重视以小区作为空间单位的公寓式住宅建设，他们认为，以小区为单位便于建设和利用生活服务设施，而公寓式住宅则有利于扩大居住面积。在城市的规模上，苏联的城市规划重视发展中小城市，但由于客观的经济、社会因素的作用，实际上往往是大城市发展得更快。

（三）城市与农村的差异

1. 在职业结构上，农村社区的职业比较单纯。多数以农业为主，只有少数人从事手工业、商业以及其他行业。城市社区职业门类众多，以工商业和各种服务行业为主，性质复杂多样。

2. 在工作和生活上，农村居民既然以农业为主，其大部分时间用在户外生活和劳动上，而城市居民则以室内生活和劳动为主。

3. 在社会的容量上，农村因农业需要，人们很难生活在人口高度集中的区域，所以人口密度低，城市则人口密度高。这就造成城市居民社会接触量及社会互动强度与频度均较农村高。

4. 在人口性质上，农村社区居民，从内在心理或外表上，均趋向于同质化，城市居民则趋向于异质化。

5. 在社会结构上，农村社区分工简单，社会分化与阶层区分也表现得程度低，阶层少，而城市社区则表现得程度高，阶层复杂多样。

6. 在社会流动上，由于乡村社区社会阶层与社会组织系统比较固定，因此流量较少，流动速度较慢。相反，城市社区，从流量和速度说，都是较多、较快的。

7. 在人口迁徙的方向上，一般社会发展的情况总是农村人口移向城市，农业人口转为工商业或其他非农业人口。

第二节　城乡关系与二元结构

一、历史上的城乡关系

城市社区和农村社区是社区的两种基本类型，两者之间有着密切的联系。从历史上看，城市都是从农村发展而来的。例如，上海就是从一个小渔村发展成为大都市的。虽然城市是从农村中孕育出来的，但在其发展过程中，渐渐地脱离了农村。社会中的一些重要功能逐步集中到城市。例如，城市成为政府和其他行政机关的所在地，政治的功能在城市中集中起来，城市成为政治的中心。同时，它又往往是商业的中心、对外贸易的中心、文化的中心，以及除农业和畜牧业之外的其他经济活动的中心。这样，在整个社会生活中，城市便逐步处于一种支配地位。而农村则要在政治上、经济上、文化上处处依赖于城市，城乡关系成为一种支配与被支配的关系。

但在不同的阶级社会中，这种对立的关系，也是各有特点的。例如，近代中国社会中的城乡关系与近代欧洲的城乡关系相比，便有明显的不同。

我们知道，在近代欧洲产生的是工业城市，这是一种生产性的城市，主要产业是工业，其次是商业。居住在城市中的人，一方面是作为统治阶级的产业资本家、商业资本家，以及金融资本家等；另一方面是作为被剥削阶级的产业工人。而在近代中国所产生的主要是作为政治、商业中心的城市，除了沿海一些口岸城市外，缺少近代西欧那种工业城市，例如，北京是一个政治中心，上海是一个商业城市。如果说这些城市在旧社会中也有一些产业的话，也主要是手工业，但这种手工业在一个城市中很难占有举足轻重的地位。例如，在旧中国，大部分手工业都集中在上海，但上海并不是一个手工业城市，而是一个商埠。因此，中国的城市，主要不是生产性的，而是消费性的。居住在旧中国城市中的人，主要的并不是资本家和产业工人，而是官僚、军阀、商人、高利贷者。而城市人口的大多数则是小商小贩以及小手工业者。

这样，反映到城乡关系上，中国与西欧也是不同的。欧洲的城乡关系是一种产业分工的关系，城市通过购买原材料、销售商品等途径来与农村进行交换，而中国的城乡关系则是城市掠夺乡村，苛捐杂税是其中最重要的掠夺方式。

二、改革前中国的城乡关系

1953 年，农村研究中荷兰学派的代表人物霍伯克(HoBoeker)首次提出二元经济的概念。第二年，经济学家、诺贝尔经济学奖获得者刘易斯在其经典作品《劳动无限供给下的经济增长》一书中提出了系统的“二元经济理论”，并对其做了经典性的论述。但两人对“二元经济”这个概念的理解并不相同。在霍伯克那里，二元社会是指资本主义社会与农村的公社社会，二元经济是指城市的市场经济与乡村的自然经济。例如，在荷兰经营下的印尼城市，当时已经出现了市场经济、市民社会等现代化产物，它们遵循市场的运作规律，追求利润的最大化；而爪哇等地的农村却还处于农村公社，或者是父权制共同体的原始状态，它们实行土地公有、自给自足的经济制度，满足于“够用”，缺乏求利欲望和积累动机。而在刘易斯那里，二元结构则意味着乡村与城市的对立。

“中国城乡二元结构”是郭书田、刘纯彬等人在 20 世纪 80 年代借鉴“二元经济”的概念提出来的。他们认为，当今中国的社会结构是二元的：一元是由市民组成的城市社会；另一元是由农民构成的农村社会，他们的最大区别只在于是否持有农户户口。因而这种二元社会结构是以二元户籍制度为核心，包括二元就业制度、二元福利保障制度、二元教育制度、二元公共事业投入制度在内的一系列社会制度体系。说得形象点，就是由身份壁垒、不平等交换、城市化滞后乃至包括户口、粮食供应、住宅等 14 种制度组成的不平等现象。刚开始时，这种“城乡二元结构”只是作为一般的社会学术语而被使用的，但是随着研究的深入，学者们将其迅速扩展到经济学、政治学甚至是人类学的层面，认为当前中国三农问题的症结就在于这种人为的历史性“城乡二元结构”。

中国城乡二元结构的形成有一个过程。1957 年 12 月 18 日，中共中央、国务院联合发布《关于制止农村人口盲目外流的指示》，要求通过严格的户口管理，做好制止农村人口盲目外流的工作。1958 年 1 月 9 日，毛泽东以国家主席令颁布了全国人大常委会通过的《中华人民共和国户口登记条例》(以下简称《条例》)。根据该《条例》，户籍管理以户为基本单位。只有当人与住址相结合，在户口登记机关履行登记后，法律意义上的“户”才成立。公民在常住地市、县范围以外的地方暂住三日以上的须申报暂住登记。《条例》第十条规定：“公民由农村迁往城市，必须持有城市劳动部门的录用证明、学校的录取证明，或者城市户口登记机关的准予迁入证明，向常住地户口登记机关申请办理迁出手续。”这样就正式确立了户口迁移审批制度和凭证落户制度，并以法规的形式限制农村户口迁往城市。1958 年 9 月和 1962 年 12 月，有关部门先后规定：“对农村县镇前往大中城市”及“中小城市迁往大城市的，特别是迁往北京、上海、天津、武汉、广州等五大城市的”，要加以控制。与此同时，以二元的户籍制度为基础，包括就业、主副食品配给、教育、社会保障等二元的制度安排逐步建立起来。

二元结构的形成，一方面满足了当时稳定社会的要求，另一方面也体现了通过二元结构实现资本原始积累、促进工业化的战略。根据冯海发等人的研究，在这种二元结构实施期间，我国农村为城市工业的发展提供了大量资金。农业为工业化提供资金积累的途径，主要有税收、剪刀差和储蓄等三种形式。①税收的方式。1985年以前，农业税基本稳定在每年30亿元，1950年，农业税收入占国家全部税收的15%。1985年起农业税总量明显上升，但占国家全部税收的比重下降到1990年的3%。农业上交给中央财政的，除了农业税中的上述正税部分外，还有农业附加税。国家规定农业附加税不超过正税的15%。两者相加，1952—1990年共提供1 527.8亿元。②剪刀差的方式。1990年剪刀差的绝对量是1952年的30倍。1952—1990年共提供8 708亿元，平均每年223亿元。③储蓄方式。1978年以前，农村的总储蓄额均在10亿元以下。1980年为28.6亿元，1985年为92.6亿元，1990年为319.4亿元。根据以上三项的计算结果，可以看出，1952—1990年我国农业为工业化提供资金积累的总量达到11 594亿元。农业提供的积累在国民收入积累额中所占的比重，在工业化初期达到40%以上，整个20世纪60年代也维持在较高的水平上，进入80年代后才开始减少。总体来讲，我国工业化过程中国民收入的积累部分有三分之一来自农业。当然，这当中应当考虑到的是，国家通过财政支出又将一部分从农业中取得的资金注入农业。如果用农业资金积累总量减去国家财政用于农业的支出，所余部分就是从农业中净流出的全部资金量。计算的结果是，1952—1990年，我国工业化建设从农业中净调动了约10 000亿元的资金，占国民收入全部积累额的22.4%，平均每年高达近250亿元。如果按农业劳动力平均，每个劳动力每年无偿向工业化资本积累提供的剩余最多时达到266元（1990年），占当年农民人均纯收入的42.24%；最少时也有30元（1952年），占当年农民人均纯收入的50%以上。

三、从行政主导型二元结构到市场主导型二元结构

改革开放以来，我国城乡之间由行政体制形成的二元结构有所松动，而且在其中的一段时间里，城乡之间经济收入的差别有所缩小（20世纪80年代初中期）。但自1990年以来，城乡之间的收入差别又出现了拉大的趋势。按国际劳工组织发表的1995年36个国家的资料，绝大多数国家的城乡人均收入比都小于1.6，只有三个国家超过了2，中国是其中之一。此后，我国城乡之间在收入上的差距更是持续扩大。近年来，由于农村脱贫攻坚战的实施，城乡差距有所减少。不过，到2020年，我国城乡居民人均收入的差距仍在2.56倍左右，巨大的收入差距事实上已经使得城市和农村成为两个截然不同的生活世界。

据统计，1997—2023年，中国农村居民人均纯收入从2 090.13元增加到2023年的2.17万元，但总体来说，农村居民收入虽然有了较大的增长，但考虑到周期的物价

比,这种增长还是相当有限的。

在这背后,实际上是在行政主导型二元结构还没有完全消除的情况下,一种新的二元结构即市场主导型二元结构又在生成,并且与原来的二元结构叠加在一起。如果仔细分析一下,我们可以看出,改革前的二元结构主要是由一系列的制度安排造成的。以户籍制度为核心,当时的制度安排将城乡人口和城乡的经济与社会生活,人为地分割为两个互相隔离的部分,形成人为的制度壁垒。城乡之间人口不能自由流动,两部分居民存在两种不同的经济和社会待遇,农村的资源被大量抽取到城市,以支撑城市中的工业化过程。但在这些制度的背后,我们可以发现,当时处在生活必需品的时代,城市和农村又通过资源的流动连接到一起。当时一个城市家庭每个月几十元的收入大多数是用来购买农产品或以农产品为原料的工业品。尽管当时存在"剪刀差",工农业产品的比价是不合理的,但城里人的大部分收入通过购买生活必需品又流入农村。

而到了今天所在的耐用消费品时代,情况发生了根本性的变化。假定一个城市家庭的每月收入是3 000~4 000元的话,花费在主副食品上的,可能只有几百元。即使加上其他与农副产品有关的开销,千元上下也就差不多了。其余的花费在什么地方呢?如住房、汽车或其他交通、电器、医疗、子女的教育、旅游以及其他的服务等。而这些消费项目,与农村或农民几乎没有什么关系。也就是说,城里人的这些支出,很难流到农村去。这首先意味着,城里人生活中越来越多的部分不再与农民和农村有关系。他们日常生活的大部分依赖的是城市而不是农村。事实上,就是原来许多由农村提供的食品,现在也有相当的一部分是来自国际市场。在这个时候,我们可以看到城市和农村之间一种新的形式的断裂,这种断裂主要不是由人为的制度造成的,而是由市场造成的。但这同样是一种断裂,甚至是一种更为深刻的断裂。由这种断裂造成的城乡二元结构,我们可以将其称为"市场主导型的二元结构"。

第三节　从农村到城市:城市化

一、城市化的过程

所谓城市化,是指人口向城市集中的过程。具体表现为两种形式:一是城市的数目不断增加,二是城市的规模不断扩大。城市化的实质是随着社会生产力的发展,人类在居住场所方面变化的过程。在传统的农业社会中,绝大多数的居民都居住在农村社区中,从事以农业为主的生产活动;而在现代社会中,越来越多的居民从农村迁移到城市中居住,城市正逐步成为人类居住和活动的主要场所。这是人类社会生活中的一场极其重要的变革。

据现有的史料记载,城市是随着人类文明的出现而诞生的。在大约五六千年前，在人类社会中出现了尼罗河流域的古埃及文明、两河流域的古巴比伦文明、印度河流域的古印度文明、黄河流域的中华文明，即我们今天所说的古代四大文明。而城市，也正是在这文明的曙光之中出现的。人类从农业村落的居住形式，到创造城市这种崭新的居住形式，经历了漫长的时间。在人类历史上最早出现城市，大约是在5 000~3 000年前。这些最早的城市出现于古巴比伦，即今天的伊拉克南部，是由苏美尔人所建造的。而后，在古埃及、古印度、中国及地中海沿岸国家，都出现了城市，到希腊和古罗马时期，城市有了进一步的发展。例如，在古希腊，希腊全境内形成了200多个城邦，每个城邦的中心就是一个城市，其中最有名的是斯巴达和雅典。而在罗马帝国建立后，随着经济的一度繁荣，城市建设也有了很大发展。但在这个时期，城市的规模还非常小，就拿比较发达的雅典（古希腊的一个城邦国家）来说，人口也没有超过10万人，只相当于我们今天一个大一点的镇。在古代中国，也有孟子的“五里之城，七里之廓”的说法。春秋战国时的城制规定，天子九里，公爵七里，侯爵、伯爵五里，子爵、男爵三里。可见规模也是很小的。

城市的出现是社会生产力发展、科学技术进步的结果，当时有轮车辆的发明，使运输更为便利，灌溉与冶炼技术的进步使农业与畜牧业更加发达，人们除了满足自己的消费外，有了一定的剩余产品，同时手工业的发展也产生了交换的需要。于是，在那些人来人往的大道上，出现了贸易场所，人们按照约定俗成的习惯，到那里去交换东西。开始交换时并不是永久性的，“日中为市”，交换完了，人走市散。天长日久，在集市上，当人们的东西卖不完时，就出现了一批人，他们把东西买下来，到下一次集市上出卖。这就是商人。慢慢地，他们专门盖起了房子出售商品，“市”也就固定化了。也正是在这个时期，或更早一些时候，人类社会从无阶级社会进入阶级社会，战争也伴随着阶级的产生而出现。人们为了防御敌人，建起环形的墙，这就是城堡。渐渐地，市与城堡合一，就是城市。因此历史上的城市，从其功能来说，主要是政治、文化和商业的中心，也有一些是军事的中心。

但尽管城市的出现在人类历史上至少已有5 000年，但到公元1800年，世界城市人口仅占世界人口总数的2%。近200年来，世界城市化趋势加快，方兴未艾的经济全球化更使各国城市以前所未有的规模和速度发展。城市不再是距离遥远、相互分离的孤岛。现代化的交通和通信手段，已经把全世界的城市编织成一个紧密联系的网络。如果说古代城市的发展是与农业的进步分不开的，那么，现代城市的出现就是与工业革命密切关联的。工业革命开创了一个崭新的时代。城市是工业的摇篮，绝大部分工业都集中于城市之中。因此，工业规模的扩大，势必给城市的发展以极大推动。

正因为如此，在工业革命时期，以及在工业革命以后的时间里，大批的工厂和其他企业在城市中兴建起来，工业生产随之成为城市中的主要活动。由于资本主义工业生产的发展，大量的工厂需要兴建，这就要求城市的规模不断扩大，并要大量兴建新的城市。而工业以及商业的发展,则需要大量的劳动力。由于城市人口的自然增长,虽然会有一部分新的劳动力加入劳动大军,但这个数量与工业发展所需要的劳动力相比,相差很远。这就势必带来农业劳动力向工业生产转移、农村人口向城市转移的问题。除了这条道路外,工业发展所需要的劳动力问题是无法解决的。在另一方面,即从农村的方面看,工业生产的发展也为这种人口的转移提供了必需的条件。因为,农村的劳动力要向工业转移,必须以农业劳动生产率的提高为前提。而工业生产的大量农业机械,则正好起到了这种作用。大量涌进农村的各种农业机械,使得农业生产越来越机械化,昔日一个人只能种几亩地,而在大量使用农业机械的情况下,一个农民就可以耕种几十亩、几百亩,甚至更多的土地。这样,农村中的剩余劳动力就一天一天地多起来了。这样,一方面是城市中需要大量的劳动力,另一方面是农村中出现了大量的剩余劳动力,在这种情况下,农业劳动力大批地涌入城市,就成为必然的趋势了。

在工业化的推动下,整个西方资本主义社会的城市发展速度是非常快的。这一方面表现在城市的数量大量增加,城市的规模不断扩大。在 1600 年的时候,欧洲万人以上的城市只有 14 个, 1800 年只有 22 个,但到了 1900 年,10 万人以上的城市增加到 138 个,到 1910 年又增加到 168 个。据统计,世界上的大都市,十之八九是在 19 世纪产生的。另一方面,城市人口在总人口中的占比越来越高。在 19 世纪末的时候,在世界上还没有哪一个国家的城市人口超过农村人口。但到了 1900 年,英国城市人口第一次超过了农村人口,成为城市化速度最快的一个国家。不久,美国、日本、法国、德国等这些主要资本主义国家的城市人口也相继超过农村人口。到 1980 年,根据联合国的统计,在发达国家,城市人口已经占总人口的 71.66%。

近年来城市化发展的另一个引人注目的现象是发展中国家城市的发展异常迅速。从历史上看,发展中国家由于经济落后,工业不发达,城市的发展是很缓慢的,大量的人口集中在农村。但是,从 20 世纪 50 年代开始,这种情况发生了根本的变化。近几十年来,发展中国家城市人口的增长异常迅速。

与发达国家的城市化相比,发展中国家的城市化具有以下几个特点:①城市人口与农村人口同时增长。在发达国家由于人口自然增长率低,随着城市人口的增加,农村人口大为减少。而发展中国家由于农村人口基数大、自然增长率高,农村人口绝对量的增长还是大于城市人口绝对量的增长。②在发展中国家的城市发展中,呈现两头快中间慢的趋势。也就是说,25 万人以下的小城市和 400 万人以上的大城市发展最快,而 50 万到 200 万人口的城市则发展缓慢,特别是特大城市人口集中的趋势最为明显。③发展的不平衡性。从大洲的分布来看,发展中国家的城市化以拉丁美洲为最高,已接近欧洲水平,特别是处于温带的南美洲,城市人口已占总人口的 80%以上,超过了欧洲和北美的水平。其次是东亚,最低的是非洲和南亚。

相反,在西方发达国家,在高度的城市化之后出现了一种“逆城市化”的进程。

1976年,美国著名地理学家贝利发表了一篇文章,题目为《城市化与逆城市化》,首先提出了"逆城市化"(counter-urbanization)概念。他认为:"在美国的城市经历中,出现了一个转折点:逆城市化代替了城市化而成为塑造国家居民点形式的主导力量。在其他西方国家也可以找到与此相似的趋势。"所谓逆城市化,就是城市数量的减少和城市规模缩小的趋势。逆城市化在美国表现最为突出,在西欧同家也同样存在。在1970年以前,西欧人口发展总的趋势是农村人口减少,城市人口增加。但进入70年代以后,则变为城乡人口都缓慢地增加。造成这种趋势的原因就在于,大量外国移民定居在大城市与工业区中,而本国的居民则迁往郊区与农村。

二、城市在现代社会生活中的中心作用

城市的大量出现对于一个社会的发展来说,有着极其重要的影响。因为任何城市都不是孤立存在的,它与周围的农村乃至整个社会紧密地连成一体,从而成为整个社会的中心。特别是在现代社会中,城市的中心作用显得更加突出。城市的中心作用往往表现在以下几个方面。

(一)经济中心

经济中心包括工业中心、商业中心、服务中心、交通枢纽等。早在古代城市刚刚产生的时候,某些城市就开始成为手工业的中心。例如,在我国的殷墟、临淄等地的考古发掘中,都曾发现具有一定规模的手工业遗址,如制陶、制骨、铸铜、铸钱等作坊的遗址。但在古代,更多的城市从经济上来说则是进行商品交易的中心。在近现代社会中,城市的经济中心作用有了进一步增强,出现了许多前所未有的工业中心,如钢都、油都、煤都、石油化工中心、有色金属中心、能源动力中心、军事工业中心、航天工业中心,以及汽车城、电机城、电子城、纺织城等。此外,还有不少综合性的工业中心。城市的经济产值在整个国家的国民生产总值中占有相当大的比重。城市作为经济中心的作用,使其实际影响范围远远超出城市本身。像纽约、伦敦、东京、上海这些大城市,往往是一个国家的经济基础,甚至对整个世界的经济活动都具有举足轻重的影响。

作为经济中心的城市的形成,要取决于地理位置、交通运输、经济结构等条件,而当这些条件发生变化的时候,城市的经济中心作用也会随之发生变化。美国早期密西西比河沿岸的繁荣城市,随着后来铁路和高速公路的修筑,已很难恢复旧观。东北部的一些老工业城市如底特律、匹兹堡等也曾盛极一时,但随着其主导工业汽车、钢铁的由盛转衰而正在拼命挣扎。日本的东京处在它的发展顶峰,然而超特大城市的交通、环境容量的局限性,正迫使它不得不寻求扩散的途径。我国古代的扬州和泉州等商业城市,都因河运、海运而盛极一时,又由于运输条件的变化而日趋衰落,留下一批极盛时期的历史文化遗产供人欣赏凭吊,昔日地位难以再现。广州的商业中心地位却始终未有大的衰落,而是一直向前发展。两百年以前还默默无闻的

上海,却后来居上,一百多年间跃升为世界最大城市之一。一些中小城市也出现同样情况。我国两千年来发展比较稳定的只有苏州等极少数城市。

(二)政治中心

在古代城市中,政治与军事的作用表现最为突出。因此,古代比较发达的城市大多是政治和军事中心。例如,我国古代的咸阳、长安、开封、洛阳,都是封建帝王定都的地方,都曾有过一时的繁荣。金陵(南京),数度成为国都,终成今天的一个特大城市。而古代燕园的都城蓟(今北京),从元朝以后,除明初、民初和国民党统治三次短暂的时间外,一直到现在都是全国的首都,并成为世界上最大的城市之一。此外,巴黎、伦敦、华盛顿、东京都是一个国家的政治中心。这些政治中心城市,可以划分为两种类型,一种是纯政治中心,其他方面的功能相对来说处于次要地位,特别是经济的功能不是很明显,如美国的首都华盛顿、巴西的首都巴西利亚,北京的发展方向也具有这样的特点。但从数量上说,作为纯政治中心的城市数量是很少的。更多的政治中心城市往往同时兼具多种功能。例如,东京既是日本的首都,又是全国最大的工商业中心;伦敦既是英国的政治中心,又是全国最大的工业城市。而地方性的政治中心城市,往往更是如此,如我国的省会、自治区首府,基本上都是这样。与政治中心相近的有一类城市,即军事中心城市。这类城市的建立,往往是出于军事上防御的需要,如我国南方的凭祥,西北的伊犁、塔城,东南的福州、厦门,东北的满洲里等。

因政治、军事中心兴起的城市,随着政治、军事形势的变化而起落。例如,国际上的政治中心,近几百年来已几度变换。西班牙、荷兰的首都的政治中心地位随其军事政治力量衰落而从其发展顶峰上掉下来了。“日不落帝国”的首都伦敦也结束了它历史上的国际政治中心的黄金时代,取而代之的是美国首都华盛顿的黄金美元政治。几十年的相对和平发展,使华盛顿在第二次世界大战后那种不可一世的地位越来越受到挑战。从更长远的历史来看,这种现象就更加频繁了。我国两千多年来的古都命运就是如此。“六代豪华春去也”的金陵,两千年来饱历沧桑,数度成为国都,1949年后,南京已作为新型的特大城市迎来新的春天。齐国都城临淄却遭遇另一种命运。从公元前868年到齐亡,六百余年,临淄一直作为都城,日益繁荣,达到过七万户,是同时代世界上最繁荣的大城市。尔后西汉二百年间,临淄继续发展,人口增加到十万户,成为当时全国六大中心城市(长安、洛阳、邯郸、临淄、宛、成都)之一,然而此后千余年却陡降为下邑,目前仅为一个小县所在地。在其废墟附近,中华人民共和国成立后却形成了新的大型工矿城市淄博。秦国都城咸阳附近,2 000年来发展绵延不断;长安曾是我国历史上强大的西汉和唐朝的首都,后来也未丧失西北重镇的地位。

(三)文化中心

文化中心包括科学中心、情报信息中心、教育中心、文学艺术中心等。维也纳以音乐之城而闻名于世,耶路撒冷、麦加、梵蒂冈等则以宗教中心吸引和影响着世界上无数的宗教信徒,而英国的牛津与剑桥、美国的普林斯顿则成为著名的教育名城。

文化中心城市的中心作用具有更大的开放性和辐射性。它主要靠中心作用本身的质量水平产生各种有形的或无形的影响。文化中心大部分不是独立存在的,而是依托政治、军事、生产、流通中心而存在和发展的。但其影响范围不一定完全一致。例如,中华人民共和国成立初期形成的一批大行政区范围的高教、科研中心,在大区撤销以后,仍然具有跨越省、自治区的大地域中心作用。

(四)国际活动中心

随着全球性社会的出现,整个世界正在成为一个有机的整体,从而导致了一大批作为国际活动中心的城市的出现,这些城市又被称为世界性都市,如东京、洛杉矶、旧金山、迈阿密、纽约、伦敦、巴黎、法兰克福、苏黎世、开罗、曼谷、新加坡,香港、墨西哥、圣保罗等。这些城市不仅控制着世界经济的生产和市场,同时又是重要的政治斗争场所。

三、城市化对社会生活的影响

人类居住场所的变化,是人类历史上具有深远影响的大事。因此,它对整个社会生活的影响是多方面的,比如对经济的影响、对政治的影响,等等,这里我们只简单地分析一下它对人们社会生活方式的影响。

在 1938 年,美国芝加哥大学的沃尔斯(Wirth)发表了一篇很有名的文章,叫作《作为一种生活方式的都市性》。在这篇文章中,他提出了一个发人深思的问题,即城市生活是一种特殊的生活方式。那么,与农村的生活方式相比,城市的生活方式具有哪些特点呢?我们可以归纳为以下几个方面;

第一,生活丰富而复杂。农村社区的生活是比较简单、单调的,而城市社区的生活则较为丰富、复杂,特别是非物质生活的比重要比农村生活高得多。在农村,每天的劳动时间都比较长,十几个小时的劳动时间是很平常的,而且劳动强度也较大,除了劳动和吃饭,早点睡觉是农村居民共同的习惯。由于远离政治中心,信息不畅通,农村居民对于政治活动的参与也是很少的,而文化生活就更为贫乏。相反,在城市中,劳动时间是固定的,劳动强度相对也比较低,加之所处的是政治、经济、文化中心,这就为城市居民提供了大量参与政治、文化活动的机会。

第二,生活的节奏快,精密性要求高。在农村社区中,农业生产劳动是依据自然条件、气候、季节而确定的,而这些自然条件的变化是很慢的,反映到生活上,是一种缓慢的调子,时间按照日出日落、上午下午、饭前饭后来确定,而这种规定性是很不严格的。相反,在城市中,由于人们主要从事的是工业生产,人们劳动和生活的节奏必须与机器运行的节奏相一致。时间是按小时、刻、分来计算的,并且要严格遵守。城市的生活节奏要比农村快得多,而精确性的要求也高得多。这种快节奏的生活,有时不免使人有一种紧张和疲劳的感觉。而这种疲劳,与农村中由劳动强度大而造成的疲劳是不同的,农村生活中的疲劳主要是生理上的,而都市生活中的疲劳主要是精神上的。

第三,交往上的表面化与事本主义。在农村社区中,地广人稀,村落的规模又很小,因此,一个人每天与之进行人际交往的人是极为有限的。而这极为有限的几个人,往往又是由血缘和地缘的纽带而联结起来的,他们之间互相熟悉,彼此了解,交往带有一种很强的个人性,甚至带有浓厚的感情色彩。而在城市中,由于人口密度大,生活复杂,一个人每天要同无数的人打交道,进行人际交往。

第四,文化的异质性。在农村中,文化基本上是同质性的。在城市中,不同的人们有着不同的文化。虽是住在同一条街道,甚至是同一个大队、同一栋楼房,或是在同一个单位工作,其文化的差异却可能是很大的。城市中的文化之所以是异质性的,是由多种原因造成的。一是人口的异质性,一个城市的居民往往来自五湖四海,当他们来到这个城市的时候,也把他们那个地方的文化带了进来。二是专业化的活动。在城市中,劳动分工更加复杂,专业化程度高,既有工业,又有商业、政治、文化、科学、教育等,而从事不同职业的人,其文化特点也是不同的。产业工人的豪放,知识分子的文雅,其间的差别是很大的。三是易于受到外来文化的影响。城市是一个开放系统,和外界存在广泛的文化交流,人口的流动性也大。这样,很容易受到外来文化的影响。

第五,个人的自主性强。在农村社区中,生活简单而单调。在这种简单的社会生活中,人们的社会行为大部分是一种传统性的行为,即以传统的行为规则为指导,而很少对自己的行为问个为什么。而在城市中,由于其生活复杂而多变,靠一些简单、固定的传统行为规范去指导人们的行为远远不够。因此,在城市中占主导地位的已不再是传统性行为,而是一种理性行为。指导这种行为的,不再是传统的要求,而是理智的考虑。哪件事要做,哪件事不要做,要做的事应怎样做,并不是依靠传统的指示,而是依赖于理性的启示。这样,就要求人们要善于思考、独立地进行判断和选择,如果没有这种自主的能力就不能适应城市生活。

第四节　中国的城市化道路

一、我国城市发展的状况

我国是世界上最早出现城市的国家之一。据考古发现,早在龙山文化时期就有了城，如山东章丘县城附近的子崖城址，距今已有四千年的历史。勤劳智慧的中国人民在城市建筑方面也表现出了杰出的聪明才智；早在春秋战国时代，我国劳动人民就因地制宜，建造了和江南水乡自然风貌浙成一色的阖闾城（今苏州城），被后人赞誉为“东方的威尼斯”。白居易曾描写这座城市“远近高低寺间出，东西南北桥相望，水道脉分棹鳞次，里闾棋布成册方”。又如，历经辽、金、元、明、清几代首都的北京，左环沧海，右拥太行，南襟河济，北枕居府，内跨中原，外控大漠，战略地位极其重要，始终是开国兴邦、雄视千古的名城重镇。从世界范围来看，从 11 世纪到 15 世纪，世界最大的城市始终在我国。

1949 年中华人民共和国成立时，我国城市人口占全国总人口的比重为 10. 6%。回顾近 70 年来我国城市发展历程，大致可分为这样几个阶段：1950—1957 年的健康发展阶段。这一阶段全国城镇人口的比重从 1949 年的 10. 6%上升到 1957 年的 15. 4%。第二阶段从 1958 年起至 1965 年，这一时期，我国城市人口出现急剧上升又迅速下降的局面。在 1958 年至 1960 年一段时期，由于盲目跃进，全国城镇人口从 1957 年的 9 949 万人猛增到 1960 年的 13 073 万人，三年净增 31. 4%，城镇人口占全国总人口的 19. 7%。随后不得不进行三年经济调整。到 1965 年，城镇人口占全国人口的百分比降为 14%。第三阶段从 1965 年至 1976 年，在这十年动乱期间，盲目地下放城镇居民、干部和青年，使城镇特别是小城镇的发展出现长期停滞状态。第四阶段从 1977 年至今。在这一阶段，我国城市走上了恢复发展道路。但总的来说，目前我国的城市化水平仍滞后于经济社会发展的要求。

城市化滞后的一个直接结果就是大量农民被甩在工业化的进程之外。这是一种分裂的工业化。于是，当工业开始大规模生产耐用消费品的时候，突然发现没有能够消费这些产品的大量消费者。

从消费总量分析，我国农村人口是城市人口的 3 倍，但消费总量仅为城市居民消费总量的 91%；从消费结构上分析，1998 年，城镇居民的恩格尔系数已下降到 0. 44，属于小康水平，而农村居民的恩格尔系数仍高达 0. 55，属于温饱水平，其消费支出仍以衣、食、住等生活必需品为主，在耐用品方面的消费仍相当低。例如，1998 年，彩电、冰箱、洗衣机在农村的普及率分别为 32. 59%、9. 25%和 22. 81%，大大低于在城镇的普及率 105%、90. 57%和 76%。如果再加上实物商品以外的文化、教育和服务等方面的消费，城乡消费差距可能会更加悬殊。国家统计局的一份研究参考资料也为上述见解提供了佐证：从消费水平看，1998 年，我国城镇人均消费 6 201 元，农村人均消费仅为 1 893 元，农村人均消费额仅为城市的 30. 51%。1999 年，农村居民人均消费水平 1 973 元，城镇居民为 6 665 元。从耐用消费品城乡拥有量看，1999 年底，农村居民家庭平均每百户拥有的彩电、电冰箱、洗衣机，基本相当于 1988 年城镇居民家庭的平均拥有水平。从消费数量、质量和结构上看，中国农村居民的消费水平至少比城市居民落后 10 年。

这样一来,农村居民对经济增长的贡献率就在不断下降。国务院发展研究中心的一份研究报告指出,农村居民消费对经济增长的贡献份额在整个 20 世纪 80 年代基本在 35%上下波动,90 年代以后,降到了 20%左右,减少了 15 个百分点。如果把城乡居民消费作为 100,农村居民消费已从 1979 年的 68 降到 1998 年的 47. 1,城市居民消费则从 32 提高到 52. 9。在城市消费品零售额中,乡村所占比重在 1978 年是 52%,1984 年达到最高的 59%,之后就直线下降,1997 年已降到 43. 4%。1996 年以来,各级政府和国务院有关部门把开拓农村市场作为重要工作,取得了一定成效。但统计部门的数字仍然显示,1999 年全国农村商品市场的销售总额增幅仍比城市低 0. 8 个百分点,差距比上年有所扩大。中国市场有 12 亿国民,但理应是消费主力的 9 亿农民却消费需求不足,人数上的优势从来没有使他们成为消费市场上的“主导者”。

二、经济转型与城市化进程

这里所说的经济转型是特指一个国家的工业化和经济发展从外延型增长阶段向内涵型增长阶段的转型。这个经济转型的过程与农村剩余劳动力向城市的转移有着密切的联系。从世界主要工业化国家的发展历程来看,大批农村剩余劳动力向城市的转移都是在外延型增长阶段发生的。因为外延型增长阶段的一个基本的特征就是,经济的增长主要是以工业中的劳动力人数的增加为基础的。因此,在这个阶段,急剧扩张的工业对劳动力有着旺盛的需求。而到了内涵型增长阶段,经济的增长将以技术的进步和劳动生产率的提高为基础,对劳动力的需求会出现停滞或下降,也就是出现技术排挤劳动力的现象。

如果按照这个逻辑来分析,就可以发现一个极为明显的问题,这就是,在我国的典型的外延型增长阶段,我们并没有解决农村剩余劳动力向城市转移的问题,或者说没有解决城市化的问题。从 1949 年到 20 世纪 80 年代中期,可以说是中国典型的外延型增长阶段。但在这样的一段时间里,除了在“大跃进”之前中国的城市人口有过较为迅速的增长之外,从 60 年代初到 70 年代末的近二十年时间里,中国的城市化进程实际上一直处于一种停滞的状态。换言之,在这个解决农村剩余劳动力向城市转移的最有利的时期,这个问题仍没有解决。而在改革开放不断深入的今天,当由于城乡分割的二元结构有所松动,农村中的剩余劳动力大量向城市涌来的时候,中国已经大体度过了外延型增长的阶段,进入了从外延型增长向内涵型增长转型的阶段。

这也就意味着,我国现在实际上是带着外延型增长阶段的人口结果开始向内涵型增长阶段过渡的。换句话来说,我国的城市化,或者说农村剩余劳动力向城市的转移,不是在外延型增长阶段完成的,而是要在从外延型增长阶段向内涵型增长阶段的过渡时期来实现这个任务。这一特点使我国的经济转型过程和农村剩余劳动力的转移过程明显有别于其他国家。其结果就是, 农村剩余劳动力的转移和工业从外延型增长向内涵型增长过渡这两个本来一个在先一个在后的过程, 在我国成为一个同步的过程。由于农村剩余劳动力的大批转移是与经济转型同步发生的,这就意味着,当农村剩余劳动力大量地向城市中的工业涌来的时候，工业对劳动力的需求下降了,因为其本身开始进入内涵发展阶段并主要依靠技术进步来实现增长。换言之，农村剩余劳动力向工业的转移是与工业中技术、资本对劳动力的排挤同时发生的。这样就使农村剩余劳动力的转移更为困难，转移出来的农村剩余劳动力更难于在城市工业中找到就业机会。

实际上只要分析近些年来我国的就业情况，就不难发现，这种技术和资本对劳动力的排挤，不仅在更为发达的城市工业中已经开始,即使在技术和资金情况较差的乡镇企业中也已经开始出现。人们通常所说的在20世纪80年代末的时候我国乡镇企业上了一个台阶，指的实际上就是从外延型增长向内涵型增长转型的过程。根据有关专家的研究，近些年来,我国乡镇企业的资本有机构成不断提高,每创造一个工作岗位需占用的固定资产不断增加。在1985年的时候，乡村工业企业平均每个劳动岗位需占用固定资产原值1 653.94元;但到了1992年,平均每个劳动岗位需占用的固定资产原值已经上升为6 726.03元。也就是说,在7年的时间里，乡镇企业的资本有机构成提高了4倍。换句话说,在1985年的时候，安置4个人就业所需要的资金,在1992年的时候只能安置1个人。由于资本形成的增长是一个受到各种条件限制的常规性过程，不可能是超常规的，因而，在既定的资本形成的条件下，乡镇企业吸收农村剩余劳动力的能力下降就是必然的了。也有学者指出,在改革早期的1987年，农业劳动力的比重曾高达70.5%，随着农业“超常规”增长时期的结束，1984年出现了中国农村工业化的高潮。1984—1987年，乡镇企业职工总人数达到8 800万人,比1983年增加了5 600万人，农业劳动力比重也从1983年的64%降至1987年的59.8%。但是在1987年以后，农村劳动力转移却出现了相对停滞状态。从乡镇企业职工人数看，1984—1987年平均年增加1 400万人，1989—1994年平均每年只吸纳530万人,进入90年代中期之后,乡镇企业职工人数甚至出现了负增长。从这里我们可以看到我们所面对的问题的严峻性。如果我们再将农村劳动力转移与工业经济转型两个过程同步化所造成的影响，与我国劳动力人数的巨大规模以及目前在城市中存在的大量失业现象这两个因素结合起来加以考虑,问题就会显得更为严重。

三、“世界工厂”:快速城市化的一个契机

在未来的几十年中加快实现我国城市化面临的一个现实难题是:在20世纪50—80年代最有利于实现城市化的时期,我们采取了人为地抑制城市化的政策,结果错过了实现城市化的最好时机;进入21世纪,在我们不得不迅速推进城市化的时候,工业和其他非农产业已经越来越依靠技术进步和资金投入,机器和技术排挤劳动力的现象已经日益突出,这样工业和其他非农产业的发展,已经很难为城市化创造条件。

但中国制造业的发展却会成为快速城市化的一个重要契机。有许多经济学家预测，加入世界贸易组织将使得中国经济在整个全球经济中重新定位，其中一个很现实的图景，就是中国成为世界的制造业中心，即成为“世界工厂”。目前，我国有许多行业的产值已经在世界上占据领先地位，电子信息产品、通信、家电、制鞋、五金制品、纺织服装等行业已形成全球最大的制造基地。有学者分析，这个趋势正在进一步加强，具体表现为如下三个趋势：①跨国企业的生产中心自 20 世纪 90 年代以来逐步向中国转移；②研发机构开始在中国设立；③跨国公司在华采购力度进一步加大。尽管有关人士对中国成为“世界工厂”还有着不同的看法和评价，但就总体来说，这无疑为我们提供了一次加速国民经济结构调整、迅速实现工业化的机会。可以说，中国成为“世界工厂”的过程，会对我国加速实现城市化起到重要的推动作用。

我国的珠江三角洲和长江三角洲地区，特别是珠江三角洲地区，是典型地通过引进外资，形成制造业中心，加速城市化的地区。在改革开放之前，广东省在经济上并不处于特别重要的地位。但在改革开放的过程中，通过外资的引入，以“三来一补”的形式，广东省迅速形成了制造业基地。深圳，过去不过是一个小渔村，现在已经成为现代化的大都市。曾经是一个农村县的东莞市，现在已经发展成为 IT 零部件厂商集中的地区。1999 年，以台湾企业为主的东莞市的 IT 产品出口额达 66.8 亿美元。据广东省统计局的一项调查显示，位于珠江三角洲地区的深圳、东莞、珠海、顺德、广州、佛山、中山和惠州 8 个城市居民的收入水平已经达到中等发达国家水平。移动电话持有率达到每户 1~2 部，每 10 户拥有 1~2 辆私家车，年人均可支配收入为 1 万~2 万元，人均实际消费也超过了 1 万元。深圳市的恩格尔系数已经低于 0.3，可以说是达到了富裕标准。经济的发展，为城市化的过程创造了必要的条件。

长江三角洲的发展，也得益于乡镇企业中制造业的发展。而在近些年来，这里开始成为制造业发展最为迅速的地区。在苏州，1993 年，台湾电脑厂家“宏基”的投资者最早来到这里，当时新区周围还都是农田，也没有像样的道路。现在，曾是农田的新区已经成为台湾厂商最为集中的地区。台湾企业在苏州的投资额高达 145 亿美元，占台湾对大陆投资总额的 1/5。昆山这样一个县级市，吸引了约 1 000 家台湾企业的投资，平均每一平方公里就有 1 家台湾企业，密度甚至超过台湾企业最为集中的广东省东莞市。台湾最大的 100 家企业中有 46 家在这里建有工厂。截止到 2001 年底，流入昆山的台资合同金额有 50 亿美元，实际金额 25 亿美元，相当于进入大陆的台资总额的 10%。这些制造业发展迅速而又集中的地区，无疑将会成为城市化最快的地区。

但是，同时我们也要看到，制造业中心的形成与城市化还不是一回事。例如，在珠江三角洲和长江三角洲地区，我们可以看到明显的反差。一方面是经济的快速发展和地区性整体经济实力的提高以及经济结构的变化，作为工业经济载体的城市在急剧扩张，比如东莞；但另一方面，在这些地区，城市人口占总人口比重的提高却是相当缓慢的。其中的一个基本因素就是,户籍制度限制了已经在非农产业中就业的人员进入城市而成为正式的城市居民。在这些地区,当地政府实际上采取了一种防止农村人进入的"城市保护主义"政策。户籍制度和地方政府的"城市保护主义"成为阻碍城市化进程的两个主要因素。

因此可以说,在成为"世界工厂"的过程中推进中国的城市化进程,迫切需要解决的一个问题就是,如何使已经进入非农产业部门的这2亿的劳动力及其家属成为城市人,特别是使那些已经在制造业集中的地区从事非农业劳动的劳动力和家属成为城市人。应当说,这也是一条更为现实的城市化道路。即使撇开户籍制度的因素不论,那些在北京和上海这样的大城市从事服务业和建筑业的农民工,要在这些大城市定居下来,面临着种种的制约因素。而在新兴的制造业中心,使得那些在这里就业的农村人口成为城市人,在这些地区形成新的城市地带,相对要容易得多。当然,这也需要种种配套的政策和措施。

思考题

1. 试述城市社区与农村社区的区别。
2. 如何看待我国城乡之间的二元结构及其变化?
3. 试述城市在现代社会生活中的作用。
4. 试述我国城市化的制约条件和发展契机。

推荐阅读书目

[1]郭书田,刘纯彬. 失衡的中国[M]. 石家庄:河北人民出版社,1990.

[2]刘易斯. 二元经济论[M]. 施炜,译. 北京:北京经济学院出版社,1989.

[3]孙立平. 断裂:20世纪90年代以来的中国社会[M]. 北京:社会科学文献出版社,2003.

[4]芒福德. 城市发展史:起源、演变和前景[M]. 倪文彦,译. 北京:中国建筑工业出版社,1989.

第九章

社会问题与社会控制

社会问题一直是社会学非常重视的研究领域，社会问题与社会本身一样，呈现出一定的过程性和动态性。在一定的历史和空间条件下，某种社会现象、某种社会行为违背了当时、当地的社会规范，就会影响正常的社会运行和社会生活，成为社会问题。于是，人们创造相应的制度，用制度去对社会问题进行防范和控制，社会就在平衡与失衡两种交替状态中向前发展。

第一节　社会问题

一、社会问题的界定

（一）社会问题的含义

究竟什么是社会问题，在社会学的研究中有许多不同的看法。

1. 美国社会学者富勒和迈尔斯的观点。20 世纪 40 年代，富勒和迈尔斯把社会问题定义为“被大多数人所承认的偏离他们某些社会规范的社会状况”。

2. 我国社会学者孙本文的观点。几乎在同一时期，我国社会学者孙本文总结归纳了当时国内外社会学者对社会问题的四种理解：一是从社会变迁和文化失调的角度来解释社会问题的产生；二是认为社会问题并无特殊内容，无论什么社会情况，只要引起社会上多数人的注意，并且需要社会集体采取行动来调整和补救的，就是社会问题；三是社会学中的社会心理学派的观点，认为社会问题不仅是一种见得到的现象，更是人们的一种心理状态，是一种价值判断；四是孙本文自己的见解，认为社会问题就是社会全体或一部分人的共同生活或社会进步发生障碍的问题。

3. 美国社会学者默顿和尼斯比的看法。20 世纪 60 年代，他们在《当代社会问题》中指出，社会问题既是一种客观行为，即违背社会规范的行为；又含有较强的主观意识,是被大多数社会成员视为违背社会规范的行为。否则,一种行为即使为某些人或某一团体所深恶痛绝,也未必构成社会问题。

尽管直到今天,社会学对何谓社会问题尚未得出一致的结论,但有一点看法是比较一致的,即一种社会现象要能成为社会问题,必须具备几个条件:首先,社会问题是对社会相当多成员产生影响的社会现象;其次,社会问题被该社会相当多的成员认为是违背其价值观念的;最后,社会问题是需要依靠社会各方面的力量才能得以解决或改善的。

(二)社会问题的特征

一般来说,社会问题的特征主要表现为:普遍性、复杂性、时间性和空间性。

1. 普遍性。社会问题的普遍性是指社会问题无所不在、无时不有,并且对社会成员的影响是普遍的。首先,社会问题在时空上具有普遍性。社会问题在任何社会、任何民族、任何国家或地区都是普遍存在的,但是不同的社会阶段、不同的社会制度和不同的社会领域所产生的社会问题的种类及其严重程度各有差别。社会问题与人类社会并存,从人类社会诞生之时起,社会问题就始终伴随社会的运行与发展,一刻也没有消失过。无论是古代社会还是现代社会,无论是资本主义社会还是社会主义社会,都存在社会问题。其次,社会问题的影响具有普遍性。不仅受社会问题影响的社会成员是普遍的,而且受社会问题影响的范围和领域也是普遍的。往往某一具体的社会问题,其影响要波及失调现象所属范围以外更广泛的领域。

2. 复杂性。社会问题的复杂性是指社会问题的产生原因、表现形式以及社会后果等方面的复杂性质,即社会问题是由多种因素复合而成的,常常是几种社会问题同时并存,并产生一系列的社会后果。例如犯罪问题,如果我们简单地将其看作一个违反法律的问题,可能会失之片面,无法对犯罪产生的根源、对社会的危害以及罪犯改造等相关问题进行很好的认识。从犯罪产生的原因看,既可能有个人品质方面的原因,又可能有家庭背景方面的原因,还可能有社会环境以及法律制度等多方面的原因。就其结果而言,犯罪可以改变一个人的人生道路,可以致使家庭破裂,也可以影响社会安定,给群众带来不安全感,等等。因此,对类似的社会问题的复杂性,必须全面认识、综合考虑才能解决。

3. 时间性。社会问题的时间性主要是指在不同历史时代和历史条件下,社会问题的表现形式和性质各不相同。第一,特定的社会问题是特定的社会历史条件的产物,有些社会现象此时成为社会问题,彼时就不一定是社会问题。第二,同一类问题,在不同的历史条件下会有不同形态的表现,而人们对社会问题的认识程度亦会随着时间的推移而发生变化。

4. 空间性。社会问题的空间性表现为在不同的地区、民族或社会里,社会问题的表现形式和性质各不相同。虽然每个社会都存在社会问题,但不同地区、民族或社会的社会问题性质不尽相同。例如,美国遇到的某些社会问题,可能与中国遇到的某些社会问题就很不一样。有些社会问题在一些地区是全局性的,而在有些地区可能只是局部性的。此外,同类型的问题,在不同社会也可能有不同的表现形式。例如,环境问题在发达国家和发展中国家的表现形式就不一样。

社会问题的普遍性、复杂性、时间性与空间性特征表明,中国社会在不同时期、不同地区都可能存在不同的社会问题,这些问题既不同于以往中国的社会问题,也不同于其他国家的社会问题,有其自身的规律和特点。这就要求我们具体情况具体分析,分析这些社会问题产生的根源并寻求相应的对策。

(三)社会问题的类型

由于现代社会的社会问题纷繁复杂,类型繁多,学者们至今尚未找到统一的类型划分标准。目前,比较有代表性的划分方法有如下几种。

1. 按社会问题发生的领域来划分,有三种不同的视角:一种是将社会问题分为政治性社会问题、经济性社会问题、文化性社会问题和日常生活中的社会问题;一种是将社会问题分为社会性的社会问题、制度性的社会问题和个人性的社会问题;一种是将社会问题分为个人对社会的适应性问题、社会结构方面的缺憾、个人日常生活适应的失败、经济政治问题和社会政策问题。

2. 按社会问题的具体表现形式来划分,将其分为人口问题、环境问题、劳工问题、贫困问题、教育问题、家庭问题、交通问题、犯罪问题等。

3. 按社会问题产生的历史条件与地区差异来划分,可分为普遍性社会问题与特殊性社会问题。普遍性社会问题是指在一定时期内普遍发生在各个地区或国家的社会问题,特殊性社会问题是指在一定时期内发生在某类或某个地区或国家的社会问题。

4. 按社会问题产生的根源来划分,可分为结构失调性社会问题与功能失调性社会问题。前者是指由于社会结构失调而产生的社会问题,后者是指由于社会结构存在某些障碍或病变而没有发挥应有功能所产生的社会问题。

二、有关社会问题的研究视角

近些年来,社会学对社会问题的研究主要有以下几种不同的视角,他们分别从不同的角度阐述了自己的观点,为人们深入了解社会问题的成因、表现形式、后果等提供了有益的启示和帮助。

(一)社会病理学

社会病理学是20世纪初期美国的一些社会学者所持有的观点,其理论基础是斯宾塞的有机体类比法:把社会看成一个结构复杂的有机体,政府是有机体的头脑,邮政服务是有机体的神经系统,警察是有机体的长手臂。各部门相互依赖,凡妨碍有机体正常运行的人或情况皆可视为社会问题。社会问题就像有害菌体侵袭人类健康一样影响人类社会,必须加以清除。他们认为,社会病态是指社会关系中不协调的现象,包括个人违背了社会道德的期望,无法适应社会生活,无法以独立的姿态奉献社会,并促进社会平稳持续进展;同时,剧烈的社会变迁使某些个人的社会化无法顺利进行甚至失败等。

第一次世界大战之后,社会病理学理论的发展趋于缓慢,逐渐衰退。到 20 世纪 60 年代,受文化相对论观念的影响,社会病理学的观点受到挑战,于是一些社会学者就对该学派的观点做了若干修正:第一,判断某社会现象是常态还是病态,必须相对特定的社会结构而言。适合于该社会结构,为其接纳的就是常态,反之即病态。第二,在社会变迁中,某些被视为"不正常"的现象,不排除具有"正"功能而非完全是"负"功能。早期社会学者相对保守,把优生学运动看作是解决社会问题的主要方法,晚期社会学者则比较自由和激进,认为治疗有问题的制度才可以改变人们的价值观念。

(二)社会解组论

与社会病理学不同,社会解组论注重的不是个人而是社会规则,强调从社会结构的角度来看待社会问题。盛行于 1918—1935 年的社会解组论,以当时萌芽的社会组织理论为基础。社会组织理论认为社会是一个复杂而充满活力的系统,是一种有组织的情境,在这个社会系统中,各个部分是相互联系、相互协调的。一旦出现某事件改变了某部分功能,其他部分必须重新协调来适应这种变化,否则就会使各部分彼此脱节,丧失其效用,各部分之间缺乏适应或适应不良就会产生社会解组现象,逐渐造成社会问题。

社会解组论认为,在以下三种情况下会出现社会解组:一是缺乏足够的规则来引导人们的行为,二是各项规则相互矛盾使人们无所适从,三是传统崩溃使社会失去控制力。造成社会解组的根本原因是社会的快速变迁,人口的迁移、都市化的加速以及科学技术的发展都可能破坏原社会的有组织的情境,而在社会系统内部各部门速度不一的变化造成文化堕距,从而产生一系列的社会问题。就个人而言,社会解组带来紧张和压力,造成个人解组,如患上心理疾病或酒精中毒等。就系统而言,社会解组带来三种后果:第一是系统内部调整,重回平衡局面;第二是虽有部分解组存在,但整个系统仍持续运作;第三是造成极度混乱,致使整个系统遭到毁灭。社会问题的产生是社会解组引起的,对社会问题最有效的解决方法是尽快重建社会秩序,完善社会体系。

(三)价值冲突论

价值冲突论认为,社会问题的产生主要来源于社会不同群体之间的价值和利益冲突。价值冲突论指出,社会问题之所以不可避免,并非因为社会解组的缘故,而是由于不同的群体拥有不同的价值,追求不同的利益,彼此对立,一旦双方发生摩擦，就滋生出社会问题。因此，社会问题可以从两个方面予以界定：一是从客观情况看，即不同群体在相互接触和竞争中会产生利益冲突；二是从主观意识看，不同群体对接触和竞争的方式、对物质和权力的分配方式均存在认识差异，由此也会发生冲突。

价值冲突论认为可以使用三种方法来解决反映在社会问题中的利益与价值的分裂状况：一种方法是当甲乙双方寻求到彼此认同的更高价值的话，可依据该价值，通过协议解决双方冲突；另一种方法是当甲乙双方各持己见，开始讨价还价，那么可以在充分讨论的过程中进行价值交易来解决冲突；还有一种方法是拥有更多权力的甲方从一开始就掌握控制权，无须通过协议或价值交易就压制了乙方的意愿，解决了冲突。

价值冲突论对社会问题的研究，将理论、探讨和应用结合在一起，不仅丰富了社会学理论，也促进了应用社会学的发展。

（四）偏差行为理论

所谓偏差行为，是指社会成员的行为偏离了某地位所规定的角色行为，违反了社会所期望的规范。偏差行为理论产生的基础是社会结构学派和社会过程学派对失范行为和偏差行为的研究，因此，该理论在对偏差行为产生的原因的解释以及解决偏差行为的方法方面也就有两种观点：

一种观点认为社会问题或偏差行为的产生不完全是因为价值冲突，也不一定是社会解组所造成的，还可能是社会提供给人们的机会不均等，使得一部分人通过合法的途径可以顺利达到目标，而另一部分人却没有合法的途径，只好铤而走险，参与偏差行为。例如，在美国，挣大钱、取得物质上的成功是一种具有普遍意义的目标，但对下层百姓来讲，社会并没有向他们提供一条通往该目标的合法途径。这样就使得下层百姓滋生挫折感，甚至冒违法的风险去偷去抢，以达到追求富裕的目标。因而该观点认为，要解决偏差行为造成的社会问题，最好的方法是重新分配生活机遇。

另一种观点认为偏差行为的产生虽受社会解组的影响，但并非由社会解组直接造成，偏差行为是不恰当的社会化的结果。个人在所属初级群体中学习行为规范，如果该初级群体的行为模式偏离社会期望，那么个人就会在社会化过程中不知不觉学会偏差行为。因而解决偏差行为的方法是重新社会化，鼓励人们增进与合法行为模式的联系，同时劝阻人们减少与非法行为模式的接触，以免受到不良影响。

偏差行为理论强调的是角色，把研究重点放在偏差行为产生的原因、偏差行为的系统以及对偏差行为的社会控制等方面。

（五）标签论

标签论源自米德的象征互动主义，与前面几种理论的研究视角不同，标签论不是从客观条件去探讨社会问题，而是侧重于在主观方面探讨社会问题。标签论认为，社会问题就是对违反社会规范或社会期望所产生的社会反应。在社会群体中，偏差的产生是为了替那些犯法、构成偏差的人制定规则，并且将这些规则应用到特别的人物身上，将他们贴标签为“外来者”。因此，偏差并非个人行动的本质，而是由个别人利用规则制裁犯罪者才产生的结果，偏差行为者即是被贴上标签的人，偏差行为即为人们加以标签的行为。

当个人或某种社会状况被贴上“有问题”或“偏差”的标签，就会导致人类关系重新组合，往往促成更多的“问题”与“偏差”。一个曾犯过罪的人，出狱后如果被原生活环境中的人们贴上“罪犯”的标签，他就很难获得一般的工作机会，最终为了维持生计只好再次走上犯罪道路。因此，首先要改变定义，以宽容的态度对待某些原本要贴上“社会问题”标签的人与状况，减少社会问题的出现率；其次，要为某些已经向好的方向转变的人或状况，除去“社会问题”的标签，以消减负面效应。

（六）社会建构论

社会建构论源自对社会属性问题的思考。在社会学界，社会的属性长期被两种观点所占领：以涂尔干为代表的实证主义者认为社会是客观的，而以韦伯为代表的反实证主义者则认为社会是具有主观意义的。1966 年，伯格和卢克曼出版了《实在的社会建构》一书，在书中，他们突破常规，将两种属性融为一体，认为日常生活是外化、客观化、内化的统一，即社会既是客观事实，也具有主观意义，应该从“客观事实是如何被主观建构”的角度进行分析。

社会建构论认为，社会问题的出现是社会建构的结果。社会问题外表看似是客观事实，但内部却隐藏其他的多项影响因素，因此需要对社会问题进行主观性分析、过程性分析，而不仅仅是客观性分析。首先，社会问题的产生，要经历一个由不同的社会群体和社会力量参与其中、对问题事实不断进行社会建构的过程，因此社会问题带有主观性和建构性。其次，社会问题的解决，相当于一个过程中的社会行动，各个行动群体之间的互动和协商非常重要，往往决定了问题的边界和问题的解决方法，因此，需要关注参与社会问题解决的各方行动主体及其互动。

信念、价值、意义等信仰体系的合法化在社会建构当中是非常重要的环节。其中，“话语论述”的建构是行动者赖以组织情境和达到实践目的的主要手段，是导致意义和意义产生的习惯性行为的基础。例如，社会建构论关注“谁在开始把事态界定为问题”“他们设计了什么样的限定”“人们对问题的判定是如何说服别人的”“其他人如何对待他们的抱怨”“抱怨者与反应者之间的互动结果是什么”，等等。正如维特根斯坦所言，语言游戏是多样的、具体的，并且在文化上是共享的。它可分为提出问题、讲述情节、给定秩序和描绘客体等方面，进而每一类语言游戏与日常生活中的一种活动相互关联。正是在语言游戏与活动的相互关联中，行动者为赋予自己和他人行动以意义而建构社会情境脉络。

社会建构主义尽管因为过分强调主观，忽视了客观以及情景因素等而受到其他学派的指责,但是,它的反思取向以及重视过程及事态与相关现象的联系等特征则为深入分析社会问题提供了非常独特的贡献。

(七)批判理论

批判理论对社会问题的研究视角与前面几种有很大的不同,它的主要着眼点在宏观社会结构、社会制度与阶级关系方面。批判理论认为,社会问题之所以成为问题,完全是由统治阶级或者政治权力和其他强权一手造成的,社会问题产生的根源是不平等、不合理的社会制度。因此,恢复人的基本价值,调整统治阶级与被统治阶级之间的关系,是解决社会问题最深层和最根本的方法。

批判理论来源于马克思主义的矛盾论、二分法以及社会革命论等原理和方法,其矛头直指现存的不合理制度。实际上,某些社会问题的根源确实是在结构与制度方面,如果只是治标不治本的话,的确难以彻底解决问题。

第二节 中国转型时期的若干社会问题

有学者指出,转型时期中国社会的社会问题是历史遗留问题与转型中产生的问题的叠加,我们既要背上历史留给我们的重负,又不得不接受转型的伴生物,这使得中国社会转型的步履更艰难。随着社会转型的深入进行,与社会转型相伴而生的某些社会问题会逐渐消失,一些历史遗留问题会逐步得到解决,但中国的社会问题并不会从此绝迹,仍然会以其他形式表现出来,这是由社会问题的普遍性决定的。在中国社会转型的历史时期,社会问题的突发性、多面性和交织性等特征使得我们在解决社会问题的时候需要付出相当多的时间、精力,甚至一定的社会代价。

一、环境问题

环境问题也是当今世界所必须面对的一个重要问题。近年来,随着人口的增长、经济的发展和人民消费水平的不断提高,中国的资源和环境面临着越来越大的压力。大力加强环境保护,积极推进可持续发展,已经成为我国的基本国策。

(一)环境问题的概念

环境问题主要是指生态环境问题,一般分为两种:一种主要是由环境自身变化引起的问题,又称原生环境问题,或第一环境问题,如火山爆发、地震、台风、海啸、洪水、旱灾等导致的环境破坏。另一种主要是由人类活动引起的问题,也叫次生环境问题,或第二环境问题。后者又可分为两类:一类是不合理开发利用自然资源,使自然环境遭受破坏,也就是通常所说的生态破坏问题;另一类是由城市化和工农业高速发展而引起的环境污染问题。原生和次生两种环境问题,实际上很难截然分开,常常相互影响,相互作用,彼此重叠发生,形成所谓的“复合效应”,使得环境问题变得更加复杂,危害更加严重。

(二)环境问题成立的前提条件

1. 环境承载力的限度。所谓环境承载力,是指在某一时期、某种状态或条件下,某地区的环境所能承受的人类活动作用的阈值。

2. 技术的有限性。这里既指技术种类的有限性,又指技术功能的有限性,更指技术开发的有限性。在特定的社会经济发展阶段,人类难以迅速通过技术进步获得新的生存空间(比如说再找到一个地球),或取得社会经济发展所必需的替代资源。因此,现有环境遭到破坏就成了一个"问题"。

3. 人类生命的价值与尊严。如果从极端的意义上考虑,所谓环境问题也就不存在了,至少不是那么引人注目。这种极端的考虑就是:地球自身是有生命年限的,甚至太阳也如此,它们最终与人一样,都将面临生命终结的命运,这种规律是不可抗拒的。从这种极端的角度出发谈论环境问题,环境保护显得有些苍白无力。然而,与命运抗争,让生命增辉,正是人类伟大精神之所在。在这种抗争中,体现了生命的价值和人类的尊严。尊重人类及其后代的生命价值,是关注环境问题的出发点。

4. 通过人类行动改善环境的可能。在我们提出环境问题并谈论环境保护时,实际上意味着通过人类的主观努力,环境状况的改善是有可能的。如果面对一种毫无办法的情况,就没有必要把它当作"问题"提出来,因为提出来也是枉然。研究表明,环境问题在很大程度上是人类活动不当的结果;同时,现实的经验也表明,只要切实地付出努力,环境状况确实可以得到改善。

(三)目前世界及中国的环境问题

从世界范围看,所谓环境问题,主要是与以下一些内容紧密相关的:①土地资源严重流失,荒漠化面积越来越大;②森林资源越来越少,热带雨林破坏严重;③水资源,特别是淡水资源面临危机;④城市恶性膨胀;⑤垃圾成灾;⑥物种不断减少,野生动植物大量灭绝;⑦世界人口急剧增加;⑧渔业资源急剧减少;⑨臭氧层破坏;⑩全球变暖;⑪酸雨污染;⑫水域严重污染;⑬放射性污染和有毒化学品(包括农药)污染普遍增加。其中,臭氧层破坏、全球变暖和酸雨也被称为三大全球性环境问题。

从中国的情况看,我国目前所面临的一些具体环境问题有大气污染、水污染、噪声污染、风沙、生活垃圾污染、绿化不足、森林破坏、公共场所污染、农药污染、荒漠化、工业垃圾污染、海域污染、野生动植物减少、耕地减少和质量下降等。

中国环境状况的持续恶化,已经造成多方面的消极后果,并成为制约我国现代化建设的最主要因素之一。根据世界银行的报告:①在中国的主要城市中,估计每年有17.8万人由于大气污染的危害而过早死亡;②来源于生活及取暖用煤和生物质燃料燃烧造成的室内空气污染每年造成约11.1万例早亡;③由于大气污染致病而造成的工作日损失达740万人/年;④水污染使得很多河流的水质连灌溉标准都达不到,成千上万的城乡居民的生活饮用水源受到威胁;⑤酸雨影响已经危及全国10%的土地面积,受影响地区内农作物及林业生产率平均下降了3%;⑥在沈阳、上海及其他一些主要城市,接受调查的儿童血液中铅含量平均超过被认为对智力发展不利水平的80%。

二、人口问题

中国是世界上人口最多的国家,人口问题在现在和将来相当长的一段时期内都特别突出。从1949年新中国成立初期到1970年,中国一直保持着巨大的人口规模和劳动年龄人口规模,加之受教育水平不断提高,为经济发展提供了丰富且优质的劳动力资源。自20世纪70年代末中国开始实行计划生育政策以来,生育率迅速下降,90年代之后的人口自然增长率一直以较快速度下降。到2022年,总人口已达到峰值,人口规模持续下降,给经济社会发展带来了新的挑战,需要及时采取措施加以有效和科学地应对。2020年第七次全国人口普查数据公报显示,我国总人口(含港澳台)为14.43亿多人。与第六次全国人口普查相比,十年增长5.38%,年均增长0.53%。这比2000年到2010年的年均增长率下降0.04个百分点。人口学者穆光宗指出,改革开放以来,中国经过40多年急剧的人口转变,目前已经不可阻挡地进入了人口少子化和老龄化并存、人口性别生态严重失衡、人口快速向城市集聚的人口新时期和新常态。即伴随着低生育目标的实现,中国人口问题也随之转变,从人口总量问题转向人口结构问题。

(一)长期保持较高的人口自然增长率已转变为负值

中国1980年以来在相当长时间里保持了较高的人口自然增长率。1980—1993年,中国人口自然增长率一直在10‰~20‰;1994—2017年,中国人口自然增长率处于5‰~10‰。根据国家统计局的数据,1980年中国(大陆地区)总人口为9.87亿人,1981年超过10亿人,之后一直稳定增长。1988年超过11亿人,1995年超过12亿人,2005年超过13亿人,2017年超过14亿人,2021年达到14.13亿人。2022年,总人口达到峰值,比2021年减少85万人,为14.12亿人。自2018年以来,人口自然增长率大幅度下降,从2018年的4‰下降至2021年的0.2‰。《中华人民共和国2022年国民经济和社会发展统计公报》显示,2022年全年出生人口956万人,人口出生率为6.77‰;死亡人口1 041万人,死亡率为7.37‰;人口自然增长率为-0.6‰。中国人口自然增长率自2023年变为负值,之后将持续下降;据预测,2035年为-2.6‰,2050年将进一步下降至-6.3‰。

(二)低生育率和少子化

中国目前的生育率很低,平均生育水平大致在1.3以下,基本处于全球最低水平。少子化指0~14岁的少儿人口增量减少、比重下降的过程以及生育率持续低迷的趋势和现象。少子化在15~20年后会导致“少劳化”，即新增劳动年龄人口(16~59岁)总量萎缩乃至供应不足。根据国家统计局的数据，0~14岁的人口比例，1990年为27.69%；2000年为22.89%；2010年为16.6%；2020年为17.95%。从20世纪70年代末开始，中国实行“一对夫妇只生一个孩子”的计划生育政策。其内容是提倡晚婚晚育、少生优生。自此，中国的生育率开始大幅度下降。同时，随着女性受教育程度不断提高，女性社会角色越来越多元化，女性开始重视个人事业和人生发展。在生育成本和教育成本居高不下的情况下，很多育龄女性主动选择晚婚晚育、婚而不育，甚至不婚不育。2021年《人口与计划生育法》进一步修订，实行一对夫妇可生育三个孩子政策。但目前来看，生育政策的调整并未起到令人满意的提高生育率的效果，长期低生育和少子化不可避免地会削弱人口可持续发展的潜力。

(三)老年人口数量和比例持续提高

2020年，我国60岁以上老年人口超过2.6亿人，占比达到18.7%；65岁以上老年人口超过1.9亿人，占比达到13.5%。根据国际对老龄化的划分标准，中国已经进入轻度老龄化阶段，且即将迈入中度老龄化阶段，老年人口比例不断提高。据预测，2034年中国的老年人口比例将超过21%，进入高度老龄社会。有学者认为，中国人口老龄化的最大特征是“未富先老”或“边富边老”。在经济发展和计划生育政策的双重作用下，中国用不到30年的时间，走完了发达国家经过上百年才完成的人口转变过程。中国经济处在世界中等发展国家水平的情况下，提前迎来了老龄化社会。这种“未富先老”“边富边老”的人口特征对经济社会发展产生了重要影响，只有更好地应对人口老龄化，才能实现可持续发展。学者们呼吁应随着经济发展水平的提升，形成与人口老龄化相适应的经济发展模式，及时完善各项应对人口老龄化的措施，尽量做到有备而老。当前，我国正在实施积极应对人口老龄化国家战略，通过国家战略的实施，统筹各项应对人口老龄化的政策，努力解决现阶段面临的各种人口问题，促进人口长期均衡发展，创造有利于实现高质量发展的人口条件。

三、弱势群体与社会排斥问题

(一)弱势群体的含义

弱势群体，通常与脆弱群体、底层群体等概念联系在一起，但它们之间的含义各有侧重。弱势群体的概念，有一些比较的意义在里面，主要是相对于强势群体在政治、经济、文化和生理、心理等方面的优势而言的，处于不利地位的那些人群。学者们从不同的方面和角度对弱势群体进行了界定，使用比较广泛的一个定义是，所谓社会弱势群体是指那些由于某些障碍及缺乏经济、政治和社会机会而在社会上处于不利地位的人群。

弱势群体并未形成真正的群体，其内部可能没有组织化，它是同类处于不利地位的社会成员的集合。一般说来,弱势群体主要包括儿童、老年人、残疾人、精神病患者、失业者和贫困者。在有些国家和地区,弱势群体还包括单身母亲、吸毒者、酗酒者等。这些人之所以被认为是弱势群体,是因为在现有的社会制度和政策安排下,他们在经济、政治和社会生活中不得不处于较低地位,同主流人群非常不同。

(二)弱势群体的特征

1. 生物性特征。弱势群体的生物性特征包括两个方面,一是指那些在生命周期中处于非生产或依赖性阶段的人群,如老人、儿童等;二是指由于一些特殊的事件,生命有机体处于低度自我维持状态的人群,如残疾人、体弱多病者等。

2. 社会性特征。弱势群体的社会性特征也包括两个方面:一是指生产、政治、社会活动等的低参与者;二是指具有较低的自我满足能力和交换能力的个人,如失业者、贫困者等。

(三)弱势群体形成的原因

一般而言,就个体的直接原因来说,弱势群体的出现是因为他们的个人能力不足;深层原因则是社会结构的缺陷,即社会设置的安排有问题。具体说来,社会弱势群体的出现,既有生理方面的原因,又有社会方面,即经济、政治和文化方面的原因。特别是社会因素的影响更为重要,有时甚至是关键的。如果社会给生理能力较弱者以充分支持,他们也可以不沦为社会弱者,或者说,可以把他们的弱势处境减少到最低限度。

1. 社会结构的不合理、不公平。社会批判学派把弱势群体的出现归结为社会制度、社会结构的不公平与不合理。在社会分层研究中,学者们越来越把失业、贫困、疾病、不发展等现象同社会制度的不公平联系起来,认为主要是社会制度方面的原因,使某些社会成员缺乏权力和竞争能力而陷入困境。

2. 社会福利的不完备、不健全。根据现代社会的公民权理论,公民权由公民的民事权利、政治权利和社会权利组成,而社会权利主要体现在教育制度和社会福利方面,即意味着所有拥有完全公民资格的公民都有享受社会服务和社会福利的权利。因此,弱势群体产生于社会福利制度的不完备和不公平,因为在福利能够充分满足人们需求的情况下,社会弱者是不存在的。

(四)中国社会的弱势群体

总体上说,中国社会的弱势群体可以分为两大部分:

1. 自然性弱势群体。自然性弱势群体是指受自然灾害、自然环境影响而产生的弱势人群,这部分弱势群体是任何社会都存在的不幸者,相对来说,他们与社会不公和社会稳定的关系不是那么直接和密切。但这绝不是说,他们可以被忽视。社会应当关注他们、救助他们,尽可能地减少他们的不幸。

2. 社会性弱势群体。社会性弱势群体主要是在社会转型过程中出现的。随着经济体制改革和社会结构变迁,有一部分社会成员不适应变化而被甩到边缘地带,在社会利益的新的分配格局中被弱势化,逐步转变为弱势群体,如城乡贫困人口、经济结构调整进程中出现的失业和下岗职工、残疾人、灾难中的求助者、农民工等。他们是与社会不公相联系的弱势群体,是有相对剥夺感或强烈相对剥夺感的弱势群体,与社会稳定直接、密切相关。

(五) 社会排斥与弱势群体

社会排斥是把属于某些群体的人排斥在社会主流之外的一种机制,与社会排斥相对应的是社会接纳,意指一个社会的所有成员在形式上和现实中拥有民事权、政治权、社会权及相应的义务,主要指拥有平等的参与机会。社会排斥还包括自我排斥,即由于长期处于不利的社会地位和资源获得状况,自愿将自己放在公共空间之外,疏远于主流社会。社会排斥具有再生产的性质,最初的优势获得者会增加自己获取权利和优势的机会,因此,最初的微小的边际差异可能会导致后来的巨大社会差异。而这种差距观念的留存及自我排斥将对弱势群体走出不利境况产生极大的负面影响。

当强势群体或社会主导群体已经握有社会权力,不愿意别人分享时,社会排斥便发生了。针对弱势群体的"社会排斥",是指社会主导群体在社会意识和政策法规等不同层面上对边缘化的弱势群体的社会排斥。弱势群体"往往由于民族、等级地位、地理位置、性别以及无能力等原因而遭到排斥。特别严重的是除影响到他们命运的决策之处,根本听不到他们的声音"。这是非常危险的,所以,社会福利制度的安排和社会政策的干预,将在很大程度上制约着弱势群体能否改变自己的弱势地位。

第三节　社会控制

一、社会控制的概念

社会学意义上的社会控制,最早是由美国社会学者罗斯在 1901 年出版的《社会控制》一书中提出来的。他认为,社会控制是社会对人的动物本性的控制,是一种有意识、有目的的社会统治。罗斯认为,社会控制可包括三类:一是对于意志的社会控制;二是对于情感的社会控制;三是对于判断的社会控制。社会控制的目的在于限制人们发生不利于社会的行为。这接近于今天对狭义社会控制的理解。狭义的社会控制,是相对于狭义的"社会问题"而言的。社会问题,只有当它发展到相当严重的程度时,才会引起人们的关注,才会想到应该采取某种措施进行干预,即控制。广义的社会控制是指社会组织体系运用社会规范以及与之相应的手段和方式,对社会成员(包括社会个体、社会群体及社会组织)的社会行为及价值观念进行指导和约束,对各类社会关系进行调节和制约的过程。

二、社会控制的类型

从不同的角度对社会控制进行分类,可以将社会控制分为不同的类型。一般可以分为以下四种:

(一)正式控制与非正式控制

正式控制又称制度化控制,是指以明文规定的形式向社会成员说明"什么可为""什么不可为"的控制类型,如政权、法律、纪律、规章及各种具体社会制度等。非正式控制又称非制度化控制,是指以风俗、习惯的形式控制社会成员的控制类型,虽然"什么可为""什么不可为"并无明文规定,但社会成员经过社会化过程后对此都已非常清楚。

(二)外在控制与内在控制

外在控制是社会依靠社会力量促使社会成员服从社会规范的控制类型,它以社会力量的强制性作为其发挥作用的基础。内在控制又称自我控制,是指社会成员在内化社会规范的基础上,自觉地用社会规范约束和检点自己的价值观与行为方式。

(三)硬控制与软控制

硬控制是指运用强制性控制手段,如政权、法律、纪律等对社会成员的价值观、行为方式实行控制,因而又称为强制性控制。软控制是指运用非强制性控制手段,如风俗习惯、伦理道德、社会舆论等对社会成员的价值观和行为方式实行控制,因而又称为非强制性控制。

(四)积极性控制与消极性控制

积极性控制是指运用舆论、宣传、教育等措施引导社会成员的价值观和行为方式,预防社会越轨行为的产生。消极性控制是指运用惩罚性手段对已经产生的社会越轨行为进行制裁。

三、社会控制的功能

(一)社会控制的正功能

社会控制的正功能是保证社会主导的价值观与行为方式在某种程度上得以贯彻并延续下去。简言之,就是维持社会正常秩序。具体来看,社会控制的正功能有以下三点:

第一,保持社会稳定。由于种种原因,人们并不总是能自觉地遵守既定的行为规范,尤其在社会急剧变动时期,原有的固定模式和僵化观念受到了冲击,使现有行为规范的权威性受到挑战,从而可能导致个人和社会群体偏离社会规范的行为增多。社会控制可以协调个人与社会、社会各部分之间的平衡，保持社会稳定。

第二，维持社会秩序。社会控制可以通过规定各社会群体或社会集团的社会地位、社会权利和义务，限制它们之间利益竞争的范围，调整它们之间的利益关系，避免产生大规模的对抗性冲突，从而维持社会的正常秩序。

第三，促进社会发展。社会控制既着眼于社会稳定又着眼于社会发展，通过协调社会运行的各个系统，调节它们之间的关系，修正它们的运行轨道，控制它们的运行方向和运行速率，促进社会的良性运行和协调发展。

（二）社会控制的负功能

社会控制具有维持社会秩序、促进社会发展的正功能，但在一定的条件下也可能存在负功能，对个人与社会的发展起阻碍作用。具体表现为：

1. 僵化的社会控制模式不利于个人和社会的发展。社会控制所维护的社会规范体系是在一定条件下建立的，当社会条件发生了变化，人们对利益的追求有了发展，原有的社会控制体系就会对人们的创新行为和价值观念的更新起阻碍作用，进而会阻碍社会进步。

2. 不合理的社会控制会产生和扩大社会矛盾，影响社会的正常秩序。社会控制总是统治阶级维护其阶级利益的手段。如果统治者社会控制的出发点只是为了维护少数人的既得利益，而不顾大多数人民群众的利益，就会引发社会矛盾，严重的可能酿成社会冲突，危及社会的稳定。

3. 片面的社会控制会妨碍社会的发展。如果将社会控制仅仅理解为对人们社会行为的严格约束，把社会稳定作为社会控制的唯一的和终极的目标，那么这样的社会控制就会不利于人的积极性和创造性的发挥，也就会不利于社会的发展。

四、社会控制体系

一般来说，社会控制体系包括正式控制和非正式控制两个大的方面。

（一）正式控制

1. 法律。法律包括法令、法案、条例、决议、命令等具体形式，是由国家制定或认可，并依靠国家强制力推行的社会规范体系。法律是对社会成员具有最强约束力的社会控制手段，它的约束力表现在：①法律是由国家机关制定，以国家政权作后盾，有强有力的司法机构保证实施。②法律的规定是严明的，它对违法行为的度量界限明确。③国家的法律一经制定实行，就对其国民普遍适用。法律的社会控制作用主要表现在三个方面：一是教育作用。法律的真正权威和效力并不仅仅在于强制服从，而首先在于教育。因为教育可以使全体公民无一例外地具有法律意识，遵守法律规范，以维护一定的社会秩序。二是威慑作用。法律的威慑作用主要体现在对少数处在违法犯罪边缘的不安定分子，或存有侥幸心理准备犯罪的人的威慑，从而触发每个人内在的自发性控制，打消犯罪的念头或停止犯罪活动，预防潜在的不稳定社会因素的出现和发展。三是惩罚作用。社会上总有少数成员无视法律规定，不顾后果，做出违法犯罪行为。国家就要追究其法律责任，对其进行制裁，强迫其遵守法律。

随着社会生活的日益复杂化，法律在社会生活中的作用不断加强。现代国家越来越多地将社会生活纳入法律的轨道，并逐步走向法治化。

2. 政权。政权是占统治地位的阶级利用国家机器实行阶级统治的权力形式，具体的表现形式是从中央到地方的各级政权机构——政府。从某种意义上说，政权既是一种组织控制手段，也是一种层级控制方式。政权是以全社会的名义出现的，它的控制范围是全体社会成员，而且其社会控制作用是以法律作为基础的，这是政权与其他组织控制手段的最大区别。政权运用宣传教育手段，通过向国民灌输统治阶级所认可的价值观念，使其自觉地按国家政权认定的规则行事。它凭借军队、警察、法庭、监狱等国家专政工具，对损害国家利益、严重危害社会秩序的行为进行制裁。总之，国家政权可以从政治、经济、文化、教育等各个方面来全面控制社会，因此，国家政权是一切控制手段的基础和最强有力的控制力量。

（二）非正式控制

1. 风俗习惯。风俗习惯是指在社会生活中由习惯而来，经过人们相互模仿，逐渐形成并共同遵守的行为规则和行为模式。它在生活中的表现形式多种多样，主要有婚丧嫁娶、节日庆典、社交礼仪等。风俗习惯最初是人们适应自然环境、获取食物等基本生活资料的文化模式，渐渐成为习惯，代代相传。风俗习惯不但是个人行为的惯用方式，也是一定社会和群体认可的方式，在社会生活各个领域发挥作用。风俗习惯有优劣之分，良好的习俗是民族的优秀文化传统，有利于社会进步；陈规陋习则体现着落后的观念和行为方式，阻碍社会的进步。风俗习惯的作用是在没有外来强制力量的情况下发生的，因此，它的改变需要一个长期的过程。

2. 伦理道德。伦理道德是指人类共同创造并共同遵从的，涉及人伦关系、次序以及善恶、是非、正义与非正义评价的行为规范和价值体系的总和。伦理道德靠社会舆论、传统习惯和内心信念来控制人的思想、行为和关系，从而维持一定的社会秩序。与风俗相比，伦理道德的社会控制作用比风俗要强，它调整的是那些与社会生活关系更紧密的社会行为，因此对维护社会秩序来说更为重要。不随俗是常有的事，但不道德却是严重的社会越轨行为，受到的社会惩罚比前者要严厉得多。伦理道德借助社会舆论对一定的社会成员的关系和行为进行导向与制约，将伦理准则灌输给社会成员，引导其内心产生某种道德信念，指导其今后的行为选择。

3. 宗教信仰。宗教信仰具有社会整合和社会控制的功能。它是指人们对某种非现实力量或某种价值体系无限信服和崇尚，甘愿受其支配甚至为之献身，信仰的典型形式是宗教信仰和主义信仰。宗教是一种与神或神圣物相关联的信仰和规范体系,宗教的教义能给社会的准则和价值观以神道的支持,维护现行的社会制度,控制社会越轨行为。通过特定的仪式,宗教使处于不同社会地位、有着不同利益和愿望的个人或团体能够在一个社会中生活,起着社会整合的作用。主义信仰是人们对某种哲学理论或社会学说的认同和信服,是对某种社会理想或社会目标的自觉追求。

4. 社会舆论。社会舆论的社会控制作用主要表现在通过使用带有价值判断的社会评价等方式,使人们在无形之中承受巨大的精神压力,从而影响人们的价值取向和行为方式。社会舆论可以是社会公众自发形成的,也可以是由政府部门或某一社会团体、社会组织有意识、有目的地通过大众传播媒介(如报刊、电台、电视等)广为宣传而形成的。社会舆论是蕴藏在人们思想深处的共同心理倾向,是多数人对社会生活中有争议的事件发表的有一定倾向的议论、意见及看法。社会舆论通过广为传播的舆论,造成一种社会氛围,处在这种氛围中的社会成员自觉或不自觉地服从舆论的导向与制约。

第四节　越轨与社会控制

越轨是一种违反社会规范的行为,社会控制是对越轨行为的一种校正,应根据不同的越轨行为实行不同的社会控制。

一、越轨的含义

越轨,是指违反或偏离某个群体或社会的重要规范的行为。越轨的定义因时间的推移和地点的变换而有所不同,而且,越轨行为发生的主体、环境和原因不同,人们对越轨的界定也各不相同。例如,社会规范要求人们不能撒谎,但是为了不伤害他人而编造的善意谎言,是否算是越轨呢?因此,鉴于社会规范的时间性和社会行为的复杂性,对越轨的界定随着文化、时间、社会环境的不同而有差异。

(一)与越轨有关的几个概念

1. 越轨行为中的反常行为与不遵从行为。反常行为是指接受社会规范的合法性但违反的行为,多数犯罪行为可以归为反常越轨行为。不遵从行为,则是不接受某些现存社会规范的合理性而刻意冒犯和反叛,如艺术家的标新立异和青少年对成人世界的反叛。因此,越轨不一定是坏的和不可接受的行为,有的行为虽然越轨,但往往被人们所接受。

2. 越轨行为与犯罪行为。虽然大多数犯罪行为是越轨行为,但不是所有的越轨行为都是犯罪行为。一般而言,一个行为可能有三种不同情形:①既是越轨又是犯罪,如谋杀;②是犯罪但不明显是越轨,如赌博;③是越轨但不是犯罪。

3. 个人越轨、群体越轨和组织越轨。越轨可以是个人行动的结果,也可以是群体或组织所为。

（二）越轨的功能

一般来说，越轨行为的出现，破坏了现有的社会规范和社会秩序，可能会带来许多消极的后果。但是越轨行为的出现并不总是坏事，有时它能够起到一些积极的作用。

1. 越轨的正功能。越轨的正功能主要表现在以下方面：

（1）越轨有助于澄清并明确社会规范。许多社会规范在被破坏之前还模糊不清。这时，越轨行为的出现反而澄清了规范。

（2）越轨能增进群体的团结。为了保护群体成员免受越轨行为的影响，或者为了帮助群体成员学会遵从社会规范，在越轨行为出现的时候，群体能够更加团结一致。

（3）越轨能带来社会的变迁。不遵从行为的目的之一就是通过越轨导致社会变迁。某些越轨者的行为结果能够使其他群体成员意识到现存规范不合理或与其他更重要的规则相冲突，因此，越轨可以带来社会系统的变迁。

（4）越轨有时能促使人们更愿意遵从。越轨行为受到惩罚，实际上从反方向强化了人们遵从社会规范的行为。

2. 越轨的负功能。由于社会本身具有吸纳一定数量的越轨而使之免遭严重后果的能力，因而，某一越轨行动或某人的越轨影响社会功能的发挥情况是非常少见的，但是长期的或广泛的越轨则将导致社会功能失调。

（1）越轨强化人们不遵从的动机。如果越轨行为非常普遍且没有受到应有的惩罚，就可能强化人们不遵从的动机。例如，社会上短期行为盛行的时候，必然会影响人们长期努力的意愿和动机。

（2）越轨带来不确定性和风险。社会互动的前提是人们通常会固守自己的角色定位，越轨行为的出现，破坏了人们互动的规则，削弱了人们相互信任的关系，给社会生活带来不确定性和风险。例如，正因为绝大多数的行人和车辆都遵守靠右行走的规则，人们在马路上才能各行其道；反之，如果有行人或车辆逆行，人们就会感到很大的不安全。

二、有关越轨的分析视角

对越轨的分析主要包括三种不同的视角，即生物学、心理学和社会学的解释。生物学的观点强调人的生理特征与越轨行为的联系，心理学强调人的心理因素对越轨的影响，而社会学则强调社会结构、社会制度在越轨中的作用。实际上，不管是哪一种分析视角，都无法解释所有形式的越轨，不同观点反映的是各个学科的不同看法。而且，这些观点更多的是解释越轨的一般原因而不是特殊原因。它们要解释的是为什么越轨行为会发生，而不是某个特定的人为什么会采取某一特殊的越轨行为。

（一）生物学视角

生物学视角，即从人类生物、生理方面出发去研究越轨，特别是犯罪型越轨的发生原因。19 世纪意大利学者隆布罗索最早从生物学角度对罪犯进行了一系列的研究，他测量了一些犯罪人的头骨后发现，犯罪人的头骨与正常人不同，而与类人猿相似。于是，他得出结论说，犯罪人是退化的人，是再现于现代文明社会的野蛮人。犯罪的人是生来就要犯罪的。美国体质人类学家埃恩尼斯特·胡滕认为，罪犯有多方面的遗传和生理缺陷。而美国心理学家威廉·谢尔登则指出，体型可能与犯罪有关。他将肌肉发达、筋骨健壮的身体结构称为斗士体型，在他研究的罪犯中，有这类体型的人占很大的比重。

此后，又有学者从遗传和其他生物性角度对犯罪越轨行为进行了研究，比较有影响的是染色体理论。染色体理论建立在染色体异常学说的基础之上。正常人的细胞核都有 23 对（46 个）染色体，其中 22 对（44 个）是常染色体，与性别无关。只有一对性染色体，分为 X 性染色体和 Y 性染色体两种。男性细胞核小的一对性染色体是 XY 型，女性细胞核中是 XX 型染色体。但人们发现，有一些男性有一种 XYY 型的结合体，即比正常男性多一个 Y 性染色体。这些人在体质上具有个子高、智商低、面部有严重的粉刺等特征，在行为上具有进攻性和反社会性，在精神病院和监狱中占的比重较大。于是，染色体理论就认为染色体异常是导致社会越轨的生理原因。

迄今为止，只有少数研究发现，越轨与生物学因素的确有密切关系，但是，与生物性因素相关的医学方法对越轨的解释则具有相当大的可信性，并且越来越流行。在解释越轨问题上，医学方法将越轨行为看作是包括器质性和精神性疾病在内的各种疾病的结果，即那些曾经被认为是道德上有缺陷的行为，现在则被看成是需要进行专门治疗的某种疾病，如酗酒等曾经被当作犯罪行为，现已被医学研究认定为酒精中毒。

（二）心理学视角

心理学视角，即从人们的心理因素寻找社会越轨的原因。心理学对越轨行为的研究有四种不同的观点：

第一种观点认为，越轨行为与人的性格类型有关。1977 年，英国心理学家艾森克曾经撰文指出，没有人生来就是越轨者，但某些类型的个性常常与越轨行为有关。例如，外向型个性的人，相对于内向型个性的人来说，出现越轨行为的可能性要大一些。外向型性格的人一般善交际，但也好冲动，他们对丰富多彩和刺激有强烈的需要。与其相反的个性是内向型性格，具有这种个性的人善于自我控制、比较安静。艾森克指出，性格外向的人，其行为很有可能超出人们可接受的行为范围，因为这些人具有对刺激和冒险的生理需要。他们是否会成为越轨者，主要取决于他们是怎样被社会化的。

第二种观点认为,越轨行为与社会学习有关。社会心理学家班杜拉研究表明,暴力和越轨行为是社会学习的结果。他指出,即使并没有真正从事过攻击行为的人也会通过观察和模仿来学习攻击行为。例如,孩子们在电视上看到暴力场面就可能在游戏中加以模仿,通过这种学习和模仿的方式,即使不在实际生活中身体力行,孩子们也学会了怎样使用暴力。当他们看到暴力行为可以带来报酬却没有受到惩罚时,他们以后很可能就会采取暴力行动。

第三种观点认为,越轨行为产生的主要原因是挫折。持这一观点的人认为,根据心理学的"挫折—攻击"理论,攻击行为常常由挫折引起。当某一需要未能满足时,人们可能遭受挫折。遭受挫折的强度如何,取决于需要、冲动和欲望受到妨碍的程度大小。反过来,攻击的程度与人们如何受挫有关。挫折可以由于缺乏金钱、爱情和其他东西而产生。

第四种观点以弗洛伊德的精神分析理论为代表,认为人格结构的内部不平衡导致了越轨行为的发生。奥地利心理学家弗洛伊德认为,人的人格由三部分构成,即本我、自我和超我。本我即无意识,它由欲望和本能冲动构成;自我是一种认识过程,它是通过后天的学习,通过与周围环境的接触而形成和发展起来的,自我既满足本能的要求,又压抑本能的要求;超我是社会中的禁忌、准则、规范在人的意识中的反映。弗洛伊德认为,越轨产生的原因是人格中的超我和自我没有得到充分的发展,破坏了本我、自我和超我三者之间的平衡关系,使本我得不到应有的控制,从而导致个人的越轨行为。但是,如果超我过分发展,也会导致社会越轨,因为严重的、无时不在的犯罪感也会使一个本来正常的人做出不正常的行为来。

(三)社会学视角

无论是生物学还是心理学的视角,实际上都是从个人的角度去解释越轨行为产生的原因,而社会学的视角则集中于对社会环境、社会结构和社会关系的分析。这两种角度分别被认为是关于人的理论和关于情境的理论。关于人的理论试图解释,不论是从生物学还是从心理学角度看,越轨者同其他人的不同之处在哪里;而关于情境的理论试图断定,哪种情境更容易使一个普通人违反社会规范。

1. 社会失范理论。社会失范理论是比较早的一个关于越轨研究的社会学理论,由默顿于1938年提出。默顿的理论建立在涂尔干的古典失范概念基础上。失范是在人们用社会认为合法的手段不能实现自己的文化目标时发生的,而对于这种情形的一个共同的反应就是越轨行为(当触犯刑律时即为犯罪行为),即用不符合社会规范的手段来实现自己的文化目标。

默顿指出,根据目标和手段这两个社会因素的相互关系,人们可能以五种方式对其社会失范的困境产生反应。

(1)遵从。这是最通常的反应,指运用文化认可的手段,通过努力工作去达到想要的且社会认同的目标,即使成功的机会比较渺茫。

(2)革新。接受目标(如获得财富)但拒绝社会认可的手段,而代之以"新"的非法的手段,即用那些为社会所不允许的手段来实现这些目标。这样,他们就常违反规范或触犯法律。

(3)仪式主义。这是指那种已经失去社会中的文化目标,而盲目地坚持那些制度化手段的现象。相对来说,这一类型并不常见。

(4)退却主义。这是指既反对惯常的目标,也反对社会倡导的手段,他们期望在变革之后有一种新的目标和新的手段。

(5)反叛,即拒绝文化上赞同的目标和手段,代之以新的与他人协调的目标和手段。

除了遵从以外,在上述五种适应类型中,其他四种类型都属于程度不同的越轨行为。

2. 文化传递理论。文化传递理论认为,就其本身而言,失范并不一定导致越轨。要想变成越轨者,人们必须有机会去学习越轨。那些习得了赞成越轨行动的观念的人,比其他人更有可能采取越轨的方式。也就是说,越轨在某些区域被作为一种文化持续地传递给其成员。

克利福特·肖和亨利·麦凯对芝加哥附近的一个高犯罪率地区的研究支持了上述结论。他们发现,虽然这一地区的民族构成发生了几次大的变化,但高犯罪率在这些地区持续了20多年。因此,他们指出,高犯罪率是该地区越轨文化传递的结果。越轨,像遵从一样,是从一个人所生活的社会环境中学习而来的。新来者向已经居住在此的人,主要是通过孩子的游戏群体和青少年团伙学习越轨行为。

一些研究者指出,虽然社会环境试图劝导人们遵从社会规范,但由于教导的内容存在不一致甚至冲突的地方,父母、教师、宗教领袖以及其他社会化主体有时传达出的不是遵从而是越轨的态度。而且,在某些企图纠正越轨行为的地方实际上却在传授越轨行为。例如,在监狱,老囚犯常常向年轻的同监犯人传授更多更有效的犯罪方法。而在精神治疗机构,通过机构的亚文化环境,越轨行为趋向于相互强化。

3. 冲突理论。冲突理论认为,社会不存在一个所有社会成员共享的、相同的目标和价值。相反,他们认为,社会上有权有势的人同那些没有权力和没有地位的人的价值观大不相同。无权无势的人之所以越轨频率高,是因为社会规则和法律是社会权势集团参与制定的,并没有反映出他们认同的目标和价值以及看待事物的方式。冲突理论包括文化冲突论和阶级冲突论两种不同的观点。

一是文化冲突论。文化冲突理论又可以分为两种不同的视角:其一,由不同民族、宗教、职业等方面的文化差异而引起的越轨。这种文化冲突论的研究视角将引起社会越轨的原因归结为不同民族、宗教、职业等方面的文化差异,他们认为,不同的民族、阶层、职业的人的信仰、信念、价值观念、行为模式各不相同,当不同集团的利益和目标发生矛盾时,往往引起冲突,冲突又导致越轨。其二,由不同性别、生活方式、地理位置等亚文化差异而引起的越轨。这种观点认为,复杂的社会包含许许多多的亚文化,每一种亚文化都有其独特的目标和价值。这些亚文化可能以种族、性别、生活方式、地理位置或者其他因素为中心而形成,被一个群体视为越轨的行为,对另一群体来说可能是可接受的行为。某种行为之所以被社会界定为越轨,是因为强大的亚文化能有效地将自己的目标和价值置于许多弱小的亚文化之上。例如,相对来说,汽车的排气量越小,消耗的能源越少,对环境的污染程度越轻,但是为什么在一些地区排气量小的汽车在上路行驶的时候受到许多限制,而排气量大的汽车却不受任何限制呢?文化冲突理论家可能给出这样的解释,开大排气量车的人比开小排气量车的人拥有更多的社会权力,因而能够将宽大、豪华、高速等主导价值观念置于相对较弱的低能耗和环境保护的价值观念之上,并主导相关法规和政策的制定与实行。

文化冲突理论由于指出了社会越轨的相对性,因而对现代社会极富启发性。现代社会是一个各种文化交流、融合都很迅速的时代,社会结构日益复杂化,社会价值观日趋多元化,文化冲突日益激烈,各种性质的越轨行为不断出现就是这种变化的结果之一。

二是阶级冲突论。阶级冲突论,即马克思主义的冲突理论。与文化冲突论不同,马克思主义的冲突理论关注的是由社会阶级的不同权力而产生的越轨行为。该理论认为,越轨的根源是阶级冲突,而不是一般的文化差异。资本主义社会中最严重的犯罪是财产犯罪,实际上是穷人对富人的犯罪。而富人犯罪,如偷漏税等,尽管所造成的危害比穷人犯罪大得多,但法律只是将其当作相对次要的问题看待和处理。根据马克思主义冲突理论的观点,一个社会大多数刑法的目的是维护社会现状,特别是在不惜损害穷人和无权者的情况下维护权贵的利益。马克思主义的冲突理论家认为,法律体系只是有助于教育、大众传媒和宗教将公众的注意力集中于下层阶级的越轨行为,特别是像街头抢劫和小偷小摸之类的犯罪。结果,人们的注意力从那些造成社会更大损失的富人犯罪和权贵犯罪上转移开来,而忽视了最基本的越轨根源在于社会生活的巨大不平等。

三、越轨与社会控制

越轨是一种违反社会规范的社会行为,是社会控制的主要对象。对越轨行为的社会控制主要有两种类型:内在控制和外在控制。内在社会控制指那些引导人们自我激励并按遵从方式行动的社会控制,外在社会控制则是指运用各种正式和非正式的社会约束来促使人们遵从的社会控制手段。

(一)越轨的内在社会控制

越轨的内在社会控制,主要是通过将社会规范内化的方式实施控制。内化表明某个人从内心里完全认同群体或社会的规范,它是通过社会化的过程实现的。社会规范的内化能够起到比外在约束强得多的控制作用,不管有没有其他人监视,不管是否能够受到褒奖或惩罚,个人都会遵守社会规范。

源于内化的对规范的遵从与害怕遭受处罚的遵从的作用机制非常不同。后者是对社会应用外在控制的被动反应,而对社会规范的成功内化使人们保持克制与自持。例如,在没有机器和警察监视的路口,主动等候信号灯放行的行为,并不是因为他们惧怕被罚款或留下违章记录,而是他们相信闯红灯行为本身是不道德的和错误的,在此,人们的良心充当了社会控制的内部机制。内化是对越轨行为进行社会控制的最有效途径。已经将社会规范内化的人,虽然在内心里也会有一些越轨冲动,或者偶尔确实偏离了群体和社会期望,但内化的规范,很容易将这些冲动和偶一为之的行为控制在不违反规则的范围内,这是因为内化的社会规范会导致个人的自责、负罪感和自尊意识减弱,从而使个人在大多数情况下能够主动放弃越轨行为。

(二)越轨的外在社会控制

越轨的外在社会控制,主要是指通过正式的和非正式的社会控制机制对越轨行为实施控制。

正式的社会控制机制在现代社会的地位非常重要,它是指通过正式的专门负责社会控制职能的组织和职业,以及国家颁布的各项法律、法规、政策和制度安排等对越轨行为进行严格的制裁与控制。但是,这并不意味着正式社会控制机构没有任何的人性和灵活性,有时候,社会控制的正式途径可能显得相当有弹性和个人化。这种现象是同越轨行为的性质、发生的原因以及所面临的不同情境联系在一起的,那些比较轻微的,或者情有可原的越轨行为,通常不会受到特别严格的制裁,这既是社会生活丰富化、多元性的表现,也是部分削减社会控制机构沉重负担的有效方法之一。

非正式的社会控制机制往往是通过日常生活中人们互动的行为和结果而实现的。风俗习惯、伦理道德、宗教信仰以及社会舆论等非正式控制手段对越轨行为控制的效果非常明显,但由于群体团结等情感因素的存在,人们有可能会消减运用社会制裁的愿望和能力,因而使制裁的结果相对有限。人类社会的初级群体就承担着很重要的非正式社会控制的功能,从父母、家人等的不赞成态度,到朋辈群体将之拒绝于圈子之外,甚至受到身体的惩罚等,初级群体成员的反应对个人越轨行为的控制起到非常重要的作用。

总之,内在控制与外在控制两种机制对越轨行为的制约各有侧重、相辅相成,共同在日常生活中发挥着重要的社会控制作用。

四、对中国社会越轨问题及社会控制的若干研究

(一)对中国社会越轨及社会控制的研究

中国社会学自20世纪80年代初重新恢复以来,就开始了对越轨问题的有关研

究。除了系统介绍国外社会学的著作与研究成果以外，一些社会学者也开始了与中国有关的越轨问题的研究。对中国社会越轨及社会控制的研究主要集中在以下几个方面：

1. 对越轨行为及特点的研究。在对越轨行为的研究方面，有学者指出，中国人存在着一种大概率价值观，这种价值观念相信绝大多数人的行为是对的、规范的，而极少数人的行为总是错的、失范的。因此，只要是极少数的行为就可能是越轨行为。

一些学者对越轨行为特点的研究表明，许多失范行为被非成文的规范所认可，在公开的社会规范之外，出现了第二规范。在社会从同质向异质转变的过程中，异质之间的边界成为失范的主要部位。同时，失范行为具有利益刚性的特点，表现为一味地追逐利益而置价值取向于不顾。

2. 对越轨原因的研究。对越轨原因的研究一般集中在三个方面：一是从社会结构的分化与整合的角度出发，认为中国社会结构和社会规范的转型是造成越轨行为的主要原因。二是从现代化的角度出发，认为现代化打破了传统社会中原有的和谐状态，而传统因素的解体速度与现代因素形成速度之间的差异会在社会生活中形成一系列的"真空状态"，如权威真空、价值真空等，从而形成社会控制的真空状态，产生大量的越轨与犯罪行为。三是综合个体生理、心理和社会环境等因素研究越轨行为，认为越轨行为是个体所处的社会环境与他所具备的生理、心理条件相互作用的结果，而且越轨行为一旦表现出来，又会反过来作用于社会和个体，因此，只有从三方面的聚合作用进行研究才能揭示越轨行为的原因。

3. 对社会稳定和社会控制的研究。20 世纪 80 年代末 90 年代初以来，随着社会对稳定的需求，研究者对社会稳定和社会控制等问题进行了一系列的讨论。研究者对社会稳定的概念、类型，社会稳定与发展的关系，影响社会稳定的因素，社会稳定的机制与条件，以及社会控制的功能和机制等进行了分析和探讨。

（二）对具体越轨问题的研究

1. 对腐败问题的研究。研究者对腐败问题的成因、特点和治理对策等方面进行了研究。对腐败特点的研究指出，腐败现象不仅在中国具有公开化、行业化的特征，而且很多腐败行为具有合法的外衣，使很多公民自觉不自觉地卷了进去。腐败的原因既有公共权力的运作问题，也有新旧体制转轨、社会结构转型，因此，对腐败的治理，需要从体制变革、引导教育、监督制约等多方面入手。

2. 对犯罪问题的研究。对犯罪问题的研究主要集中在两个方面，一是对当前犯罪状况和特点、规律的研究，如对犯罪率、犯罪类型、犯罪的地域分布等的研究，以及与社会控制机制强弱的关系研究等。二是对犯罪成因的探讨，主要集中在犯罪产生的社会制度、经济发展、社会转型等方面的原因，以及各类犯罪和个体犯罪的原因的研究。此外，研究者对预防和控制犯罪的基本对策也展开了研究，他们认为，应该从宏观社会结构和微观具体行为两方面着手进行预防和控制。

此外,研究者对具体越轨行为的研究,还包括对所谓“六害”问题的研究,即对赌博、卖淫、嫖娼、吸毒贩毒、制作或贩卖淫秽物品、拐卖妇女儿童等问题的研究,以及对性病与艾滋病的研究、对精神异常的研究、对家庭暴力的研究等。研究者分别对各类问题产生的原因、涉及人群的特征、社会危害性以及应对措施等进行了研究。

思考题

1. 什么是社会问题?对社会问题的界定有哪几种不同的分析视角?
2. 试析当代中国的主要社会问题。
3. 什么是社会控制?社会控制体系包括哪些部分?
4. 在看待越轨的问题上,生物学、心理学、社会学有什么差别?

推荐阅读书目

[1]关信平. 中国城市贫困问题研究[M]. 长沙:湖南人民出版社,1999.

[2]朱信凯,彭超,等. 中国反贫困:人类历史的伟大壮举[M]. 北京:中国人民大学出版社,2018.

[3]蔡昉. 人口负增长时代:中国经济增长的挑战与机遇[M]. 北京:中信出版集团,2023.

[4]洪大用. 社会变迁与环境问题:当代中国环境问题的社会学阐释[M]. 北京:首都师范大学出版社,2001.

[5]雷洪. 社会问题[M]. 北京:社会科学文献出版社,1999.

[6]朱力. 社会问题[M]. 北京:社会科学文献出版社,2018.

[7]梯尔. 越轨社会学[M]. 王海霞,译. 北京:中国人民大学出版社,2011.

第十章

集合行为与社会运动

著名导演张艺谋在1992年导演过一部电影《秋菊打官司》。这部电影上映后在全国引起了轰动。因为这部影片生动地展示了一个名叫秋菊的农村妇女如何以法律和上访为武器向踢伤她丈夫的村主任"讨个说法"的过程。"讨个说法"一词由此流行全国。《秋菊打官司》这部电影甚至引起了学术界持续的关注。本章就要对包括"讨个说法"在内的各种特殊的社会行动进行学理解析。

第一节　集合行为

一、什么是集合行为

社会学上所说的集合行为是指许多人面对某一共同的影响、刺激而表现出来的相对自发、没有组织、不可预料、缺乏固定规则和很不稳定的行为。

集合行为最显著的特征是无组织性,这使它与制度行为或组织行为区分开来。在人类群体最无组织的行为与组织最严密的行为之间,存在着一个群体行为的连续系谱,集合行为位于较无组织的一端,行动者的目标较不明确,社会情景较为模糊,日常互动的规则出现混乱,社会控制机制失灵。不过,我们要准确理解这一点,还需要注意两点:其一,集合行为尽管缺乏组织,但并不等于说它与社会结构毫不相关。相反地,集合行为常常在这种混乱的表象中将既有社会结构的问题暴露出来,因此可以成为进行社会学分析的一个很好的入手点。其二,集合行为缺乏组织性主要是相对制度行为而言的,而集合行为本身还有多种类型,在无组织性上仍存在一些差异。有些集合行为,如飞机着地失事引起的骚乱,的确是毫无组织性可言;而有些集合行为,如2002年的"非典"引起的抢购,手机短信实际上在某种程度上发挥着组织的功能,只不过发短信者之间缺乏组织。在有些教科书上,甚至把社会运动也列为集合行为的一种类型。如此说来,社会运动的组织程度就更高,只是社会运动所运用的组织方式是非制度化的组织方式而已。

集合行为的第二个特征是不稳定性。集合行为是在骤然间爆发的,来无踪、去无影,一哄而起、转眼即逝,不可能持续稳定地存在一个较长的时期。

集合行为的第三个特征是非常规性。作为个体的人既有理性的一面又有非理性的一面,整个生活世界是由理性设计与意外事故、秩序与反常交织在一起的。集合行为展现的就是日常生活出轨的一面,它异乎寻常,无法预料,也难以确定。

集合行为的第四个特征是易受暗示性。集合行为的产生通常是自发的,即使有些集合行为可能源于某些人的挑动,但绝大部分人并不是因为接受了明确的行为指令,而是接受了人群的情绪所传达的暗示。

二、集合行为的形成机制

尽管集合行为表现出相当程度的神秘性,但社会学家还是能够以其敏锐的洞察力从乱象与无常中理出头绪来。美国社会学家斯梅尔塞(N. Smelser)对集合行为形成机制的研究就是其中最有影响的一个理论。他把集合行为产生的决定因素总结为以下六个:

第一个因素是结构性助长。这是指某个特定的社会结构使得集合行为的发生成为可能。

第二个因素是结构性紧张。这是指社会结构出现了某种问题,这种问题已经为人们所普遍知晓并构成了巨大的心理压力。结构性紧张在物价飞涨、腐败严重、金融危机、政治动荡、权威崩溃、信仰虚空、安全感低、流行病迅速蔓延等时候最为突出。

第三个因素是潜在信念成为普遍情绪。人们在面临社会和心理压力的情况下,会自觉不自觉地为自己寻找对现实处境的解释或解决办法。在这种情况下,某些潜在的信念或偏见甚至敌意,就会成为普遍的情绪。情绪越大,理性则越弱,这就为集合行为的出现奠定了基础。

第四个因素是诱发因素,这是集合行为的导火索。往往是一些偶然引发的事件或传言为集合行为提供了具体的刺激,使普遍的情绪向现实的行动转化。诱发因素的作用是肯定了人们中间业已存在的怀疑、不安或对化解困境的某种出路的信任。

第五个因素是行动动员。即使具备了前面全部四个因素,如果没有某些动员力量的出现,集合行为还是难以成形。不过,这种动员力量往往是极为松散的甚至完全是不自觉的。

第六个因素是社会控制机制。集合行为最后是否发生以及发生的结局如何,还取决于社会控制机制。这些机制包括政府的反应、警方的行为、宣传工具的处理等。

尽管有时在特定的案例中不一定都能找出这六个因素，但斯梅尔塞的理论还是为分析集合行为提供了一个相当有说服力的解释框架。

第二节　集合行为的主要类型

一、人群行为

（一）人群行为的界定

“人群”与我们日常生活中常用的“群众”实际上是同一个英文词 crowd 。但在中国，“群众”往往与“人民”连在一起，指的是在正式制度结构内与领导或领袖相对的个体集合。而在社会学和社会心理学上，crowd 有其特指的含义，因此，我们将它译作“人群”。人群行为是因共同关注的目标而临时聚集在一起的面对面互动群体所表现出来的行为。人群行为除具有集合行为的一般特征外，还具有这样两个特征：

其一，临时的共同目标。人群有着共同的关注目标，不过，它并不是一个精心组织起来、有着持续行动计划的群体。人群是因应某种特定的局势而临时聚集起来的，一旦这种局势发生变化，人群也就随之而解散。

其二，模糊的面对面互动。人群是一个处于面对面互动状态中的小规模集合。成员在这种互动中对情境的界定是模糊不清的，缺乏明确的行动目标，其行动更容易受情绪的感染、冲动的支配，表现出更多的受暗示性、从众性。

（二）人群行为的类型

美国社会学家布鲁默（H. Blumer）将人群行为分为四种基本的类型：

1. 偶合人群行为。偶合人群是结构最为松散、最缺乏共同目标的人群，人们在这种人群中只投入了最低限度的感情，进入和脱离这种人群都非常随意。例如，走在大街上的路人可能互不理睬，也可能因为附近有交通事故的发生或有人吵嘴、打架、跳楼之类的事情发生，而相互交谈两三句。

2. 常规人群行为。常规人群是更具结构特征、经过事先安排而聚集起来的人群，这种人群的行为在日常状态中会遵循社会既有的规范，如汽车上的乘客或剧院的观众。但要注意的是，在出现意外情况或紧急状态时，常规人群的行为规范可能被打乱，如遭遇车祸的乘客或遭遇火灾的观众，其行为反应就与安全状态下的乘客或观众非常不同。另外，即使是在日常状态中，常规人群也还是不能混同于正式的社会群体，因为社会群体的结构化程度及其成员的持续互动程度比常规人群要高得多。

3. 表意人群行为。表意人群是指那些用以提供表达感情、释放情绪机会的人群。如云南傣族泼水节时载歌载舞的人群。表意人群的行为在大多数时候并不被允许,但在形成表意人群的某些特定场合,参与者被提供了一种日常生活中无法获得的情绪释放。

4. 行动人群行为。布鲁默这里所说的行动人群,并不泛指采取一般行动的人群,而是特指带着愤怒和敌意采取暴力行动的人群,这种行动是不为主流社会规范所接受的。这样的行动人群主要有两类。

一类是暴民(mob)。这些群情激昂的人将愤怒发泄在特定的目标上,而后迅速解体。暴民一般有一定程度的组织结构,有明确的领导者。常见的一种暴民行动是私刑,即某些人群自己组织起来,为适合他们自己认定的秩序需要而处死那些被他们标定为罪犯或坏分子的人。例如,在旧中国的饥荒年代,在农村的一些地区,极度饥饿的村民被迫去偷村里的粮食而被发现后,就遭到了村民有组织的私刑吊打,有的甚至因此而丧命。这个例子告诉我们,暴民并不是天生的,而是与制度环境和社会行动者之间的关系有着密切的关联。社会学在此处的想象力并不是让我们学会如何给特定人群贴上"暴民"的标签,而是引导我们去深入思考:为什么一个曾经有着浓厚乡情传统的社会会在这个时候比较普遍地出现了对待邻里乡亲的暴力行为?

另一类是骚乱人群(riot)。骚乱人群同样是用暴力的手段表达愤怒的情绪,它与暴民不同的是,它不那么有组织,但它持续的时间较长,破坏的目标较为广泛,带来的混乱程度很大。例如,1985 年 5 月 19 日,中国国家足球队在最关键的一场比赛中,在占据天时地利优势的情况下却以 0 : 2 输给了并非强队的中国香港队,这使体育场内两万多球迷因极度的失望而产生愤怒的情绪。经过相互的暗示与感染,球迷们开始闹事发泄,从抛汽水瓶、破坏车辆到殴打运动员乃至无辜群众。

(三)人群行为理论

人群行为的一个值得关注之处在于,置身其间的个人脱离了日常的行为规范,而去自觉不自觉地遵循这个人群所特有的共同行为规范。也就是说,人群的行为仿佛是有自己的意志力一般,处在人群中的个人不再像平常的自己,而是突然都被这个人群所同化了。对于这一社会现象,大致有四种理论解释。

第一种理论是感染论。提出这种观点的是法国人勒庞。他认为人群行为尤其是行动人群的行为是群体出现"集体心理"的一种产物,在这种集体心理的感染下,个人失去了原来的身份认同,甚至失去了自我控制。在勒庞看来,人群使个人"着迷"的因素有三个方面:一是不可征服感,即从人数众多上获得强大力量;二是感染,即新的行为规范和思维方式像传染病一般迅速蔓延;三是人们对自己的行动处于毫无意识的迷惑状态,因而极易接受暗示。在人群中出现的集体心理会将人的教养和心智降到一个很低的近乎本能的水平。勒庞的"集体心理"说并未被后世的学者所普遍接受,因为他忽视了人群中个人的行为差异。不过,他的理论还是启发了人们去关注和分析个性消失在人群中的现象。

第二种理论是匿名论。这种理论的提出是基于人群的匿名性。由于个人在人群中处于匿名状态，社会约束力就下降了，人们因为可以不承担后果而越轨。俗话所说的“法不责众”，说的就是法律一般难以惩戒大规模的越轨人群。

第三种理论是趋同论。这种理论认为，个人在人群中会不自觉地产生共同的倾向，以同样的方式来看待事物和行动。是这种共同倾向使他们集合为人群，而不是人群塑造了他们的行为方式。

第四种理论是应急规范论。这种理论认为，人群虽然没有缺乏正式的群体规范，但在遭遇突发事件时会出现某种应急规范，这种规范一旦产生，对在场者就会产生压力，迫使他们去遵从。也就是说，人群中的个人之所以采取行动，并不仅仅是受到了情绪的感染，也不仅仅是在模仿周围人，而是因为他们感到他的行动是符合这种应急规范的。人群行为不是情绪传播的结果，而是认知传播的结果。

二、大众行为

并非所有的集合行为都只在面对面互动的群体中发生。在互不相识、广为分散的人中出现的集合行为就是大众行为。以下简要介绍几种大众行为的特点。

（一）恐慌

恐慌是大众在社会危机状态下，面对现实的或想象的威胁做出的不合作和非理性的行为与心理反应。说这种反应不合作，是因为原有的社会秩序遭到破坏，原本协调的社会关系被打乱；说这种反应非理性，是因为人们的行动并不符合他们所希望达到的目标。

恐慌产生的原因比较复杂。一种情况可能出自对某种现实的社会危机的极度担忧，每个人都想拼命避开危机，彼此的合作关系被瓦解，结果使局面变得更加不可收拾。例如，在地震刚发生时，住在各个大楼的人们不顾一切地争抢出口，结果造成出口严重拥塞，使许多本可逃生的人可能无法幸免于难。

另一种情况也可能出自某种耸人听闻的传言，使没有思想准备的大众陷入惊恐状态，加上相互之间的感染和刺激，使这种恐惧情绪急剧上升，直至群体性的恐慌发作。值得注意的一个现象是，大众恐慌可能始自没有根据的传闻，但大众恐慌的蔓延却可能反过来证实这种传闻的真实性。这就是美国社会学家默顿所说的“自我实现的预言”（也译为“自证预言”）。默顿举了一个有名的例子，某家银行本来运营状况良好，但不知从哪里传来流言说这家银行濒临倒闭，储户们听到这个流言后纷纷来银行提款，结果真的造成了银行的倒闭。

恐慌发生在现代社会的程度要比以前高得多。因为现代社会是一个各部分联系越来越紧密、依赖越来越深的体系，某一部分出现危机都可能影响到其他部分；而人们在现代社会中的压力和焦虑又较以前大得多，加上现代信息传递手段的发达，这种种因素使现代人的神经比较脆弱，一旦有什么风吹草动，很容易出现一些极端的、不理性的应急反应。

（二）大众歇斯底里

大众歇斯底里是由一种毫无根据的想法引起的、有很强感染力的集合行为。与恐慌比较起来，引发大众歇斯底里的想法或说法更缺乏现实依据，但它所造成的后果却更为普遍和严重。历史上特别有名的一例大众歇斯底里事件是由一部广播小说引起的。1938年，纽约播出了一部描写火星人入侵的广播剧《宇宙大战》。尽管播音开始时说明了这个节目是虚构的，但许多人打开收音机时节目已经开始了，他们误以为听到的是真实的新闻报道。有人躲进地下室；有人全家跳进汽车，匆匆远行；有人把自己封锁在家里，准备用步枪来对抗火星人；还有人不停地祈祷。人们的这些敏感反应看上去仿佛是共同上演了一出喜剧。

（三）时髦、时尚和时狂

时尚是指一段时间里相当多的人对特定的趣味、衣着、语言、思想和行为趋之若鹜的社会现象。时尚的传播、普及和发展主要依靠流行，因此，时尚与流行是密不可分的。时尚有三个基本特征：

首先，时尚具有新颖性。喜新厌旧、标新立异是人性的一个基本倾向，也是时尚最显著的特征。时尚是对传统的一种反叛，而这种反叛本身竟也成为一种传统。

其次，时尚具有从众性。时尚一旦形成，就会对大众产生压力，使大众不甘落后，努力追赶时尚；而一旦时尚在大众那里广泛流行开来，求新变异的本性又会促使一些人去炮制新的时尚。

以上两个特征就注定了时尚的第三个特征：短暂性。时尚标新立异的价值会随着大众的追随而迅速失去，时尚流行的命运就是走向它自己的反面——千人一面。因此，这便注定了时尚是“你未唱罢我登台，各领风骚没几载”。

时尚现象的涵盖面非常广泛。我们根据时尚的持续时间和人们的追求深度，将时尚进一步区分为时髦、（狭义的）时尚以及时狂这三种类型。

时髦是持续时间很短、人们追求程度较低的一种生活风格。时髦有两种表现形式：一种是阵热，即流行与消失都非常迅速的生活风格；另一种是所谓的“摩登”，即能够持续一定时间但追随者较少的生活风格。阵热常常因为众口难调而难以在大众中持续，摩登则常常碍于物质条件而难以在大众中推广。

狭义的时尚特指持续时间较长、流行范围较广的一种生活风格。有些衣着打扮或行为方式刚开始只是一种时髦，但由于它既能够满足较多人的口味又利于普及传播，这种开始被少数人所打造的东西就可能被相当多数的人所模仿追随，时髦也就发展成了时尚。

时狂是时尚的一种极端形式，即参与者对某种时尚的情感介入已经到了狂热而不讲理智的地步。1634年荷兰出现的郁金香狂热就是一例。那时人们突然喜欢起郁金香来,使这种花开始身价百倍,许多投机商从中大发横财。许多人由于盼望成为暴发户,卖掉家产和土地来投资郁金香。但后来又有传言说郁金香价格要下跌,结果大家纷纷抛售郁金香,郁金香的价格一落千丈,许多人因此而破产甚至有人自杀。

三、传言和谣言

从前面所说的恐慌与时狂的例证中,我们已经看到传言所发挥的重要影响。传言和谣言可以说是集合行为一种相当分散的形式,或者说是易于引发诸如恐慌和骚乱这种更复杂、影响更大的集合行为的初级阶段。

(一)传言和谣言的特征

传言和谣言都是在大众中传播的关于人或事缺乏根据、不够准确的消息。传言一般是无意讹传的消息,而谣言则是故意捏造的,但因为在现实生活中很难查清消息的最初来源,因此难以有效地将两者区分开来,我们也就把它们放在一起来分析。传言和谣言有如下几个特点:

1. 传言和谣言具有似真性。我们上面说传言和谣言是不准确的消息,但如果它们是完全虚假的或过于被歪曲的信息,就难以流传开来。人们之所以信谣传谣或对这些信息将信将疑,一个关键之处在于它们听起来是有一定根据的,似乎是真实可靠的。

2. 传言和谣言的产生与社会的某种临界状态或某些敏感事情有紧密的关联。在平常时期和日常事务上,少有传言和谣言。一旦社会发生了或即将发生重大的变故或遭遇严重的危机,一旦涉及人事的更迭、稀缺资源的分配等敏感问题,往往会引起人们的各种猜测,这时就容易使一些无根据或不确切的消息不胫而走。

3. 传言和谣言与信息的透明度有直接的关联。信息公开程度很低、新闻媒体受到严格控制的社会,都是传言和谣言的多发之地。对关系到公众利益的重要信息实行垄断和内部控制,就容易出现有人出于私人利益而有意识地制造谣言的现象,同时也使人们自觉不自觉地信谣传谣。

4. 传言和谣言开始容易停止难。俗话说:“好事不出门,坏事传千里。”尽管传言和谣言并不一定都是坏消息,但它们的确多与负面消息相关。人们的好奇心理使传言和谣言一旦出现便传播迅速,成为人们茶余饭后的主要话题。而辩诬和辟谣则因为人们的逆反心理而比较难奏效。尤其是在一个政府公信力很低的社会,政府的辟谣时常会出现越描越黑的情况。

5. 传言和谣言在传播中会被不断加工。也就是说,传言和谣言既是某些无根据信息的传播过程,又是这一过程的产物。在这些信息传播的过程中,人们会不断地对之进行加工、改造、补充和丰富,经过了若干环节以后,最初的传言和谣言很可能变得面目全非。

（二）传言和谣言的传播过程

美国社会心理学家奥尔波特（G. Albort）把传言和谣言的传播过程分为三个阶段：

1. 磨尖，即接受者再传播时往往会对原来的信息断章取义，留下符合自己口味和兴趣的东西，或只记住了给自己印象深刻的东西，而舍弃或遗忘了其他东西。

2. 削平，即再传者会把他认为的信息中的不合情理或不够动听之处削去，重新安排某些情节，增添其故事性、新闻性和趣味性，这样既便于传播，也容易使传播者为人所关注。

3. 同化，即再传者多半根据自己的生活经验对信息添油加醋，从而使这些信息带有更多传播者的个人色彩。

经过这样的传播过程，本来就不够准确的信息会更加失真，不过，它们却能够满足人们的猎奇心理或对受系统控制的信息的渴求。传言和谣言的终结有两种方式：一种方式是很快出现了有力的事实肯定或否定了传言和谣言的内容，得到证实的传闻就进入了正式的传播渠道，而被否定的传闻则立即寿终正寝。另一种方式是在长期得不到事实证明或否定后自行消失。随着时间的推移，传言和谣言的重要性和新奇性会逐步下降，尽管它们并没有被事实所否定，但它们长期得不到肯定的证明会使人们倾向于否定，它们的庐山真面目就会逐渐浮现出来。

第三节　社会运动

一、什么是社会运动

（一）社会运动的定义

社会运动通常是指被排除在社会权力结构之外的群体用非制度化的方式来促进或抗拒社会变迁、解决社会问题的集体行动。为了理解这个定义，我们应该将社会运动与几个相关的社会现象区分开来。

首先是区分社会运动与集合行为。集合行为与社会运动都具有结构性低的特点，但社会运动相对集合行为而言，其结构性要高得多。社会运动持续的时间较长，有比较明确的领袖和内部组织模式，有较为自觉的资源动员特征，有比较明显的政治色彩。

其次是区分社会运动与集体行动。集体行动是指有共同利益的个人组成的群体所采取的增进那些共同利益的体制外行动。从某种意义上说，社会运动是集体行动的一种，它与其他集体行动的一个重要差别在于，社会运动的规模较大、影响较深，其目标不仅仅指向运动参与者的自身利益，还指向社会结构的某些重要环节。

最后是区分社会运动与政治运动。社会运动本身带有较强的政治色彩,但是绝非政治运动:社会运动是自下而上动员的,采取的是体制外、非制度化的行动方式;而政治运动是借用政府力量自上而下动员的,采取的是制度化的行动方式。

(二)社会运动的类型

社会运动具有以下几种基本类型:

1. 抗争运动。这是指通过体制外手段来改变社会结构或社会政策的某些方面,实现特定的或公共的利益诉求的社会运动。抗争运动并不寻求改变政治、经济或社会的基本权力格局,而是在认同这一格局的前提下用较激烈的手段谋求对具体问题的改进。

2. 革命。这是旨在颠覆国家政权和现存的社会结构,并以新的制度和政权来取代的社会运动。一个已经腐败僵化的政权如果自己无法进行改良,而下层发起的改革运动又推行不动,这时常常会出现革命。革命是最激烈的、组织化程度也最高的社会运动形式,它对社会带来的冲击和破坏是巨大的,但它给社会带来的变迁和新气象也是无与伦比的。一个社会既不可迷信革命,也不可轻言告别革命。革命作为一种手段,其运用得当与否取决于对具体的社会形势的判断。

3. 表意运动。这是旨在改变社会结构中的人的社会运动,它的政治色彩较淡,几乎不直接触及社会结构,而看重的是运动参与者的内心变革,使他们得到情感上的满足,塑造出新的个性,或接受不同的意识形态。例如,美国 20 世纪 60 年代流行的以甲壳虫乐队、嬉皮士等为代表的反文化运动就是一种表意运动。

(三)社会运动的过程

尽管社会运动的这些类型各不相同,但它们的发展过程还是基本相同的,即要经历四个阶段:

1. 预备阶段。社会的不安定因素在这个时候迅速滋长,社会问题一直得不到有效解决。深受其害、心怀不满的人们情绪激动,却又苦于缺乏发泄的对象。这个时候,社会运动的领袖可能以鼓动者的身份出现,激化这些不安的因子。

2. 普及阶段。社会运动在这一阶段的特点是,不满的情绪和变革的要求开始广泛地诉诸与之相关的大众。大众的互动加速了不满情绪的增长,并经由运动领袖的引导,开始认同一个明确的行动目标。运动领袖这时的形象是预言家或改革家,他们或者以对未来新生活的前景来劝诱大众,或者将大众的热情与不满引导到对具体问题解决方案的关注上。

3. 正式组织阶段。此时作为参与群体的目标和理想得以确立,成员共享的价值观也随之产生。运动领袖这时所扮演的角色已不再是孤独的先知,而是深谋远虑的战略家,在他们的策划下,参与运动的群体形成了一种组织结构、一个行动计划和一套规范系统。

4. 制度化阶段。这是成功的社会运动的最后阶段，在此阶段，社会运动的理想和目标被全部或部分接受，并被制度化为社会的一部分。运动组织或者随着运动使命的完成而解体，或者成为合法的机构或组织。与此同时，参与者的理想主义激情开始消退，运动的决策开始被纳入常规化的管理阶段。

二、西方的社会运动理论

虽然革命在西方社会非常罕见，但抗争运动和表意运动则是很常见的现象。这些运动五花八门，历史影响也各不相同，有的对社会的影响很小，有些则产生了深远的历史影响。因此，社会学家一直在寻找有效解释社会运动的理论。西方的社会运动理论主要包括三种：第一种是最早出现的情感理论，第二种是在西方学术界占主导地位的功利主义导向的资源动员理论，第三种是新近出现的以意义建构和象征斗争为切入点的社会建构理论。下面分别予以简介。

（一）情感理论

在西方20世纪前半期的社会运动理论中，情感理论曾是最有影响的理论，它主要是从人的情感或心理来理解抗争政治的起源，它或者强调诸如相对剥夺感、心理预期值的错位等心理挫折所带来的攻击性行为，或者强调群众现象的形成所影响的集体无理性行为，其代表人物有格尔、勒庞、布鲁默、斯梅尔塞等。但自20世纪60年代资源动员理论和政治过程理论兴起后，情感理论因其看待社会运动整个过程的非理性和病态性而几乎完全被抛弃。近年来，西方社会运动理论开始重新把情感视角带回来。一般而言，北美学者所主导的社会运动理论与欧洲学者所主导的新社会运动理论在社会运动研究的对象、方法上存在相当差异：前者更重视用实证方法研究传统社会运动的机制，后者更重视研究女权运动、环保运动、反战运动等基于非物质需求的新社会运动，更重视研究社会运动的文化意涵和认同政治。不过，在西方社会运动研究的情感转向中，这两条线索又有某种融会的趋势。因此，我们把西欧新社会运动的研究大体放在当代情感理论的脉络中。与早年的情感理论不同的是，当代西方学界对社会运动中的情感的研究特点在于：情感不再被看作纯粹的生理范畴，而是更多地被看作文化范畴。也就是说，情感并非只是个人的自然属性，而是更多具有社会建构特性；情感并非排斥认知的，而是可以学习的；情感与理性并非简单的对立关系，而是相辅相成的关系。

（二）资源动员理论

在20世纪70年代前，社会学家解释社会运动多强调集体性的受挫和抱怨是具有决定性的因素。但自70年代以来，一些社会学家指出多数社会成员都会经历一定程度的挫折和紧张，但社会运动却只发生在特定的时间和地点，这说明关键的因素并不在于不满和抱怨本身，而在于社会成员能否有足够的资源把不满转化为运动。

这就是资源动员理论最基本的视角，其代表人物有麦卡锡和扎尔德、甘姆森、蒂利等。这种理论范式把社会运动研究置于工具性的、功利主义的自然科学传统之中。为这一范式奠定了重要基础的是著名经济学家奥尔森的理性选择理论，他把成本—收益的权衡，而不是剥夺感和不满情绪作为集体行动关注的核心。动员成了这种研究范式的核心问题。倡导这一范式的学者关心的问题是：社会运动所能获取的资源在哪里？这些资源是如何被组织起来的？国家是如何促进或阻碍动员的？动员的结果是什么？具体来说，资源动员理论与传统理论有两个关键的差别：

第一个差别是支持运动的基础。传统理论认为满怀怨恨情绪的人本身就是支持运动的最重要资源，社会运动的出现就是因为有这些想寻求变革的人群。但资源动员理论认为运动成功展开的最关键之处并不在于愤愤不平的一般公众，而在于尽管人数较少甚至可能置身局外，却掌握着许多重要资源的支持者。这些来自中上阶层或政府机构、大学、传媒或基金会的支持者足以调动起大众的不满。麦卡锡和扎尔德就研究过美国老年人争取医疗补助的社会运动个案。他们发现老年人中间贫病交加者甚多。面对美国高昂的医疗费用，他们似乎大多感到紧张和被剥夺感。但老年人自己并没有向国会提出医疗照顾计划的议案。到后来是以美国劳工联合会—产业工会联合会形式组织起来的劳工运动派人去做老年人联合会等组织的工作，并动员了老年人能够支配的一切资源，这才出现了一个强大的为争取老年人医疗补助的“院外活动集团”，最后终于使这一计划得到了国会的批准。

第二个差别是社会运动的策略。传统理论认为，社会运动必须用大量时间和精力来与政府当局讨价还价，有时甚至威胁当局接受变革。资源动员理论认为传统理论对社会运动策略的强调是非常不够的。事实上，除了传统理论提到的那些运动策略外，运动领袖还必须想尽办法获得活动资金，保护和增强成员的忠诚度并增加成员的人数，与目标相似的其他组织建立联盟，充分地运用大众传媒，针对不同的运动类型以及每一运动的不同阶段决定相应的行动手段。

（三）社会建构理论

资源动员理论自 20 世纪 70 年代出现以来就迅速占据了社会运动理论的主流地位，人们运用这一范式取得了许多研究成果。但近些年来，开始有不少人批评资源动员理论缺乏对价值观、不满情绪、意识形态和集体认同感的合理解释。这些人开始关注行动者意义得以建构起来的社会背景、社会运动的文化内容，以及在社会运动动员起来的资源的分配中结构化了的不平等所具有的含义。这就是社会建构理论最基本的视角。其代表人物有斯诺、克兰德尔曼斯、莫里斯等。社会建构理论认为以奥尔森模式为基础的个体功利主义模型假定集体认同感是不存在的，但实际上，社会行动者是“嵌入”在集体认同感之中的；社会行动的参与者并不是社会动员者手上的木偶，这些参与者会自己建构起行动意义。因此，在资源动员理论中的理性行动者面临着利用他人的努力而“搭便车”的困境，而在社会建构理论中，行动者因其对意义的建构而积极参与到了运动中来,并产生了一种集体的命运感。

如果说对资源动员理论所考察的行动者来说,最关键的问题集中在理性选择理论的"搭便车"问题上的话,那么,建构理论中的行动者则是一个沉浸在忠诚、责任感和认同感之中的主体。如果说资源动员理论强调的是精英对社会运动的控制和左右的话,那么,建构理论强调的就是参与者对运动本身和运动精英的认同。如果说正式社会运动组织是资源动员理论最基本的社会分析单元的话,那么,由面对面偶遇者组成的广泛的社会网络则是社会建构理论更典型的分析单元。如果不满情绪、价值观和意识形态被认为与资源动员过程无甚相关的话,那么,它们则引人注目地出现在文化和集体认同感的交汇处。

资源动员理论是企图将人类行动尽可能地放在以功利主义模型和工具性模型为特征的自然科学的框架中来解释,而社会建构理论则是强调对人类行动的独特意义的主观理解。很显然,贯穿在这两种理论中的,是社会学理论与方法中最基本的争论:实证主义与反实证主义之争。正如实证主义与反实证主义恰好构成了社会学领域"合理的张力"一般,资源动员理论与社会建构理论也都为对社会运动的解释与理解提供了丰富的可能性。

第四节　当代中国社会的集体行动与社会稳定

一、当代中国社会的集体行动的分类

从西方的社会运动理论来看中国社会,会认为中国难以出现社会运动。因为在中国这样由国家垄断着大部分政治资源和组织资源的"总体性国家",存在着对社会运动的两个致命约束:资源匮乏和意识形态陷阱。尽管如此,当代中国社会仍然存在某些带有社会运动性质的合法抗争,也存在着具有中国社会特色的集体骚乱,我们将其统称为集体行动。

对集体行动类型的划分可以采用不同的标准,划分标准的选取与人们所关心的问题有关。在中国当代社会,有两个问题是至关重要的。第一个问题是:什么样的集体行动是合法的,什么样的集体行动是被默许的,而什么样的集体行动是被禁止的?这个问题用社会学的术语来说,就是当代社会为集体行动的合法性提供了什么样的结构性规定与限制。第二个重要的问题是,人们会用哪些方式来组织集体行动,或者说,集体行动的组织手段和动员方式有什么样的差异?从这两个问题出发,我们可以确定对当代中国集体行动进行分类的两个维度:行动的合法化程度与组织化程度。

我们首先按照合法化维度,划出当代中国集体行动的两个大类四个小类。

第一个大类是合法抗争行动。这种类型的基本特点是:群众以较为理性、合法

的手段向政府表达和争取自己的合法权益。这个大类又可分为两个小的类型：群体性行政诉讼与集体上访。

在电影《秋菊打官司》中，秋菊所使用的法律武器是1990年我国颁布的《行政诉讼法》。这部法律的实施使“民告官”有了合法的根据。而所谓群体性行政诉讼，就是合法权益同时受到基层政府侵害的一批群众联合起来向法院提起诉讼，讨还公道的方式。显然，这种维权方式是直接受到法律保护和支持的，是最合法的手段。不过，由于行政诉讼涉及群众与基层政府的矛盾，事情相当敏感和复杂，群众常常会碰到立案困难、审理不公或难以执行等种种问题。因此，群众有的时候也会采用一些法律之外的手段来推动诉讼过程的进行。这样，在法庭内外就会构筑起一个特殊的抗争舞台。

“讨个说法”这种说法虽然在社会上流行于电影《秋菊打官司》公演后，但这种做法却并不限于以法律为武器。实际上，早在中华人民共和国成立之初，国家就为群众开辟了一条中国社会独特的“讨个说法”的渠道——信访。所谓信访，是人民来信来访的简称，它一般是指公民、法人和其他组织采用书信、电话、走访等形式，向各级人民政府、县级以上各级人民政府所属部门反映情况，提出意见、建议和要求，依法应当由有关行政机关处理的活动。早在1951年中央政府就颁布了《关于处理人民来信和接见人民工作的决定》。而后，《信访工作条例》又经过了多次的修订。2007年和2013年中共中央先后发布了《关于进一步加强新时期信访工作的意见》和《关于创新群众工作方法解决信访突出问题的意见》。2022年中共中央和国务院发布了最新修订的《信访工作条例》，强化了信访在反映民情、集中民智、维护民利和凝聚民心上的重要功能。这体现了国家对这项从中国共产党的群众路线中诞生出来的政治制度的高度重视，也是中央推进国家治理体系和治理能力现代化的一个重要举措。

在信访中有一种比较特殊的形式——集体上访。集体上访是利益受害群体通过走访的方式向上级政府反映下级政府的某些不法行为、维护自己权益的方式。集体上访本身虽然是《信访工作条例》中允许的一种信访形式，但集体上访的合法性并不如群体性行政诉讼。这主要有几个方面的原因：

第一，集体上访可能给正常的社会秩序带来某些负面影响。中国蓬勃的经济发展和市场建设是以安定团结的政治局面为前提的，如果大量的上访人群经常聚集在北京或其他中心城市，这对国家来说是不利于维护安定团结的局面的，它也可能对正常的社会生活秩序产生一定的冲击。

第二，集体上访发生的时候常常伴随其他一些有碍社会秩序的行为。由于群众通过上访反映问题可能遭到推诿、拖延和敷衍，他们为了使其问题得到政府的重视，有的时候会采用一些其他手段来对基层政府施加压力。这些手段尽管并不一定是法律明确禁止的行为，但也不是法律明确支持的行为，也就是说，这些手段在合法性上具有模糊性。

第三,集体上访所要维护的权益并不一定都是合法的或合理的。通过法律诉讼手段所争取的目标只能是在法律明确支持的范围内,但集体上访所争取的目标却相当复杂。有的是属于可以获得法律支持的目标,即具有合法性;有的则是属于情理之中,但缺乏法律或政策明确支持的目标,即合情合理却不合法,或者说是“事出有因,于法无据”;还有的则属于既不合法也不合理的目标,即无理取闹。

因此,我们对于集体上访必须根据实际的情况深入研究、区别对待,既不能一棍子打死,采取简单粗暴的打压手段,也不能采取任其自流、姑息放纵的手段,而是要引导群众有序地进行集体上访,帮助他们解决实际的问题。

中国社会的集体行动的第二个大类是群体性事件。所谓群体性事件,是指由人民内部矛盾引发的、十人以上群众自发参加的、主要针对政府的群体聚集事件,其间发生了比较明显的暴力冲突,出现了比较严重的违法行为,对社会秩序造成了较大的消极影响。在群体性事件这个大类下又可分成两个小类:以非利益相关者为主体的群体性事件与以利益相关者为主体的群体性事件。前者指的是参与群体性事件的大多数群众的利益并没有受到直接损害或威胁,但他们却由于种种原因成为参与这种事件的主力。而后者指的是参与群体性事件的大多数群众是因为其利益受到直接损害或威胁而成为参与这种事件的主力。尽管这两者都被称为群体性事件,但无论是在行动的目标,还是在组织的机制上,都存在着重要的差别。而且,非利益相关者为主体的群体性事件发生频率的上升是中国社会20世纪90年代后出现的一个新特点。

从组织化的维度来看,群体性事件的组织化程度最低,而合法抗争行动的组织化程度则比较高。在合法抗争行动与群体性事件的内部,行动的组织化程度差别不太大。我们下面就来分别分析集体上访和群体性事件的发生机制。

二、集体上访的发生机制

在西方的社会运动理论看来,社会运动的运作成本不仅包括动员成本,还包括组织成本;社会运动的持续将自发产生准科层制的社会运动组织,为维持这一组织本身的存在必须付出高昂的组织成本。社会运动职业组织及其专业化的动员,被看作是西方社会运动的显著特点。但在中国的集体上访中,上访者很可能使用对资源依赖较少的一些特殊的动员方式;同时,在动员的组织形式上还表现为不同于科层制的、运作成本低廉、运作方式灵活的“草根组织”,从而消解社会运动对资源的严格要求。

此外,西方的社会运动理论还认为,在中国的制度背景下,社会运动存在着意识形态陷阱。但从中国的集体上访事件中可以看出,上访者绝不是要谋求对体制的反叛,他们是因为不满基层官员对体制的破坏而来寻求高层的支持,上访者所使用的话语恰恰是维护体制的话语,他们在行动策略上至多是“踩线不越线”,这样一来,集体上访这种社会行动就可以在相当程度上避开意识形态的陷阱。

集体上访的独特性不仅仅在于它对资源匮乏和意识形态陷阱的克服,更在于它对"问题化"的技术的运用。所谓"问题化"的技术,是指行动者在既无法完全在国家制度组织框架之外去自主地解决问题,也难以寄希望于国家制度组织框架能够自动地解决问题的情况下,不得不运用各种策略和技术把自己所面临的困境建构为国家本身真正需要重视的问题。

应星的《大河移民上访的故事》一书研究了一个水库移民集体上访的复杂案例。我们从中可以看到,移民为了使国家在千头万绪中意识到他们的土地被冲刷问题的严重性,综合运用了"说""闹""缠"的问题化技术,把移民自身的生存困境和不公遭遇建构为危及社会稳定局面因而是政府无法回避、推诿、拖延和敷衍的紧要问题。所谓"说",是指移民对自身苦难以及苦难的归因的叙述技巧;所谓"闹",是指"逼迫"政府立即着手解决问题的策略性行动;所谓"缠",是指移民抓住站得住的理由后就采取不间歇地、密集地上访主要领导,并充分利用科层制内的缝隙以上压下、以左攻右,来谋求问题解决的手法。移民既运用正式的制度要求和边缘的越轨行动、用有理有据的话语和无节无制的述说把原想躲躲闪闪的市政府硬拖到谈判的前台来,又通过贪污问题的引入把上推下卸的县政府塑造成无可推卸的责任主体,并在"落实上面的政策"的旗帜下把区乡政府与上级政府间本来心照不宣的变通逼到了令其尴尬难耐的光亮之处。

上访者在大胆行动的同时,也在小心翼翼地躲避着潜在的威胁。一方面,往往只有不断地上访及与之相连的"闹事"才能带来问题的解决,甚至"闹"和"缠"的程度与政府解决问题的程度直接相连,此即所谓的"不闹不解决,小闹小解决,大闹大解决","会哭的孩子有奶吃"。但另一方面,告官又如同打虎般充满危险和陷阱。如果说移民与国家在互动中都各有其行动边界,那么,移民为什么要"说""闹""缠",以及"说""闹""缠"的界限恰可以为我们提供一个分析他们与国家关系的平台。"问题化"的过程犹如移民与国家之间进行的一场既饶有趣味又险象环生的"游戏":一方面,移民是在确保自己安全的前提下不断尝试从国家那里"挤"出更多的补偿的可能性;另一方面,国家则是在尽可能快地恢复社会秩序、防止牵一带百的前提下考虑如何尽可能小地追加补偿。在移民这里的边界体现为什么是"可说的"、"可做的"以及"可得到的",在政府那里的边界则体现为什么是应该予以利益补偿的,什么又是需要运用法律的惩戒武器的。政府与移民的行动边界既不是单方面决定的,也不是完全由各种政策法规条文所决定的、一成不变的,而是在双方的互动中不断发生着伸缩回旋,就好像两个正在推手的武师的手掌那样。

集体上访的独特性还进一步表现在运动精英与运动普通参与者之间的行动逻辑的分离上。由于集体上访威胁到了用以考量地方官员政绩的一个重要指标——安定团结,因此,尽管集体上访本身是国家并不禁止的,但对发生集体上访的所在地的官员来说,总是要想方设法地通过打击上访的组织者来压制上访。因此,集体上访的精英集团一旦形成,就会产生独立于上访群众利益之外的自身利益——即通过将地方官员告倒来确保自己在上访过程中及事后的安全。这样一来,上访就不会仅仅就事论事地解决问题,而是会演变成上访精英与地方官员之间的个人冲突,进而形成以"告官打虎"为核心内容的精英行动逻辑,这可称为"精英逻辑"。精英逻辑的一个重要表现在于不惜一切代价把上访进行下去,直到把可能对精英进行秋后算账的地方官员彻底告倒为止。而对于普通参与者来说,他们因为法不责众的惯例少有安全之虞,他们关心的只是自身利益的最大化,而在恰当的时机与地方官员的谈判、妥协本来就是实现这种利益最大化的重要条件。这可称为"群众逻辑"。但在实际的上访中,精英会运用种种手段来掌握运动的大方向,故而群众逻辑也就常常被精英逻辑所淹没和遮蔽。

在西方的社会运动中,无论对于运动精英来说,还是对于普通参与者来说,二者都明白,要保证运动取得最大限度的成功,就应该运用妥协的策略和智慧。但在中国社会中,由于精英逻辑与群众逻辑发生了某种程度的背离,精英常常要因为自身的安全而置妥协策略于不顾,这就使中国的集体上访总是难以找到最佳的结束点,普通群众很难通过社会运动的形式争取到最大化的利益。

此外,集体上访的独特性还表现在行动的动因上。西方学界通常认为,社会运动的起源在于物质利益或权利被侵害。然而,中国民众对于物质利益被侵害尽管非常敏感,但这种敏感一般不会直接反映在抗争行动上。斯科特在其名著《弱者的武器》中就批评了学者把农民政治的研究过多放在反叛和起义上,而忽视了农民反抗的日常形式的重要性,这种避免集体性直接挑衅的弊端的反抗形式才是大多数农民的日常选择。在中国20世纪90年代以后"稳定压倒一切"、维稳压力越来越大的背景下,民众即使采取的是合法抗争的形式,也常常会遭到一些基层政府的打压。因此,民众在最初是否选择群体抗争行动时不得不考虑自己所要付出的代价。也就是说,尽管民众集体上访的最初起源的确与物质利益或权利有关,但这种关联并不都是直接的,在许多情况下也并不是最要害的。事实上,中国民众的社会运动的真正动因往往与中国人独特的人格观有关。

美国社会学家科塞曾经在齐美尔思想的基础上区分了两种社会冲突:一种是现实性冲突,即那些由于在关系中的某种要求得不到满足以及对其他参与者所得所做的估价而发生的冲突,或目的在于追求没有得到的目标的冲突;另一种是非现实性冲突,即那些虽然也涉及两人或更多人的互动,但它不是由对立双方竞争性的目标引起的,而是起因于至少一方释放紧张状态的需要。简言之,两种冲突存在着本质的差别:现实性冲突是追求特定结果的冲突,而非现实性冲突是释放紧张情绪的冲突。然而,中国的集体上访往往兼有现实性冲突与非现实性冲突的特点,人格的冲突、情绪的对抗是这种运动得以发生和持续的关键动力,但其目标在一般情况下却限定在物质利益和权利上。

三、群体性事件的发生机制

我们前面已经提出了关于群体性事件的定义。这里需要注意群体性事件与相关社会现象之间的区别。群体性事件不同于集体维权行动的特点在于,它具有较强的自发性、暴力性与违法性。群体性事件不同于革命、叛乱或暴动的特点在于,它尽管是制度外的群体政治行动,但并不旨在挑战社会基本制度本身的合法性,而是由人民内部矛盾引发的。它不同于团伙犯罪的特点在于,它不是以哄抢财物、破坏秩序、伤害人身为直接目的的刑事犯罪,而是有着不失某种合理性和正当性的行动渊源或背景,违法犯罪行为只是这种行动的意外后果。它不同于群体械斗的特点在于,它不是民间的群体性纠纷,不是纯粹的治安性案件,而是群众把目标指向政府、企业或社会其他管理者,由利益纠纷引发而又具有某种政治性质的群体行动。可以说,群众与政府之间的利益矛盾是群体性事件的发生背景,行为违法是它的客观后果,但它真正的驱动力却在于情感。

我们可以把群体性事件的演化过程分为六个层面,并使用中国人常用的一个生活用语——“气”来对这些层面进行形象的说明。

第一层为结构问题层。这是指由结构性利益失衡造成、弥散在事发地区的“气”。失衡与弥散是这层“气”的基本特征。在一个牵连广泛、影响深远、关系复杂的社会大转型中,出现较为普遍的利益失衡问题,这本来不足为奇。但现在问题的关键在于中国社会目前在市场转型中并没有建立起足够充分的利益诉求机制,也还缺乏建设“安全阀”制度的敏感性。许多基层政府习惯于用高压手段来处理利益纷争。利益受到损失或威胁的一些底层群体不仅实际问题长期得不到解决,而且心中的怨气无从发泄,造成心理严重失衡,官民对立的情绪较为普遍。威权体制这种结构性因素决定了利益冲突和心理对抗常常难以通过制度化、理性化的方式来化解。很多情况下,底层的不满一方面在高压下遭到压抑,另一方面却又正是在高压下得到积累、强化和扩散,并在寻求着以非制度化、非理性的方式释放的时机。

第二层为道德震撼层。这是指某些具有“道德震撼”性质的触发事件将“气”从弥散状态转入凝聚状态。所谓“道德震撼”,指的是在社会运动刚开始时,一个未曾料想的事件发生或一个未曾料想的信息被公布,引起了人们的道德愤怒,从而使其倾向于参加集体行动,无论是否有人对他们进行动员。“道德震撼”强调的是一种令人震惊或眩晕的景象使集体行动的潜在参与者的道德情感受到了猛烈的冲击,并由此焕发出他们参与集体行动的热情。

第三层为概化信念层。这是指由于信息传播的迅速和过滤,已经凝聚起来的“气”被不断加压,使人们产生了所谓的“概化信念”。“概化信念”是人们对某个社会问题的归因的共同认识,它与事情本身的真相无甚关联,而是对既有的结构性怨恨和相对剥夺感的凝聚、提升和再造。在当代社会,手机和互联网的普及,使信息传递变得甚为便利和快捷,在既有的结构性怨恨基础上可以瞬间形成“概化信念”。而政府的信息公开不够、公布不快,更形成了一个信息的落差。

第四层是次级刺激层。如果说触发事件构成了群体性事件的初级刺激的话,那么,当事者或处置者的失当言行则构成了次级刺激,并引爆了已处于高压状态的“气”。有的时候,次级刺激源可能不止一个,多个刺激源可以相互叠加。也正是在这个层面,原来具有正当性的道德震撼开始转向失去正当性的情绪发泄,群体行动从原来的“事出有因”开始转向“于法无据”。

第五层是情境动员层。由于此时参与的人群已经达到了相当的规模,足以使参与者藏身在集体的匿名性中,并诉诸情境动员,来使“气”再次加压。所谓“情境动员”,是指在群体性事件中通过场景来完成的行动动员。在事件的整个过程中,或者致力于理性维权的草根行动者没有在场,或者他们即使在场,也难以发挥主导的作用。

第六层是终极刺激层。在极其紧张的最后关头,政府临场处置稍有失当,或者控制不力,处置不及时;或者控制过头,滥用警力,都可能引发“气”以大规模骚乱的方式彻底释放。尤其对中国这样的国家来说,基层政府更倾向于用警力来解决群体性事件,动辄把警察推到解决干群矛盾的第一线。结果在很多时候适得其反,彻底激化了矛盾。

这六层分布的每一层都是群体性事件发生的必要条件。随着这些分层逐次推进,发生群体性事件的可能性也在逐渐增加。一旦这六层分布全部完成,群体性事件的发生就不可避免了。

为了进一步理解群体性事件的发生机制,我们可以把它与集体上访的发生机制做一个对比。两者在三个方面存在着差别:

其一,在集体上访中,利益冲突是事件原发性的基础,情绪是行动再生产的推进力量;而在群体性事件中,情绪成为事件原发性的基础。就前者而言,冲突常常是争取利益或赢得尊严的手段;而就后者而言,冲突本身就是目标,发泄久被压抑的情绪是其基本需求。

其二,集体上访是由草根行动者直接组织的行动,其行动是大体可以预期的;而群体性事件是无组织的行动,行动刚开始是突发的,其走势是不可预期的。

其三,情绪在集体上访中是受到控制的,抗争手段是温和的,行动者为了达到自己真正的目的,可以对冲突的形式、规模进行理性的调控,也可以放弃冲突而改用其他替代手段;而在群体性事件中,人们的情绪已经开始失控,其激进的非理性行动尽管“事出有因”,却“于法无据”。

四、社会冲突与社会稳定

20 世纪 90 年代中期尤其是进入 21 世纪以来,中国的经济保持了持续的高速增长,中国的市场化改革不断向纵深发展;与此同时,一些深层次的社会矛盾也在不断积累和暴露。群体性事件作为体察这些社会矛盾的信号,日益成为社会关注的一个焦点问题。近十多年来,群体性事件表现出了数量扩大、规模增加、行为激烈、诱发点多、涉及面广、对抗性强等特点。通过对群体性事件发生机制的揭示,我们可以得出以下几点结论:

首先,群体性事件在突发性背后存在某种必然性。这指的是群体性事件具有突发性、无组织性、情境性的特点,但这类事件的发生的确存在结构性的因素。

其次,群体性事件事出有因,于法无据。这指的是群体性事件的导因可能有某些合理性,但参与者行动的发展逻辑却不具备合法性。

再次,群体性事件是有关行动者相互建构的产物。群体性事件不是按照预定目标和逻辑展开的,不是群众单方面建构出来的,而是对峙双方与处置方不断互动的结果,是在打压、拖延和坚持的拉锯战与突袭、挑衅和爆发的遭遇战中形成的。从群体性事件发生的后五个层面来看,从当事者制造的道德震撼事件到群众形成概化信念,从当事者或处置者的次级刺激到群众付诸情境动员,从处置者的终极刺激最后到大规模骚乱事件的爆发,是相关各方交替上升、强化刺激的结果。反过来说,政府如果当机立断,处置得当,既不反应过度,也不反应迟钝,既不控制过头,又不控制无力,就完全有可能在事件的第二阶段或第三阶段遏制事态的恶化。

最后,也是最重要的,我们对于群体性事件的认识本身在很大程度上决定了能否预防和恰当处置这类事件。在群体性事件中,尽管少数人出现了较为严重的违法行为,但就群体性事件本身而言并不构成对国家权力合法性的挑战。为了实现社会稳定,我们在战术上固然要重视对群体性事件的预防和处置;但也恰恰是为了真正实现社会稳定,我们在战略上又不能随意夸大群体性事件的政治危害。将群体性事件作为政治上的大敌,全力加以围堵,许多时候可能适得其反。我们要真正实现建设和谐社会的战略目标,最关键的一点就是要破除僵硬的、短视的维稳思维和"运动式治理"的惯性,以法治为核心,推进市场经济条件下利益均衡和利益表达的制度化建设,促进国家治理体系和治理能力现代化,形成社会长治久安的坚实基础。

思考题

1. 集合行为是如何形成的?
2. 人群行为有哪几种类型?分析人群行为的主要理论视角有哪些?
3. 谣言具有什么样的特征?它们一般是如何传播开来的?
4. 西方社会运动主要有哪几种理论?这些理论的区别在哪里?
5. 中国社会的集体行动与西方的社会运动有何异同?

6. 什么是群体性事件？它们与集体上访的区别在什么地方？

推荐阅读书目

[1]奥尔森．体行动的逻辑[M].陈郁,译．上海:上海人民出版社,1995.

[2]卡普费雷．谣言[M].郑若麟,译．上海:上海人民出版社,1991.

[3]科塞．社会冲突的功能[M].孙立平,译．北京:华夏出版社,1989.

[4]勒庞．乌合之众[M].冯克利,译．北京:中央编译出版社,2000.

[5]莫雷斯．社会运动理论的前沿领域[M].刘能,译．北京:北京大学出版社,2002.

[6]应星．大河移民上访的故事[M].北京:读书·生活·新知三联书店,2001.

[7]应星．“气”与抗争政治[M].北京:社会科学文献出版社,2011.

[8]应星．中国社会[M].北京:中国人民大学出版社,2015.

[9]斯科特．弱者的武器[M].郑广,译．南京:译林出版社,2007.

[10]清华大学社会学系社会发展研究课题组．以利益表达制度化实现社会的长治久[J].领导者,2010(33).

第十一章

社会现代化

历史是变动着的，而历史的每一个时代都以自己最显著的特征而留迹于史册之上。早在若干万年以前，人类第一次获得了人工取火的技术。这一重大发现，不仅改变了人们的饮食习惯，而且导致了火烧制陶、炼钢技术的产生，使人类的历史进入了一个新的时期。在大约一万年前，耕作技术的出现，为人类带来了新的生产方式，从此开始的这个时代被称为农业时代，这是人类历史的又一新时代。而在当今的时代，最显著的特点就是社会现代化。

社会现代化现已成为无数人热切关心、潜心研究并千方百计为之努力的时代主题。在学者的著作中，在政府的规划里，或是在各种名目的会议上，人们不厌其烦地谈论它。可以这样说，在今天，每一个国家、每一个民族，都以自己的步子，按照不同的道路，或快或慢地，或是较顺利，或是非常艰难地向这一目标迈进。今天的中国正沿着"中国式现代化"通路全面推进。

第一节　社会现代化的含义

一、社会现代化是一种特殊的社会变迁

在社会学中，社会现代化是一个有特定内涵的概念，它是指人们利用近现代的科学技术，全面改造自己生存的物质条件和精神条件的过程。社会现代化带来的社会变迁，从广度上来说，是世界性的，并不仅仅局限于某一个国家、某一个地区；从深度上说，它已经引起了整个世界的深刻变革。这种变革程度之激烈，影响之深刻，都是历史上少见的。如果把当今世界上发达国家的情况与不发达国家的情况做一番对比，或者把发达国家今天的情况与它二三百年前的情况做一番对比，我们就可以发现，这场社会现代化在何种程度上改变着世界。正因为这样，专门

研究社会现代化问题的美国普林斯顿大学历史学教授布莱克认为,在整个人类历史上,能够同今天的社会现代化相提并论的社会变革只有两次,一次是人类的诞生,另一次则是文明的出现。而我们今天正在经历的,则是人类历史上第三次最伟大的社会变革。可见,社会现代化是社会变迁的形式之一,是一种特殊形式的社会变迁。

二、社会现代化的内容

社会现代化是一个有机的整体,是全部社会生活的深刻变革,那么,这样的变化包括哪些基本的内容呢?这是社会学家在不断探寻的问题。

在社会学中,较早对现代社会和传统社会进行区分的是涂尔干。他把过去的传统社会称为"机械团结"的社会。这种社会是以其成员的相似性为基础的。在这样的社会中,没有复杂的劳动分工,人们为了存活下去,就要做大体一致的事情。他们有着大体相同的经历、思想、价值和行为。传统是社会生活的指南。而现代社会则是一种以"有机团结"为基础的社会。"有机团结"的社会是以劳动分工为基础的一种新型社会。在这样的社会里,劳动分工导致了劳动高度的专门化。这样,为了生存下去,人们就必须互相依赖。个人之间的相异性越大,人们相互求助的需要就越迫切,"有机团结"起的作用就越重要。在有机团结的社会里,理性是社会生活的指南。

与涂尔干处于同一时代的韦伯则认为,在近代史上,西方社会变化的核心是理性化过程。在韦伯看来,在传统社会中,人们社会行为的基础是传统和感情,即传统取向或感情取向。而在近代西方社会中,人们行为的这种传统的和感情的基础在逐渐变弱,并日益为理智的考虑——目标取向所代替。因此,西方社会在近代的发展,实质上是一种理性取代传统和感情的过程。韦伯认为,在这个过程中,对于成本和利润的考虑是理性的核心。因此,理性化的过程首先是发生在经济生活领域的,然后传播到社会生活的各个方面,使整个社会生活理性化。

在现代化研究中具有很大影响的还有帕森斯的五个模式变项理论。他认为,对于现代社会与传统社会,可以用关于人的行为与人们之间相互关系的五个模式变项来表示,这五个模式变项是:①情感性与非情感性。例如,夫妻之间的关系是一种情感性的关系,而顾客与售货员之间的关系则是非情感性的关系。②集体取向与个人取向。在集体导向的关系中,对集体的考虑占据着支配地位,而在个人导向的关系中,则是对个人的考虑占支配地位。③特殊性与普遍性,即在对待他人的态度上是个别对待还是一视同仁。④先赋性与自致性。先赋性是指一个人的社会地位是世袭的,在社会交往中,把家庭、门第等作为基础;自致性则是指一个人的社会地位是靠个人的努力获得的,在社会交往中把才能、品行等后天特征作为标准。⑤扩散性与专一性,即人们之间结成的社会关系是片面的还是全面的,如一个工人和车间主任结成的社会关系，仅仅涉及和工作有关的内容，因而是一种片面的、专一性的社会关系；而夫妻之间结成的关系，则包含极为丰富的内容，因此是一种全面的、扩散性的关系。帕森斯认为，在这五个模式变项中，左边代表传统社会的极端模式，右边代表现代社会的极端模式。如果把这个模式变项看作是一个续谱的话，那么，随着现代化的进程，人们的行为模式和社会关系的性质将逐步由模式续谱的左端移向右端。换句话来说，随着社会生活的现代化，非情感性、个人取向、普遍性、自致性和专一性的原则将越来越起支配作用。相反，情感性、集体取向、特殊性、先赋性和扩散性将处于不断弱化的趋势，由过去的占支配地位变为处于从属地位。因此，在帕森斯看来，社会现代化实质上是人类行为模式与社会关系的深刻变革。

要对社会现代化内容进行概括的说明，需要将这些理论加以综合。这样，我们就可以将社会现代化的内容概括为如下几方面：

（一）以工业化为核心的经济现代化

在社会现代化的过程中，经济的现代化占有一个突出的地位。经济现代化包括广泛的内容，如科学技术在生产中的应用，生产手段的机械化和自动化，国民生产总值及人均国民收入的增长，合理产业结构的建立等。而在这当中，工业化是一个关键性的过程。如果没有工业代替农业成为社会生产的基本内容，其他的经济现代化均无从谈起。

（二）以民主和效率为标志的政治现代化

政治现代化是经济现代化必不可少的保证。尽管我们目前还不可能完全把握现代化的进程，但在现代化过程中，人为因素起着越来越重要的作用，则是不可否认的事实。因此，在现代化的过程中，一种能有效协调和管理社会公共事务的政治系统是必不可少的。而为了获得民众对现代化的自觉参与，民主化就成为政治现代化中的一个重要内容。

（三）城市化

城市化意味着人类活动和居住场所由以农村为中心转变为以城市为中心。这个过程的发生，是工业化和人类活动集中化的必然结果。从现代化的历史来看，城市化是现代化中必不可少的一个内容。

（四）以科层制为起点的组织管理的现代化

韦伯认为，理性化过程集中表现在新型组织管理结构的建立，即科层制。但在今天，古典的科层制也正在遭遇严重的挑战，因此，探寻新的组织管理结构已经成为今天社会现代化的一个重要内容。

（五）社会结构的变化

社会结构的变化主要表现为社会结构的分化和普遍性社会关系的建立。结构的分化提高了人类社会活动的效率；而普遍性社会关系的建立则为在理性原则基础上进行社会活动提供了可能。

(六)文化和人的现代化

人是现代化的主体,是现代化活动的实际承担者。而文化是人类自己创造的生活环境和生活条件之一。文化的内化成为人的本质,而人的任何活动都是在一定的文化框架内进行的。因此,只有人和文化的现代化,才有社会活动的现代化,才有现代社会的建立。

(七)生活方式的现代化

在社会现代化的过程中,随着社会生产力水平的提高,物质财富的增加就会引起生活方式的现代化。西方社会学家往往用世俗化(secularization)来描述生活方式的现代化,即用科学的态度对待生活。这是针对中世纪时期对生活的宗教态度而言的。但这一表述并不全面。生活方式的现代化还应包括生活水平和生活质量的提高、消费结构的变化,以及伴随闲暇时间增加而来的生活的日益丰富多彩。

以上七个方面,并非社会现代化内容的全部,而只是指出了社会现代化的基本内容。

三、从和谐论到冲突论

既然社会现代化包含多方面的因素,那么,这些因素之间的关系是怎样的?事实上,在社会现代化研究的初期阶段,和谐论是许多学者和理论家心照不宣的一种自发而天真的假设。他们往往把现代化和社会发展中所包含的各种因素看作是和谐的、互容的,是互相依赖、互相促进的。这意味着,如果没有其他方面的现代化或社会发展相配合,任何一个特定方面的现代化或社会发展都不可能顺利进行,也不可能成功。

将社会发展的各种因素看作是互容的,“甚至是不可分割的,也就意味着一个社会在发展的过程中可以同时获得多方面的进步,即所谓‘好事将会一起来’(all good things go together)”的假设。对这种关于社会发展诸因素的和谐论的观点的形成,至少应注意到如下几点:第一,这种和谐论的思想是与人类的理想相一致的。自从人类文明形成以来,历代的思想家都在孜孜不倦地描述和追求人类的理想境界。尽管每个人的表述各不相同,但富裕、平等、自由、尊严,一直是这种追求中的永恒主题。这种理想社会是一个“各方面都美好”的社会。可以说,人类思想史上的这种遗产,对和谐论的形成有着重要的影响。第二,一些国家的社会发展历程也似乎可以证明社会发展的这种和谐图景。特别是,如果人们注意到最初的社会发展理论主要建立在对西欧和北美现代化经验的总结上,也就不难理解了。除了西欧和北美之外,日本似乎也是一个例证。另外一个被人们引用的例子是哥斯达黎加。在1948年革命之后,哥斯达黎加建立了一个较为稳定的民主政体。在20世纪60年代到70年代中期,哥斯达黎加经济增长一直保持一个较高的速度。同时,土地占有相对来说也是较为平等的。在60年代和70年代,处于绝对贫困状态的人口比重大幅度下降,收入分配渐趋平等。第三,在一些国家中存在的“消极和谐”(negative compatibility)现象,似乎可以作为和谐论的反证。这种“消极和谐”是指某些方面的社会发展不能顺利进行,制约或阻碍了其他方面的社会发展,其结果就是,在社会发展的各个方面均未获得成功的进展。这种“消极和谐”现象似乎可以从反面证明在社会发展的诸因素间存在的不可分割、互相制约的关系。

但是对于和谐论,人们必须注意到该理论上的一个极其重要的缺陷,即除了反面的例证之外,其正面的论点似乎都只能用很长的时间跨度的过程来支持。以作为和谐论立论基础的西欧、北美和日本的社会发展而论,虽然将其几百年的社会发展作为一个总的过程似乎可以证明和谐论的观点,但如果以较短的历史跨度作为标准,或干脆在一个特定的时刻来看,人们所能看到的远不是这样一种和谐的情景。以增长和平等的关系来看,西欧和美国在进入20世纪,特别是20世纪下半期以后,确实出现了经济快速增长和收入分配较为平等的趋势,但在其社会发展的早期阶段,则伴随着经济增长与高度的不平等,以致库兹涅茨也只能用U形曲线的理论来概括这种现象。再如日本,其经济社会发展开始于1868年明治维新以后,而政治民主化的任务则是直到第二次世界大战以后才提上日程,并且还主要是由于战败和随之而来的外部因素的介入。因此,即使是从这些国家的情况来看,其长期过程的最终和谐也伴随着短期过程或特定阶段的不和谐。而后者对于一个特定国家的社会发展进程来说,有着更为直接的意义。

随着对社会发展认识的深化,特别是发展中国家在社会发展中所面临的坎坷与困境,和谐论受到越来越多的质疑和批评。在这当中,我们特别需要注意如下两点:

首先,在社会发展的过程中必然伴随着一系列的消极因素。“现代化所伴随的却是人类业已看到的巨大灾难……现代性带来的问题与所提供的机会一样大。”布莱克认为,在社会发展所带来的困扰中,最严重的就是社会解体。在传统社会中,社会是整合的,体制运行是有效的,人们所追求的目标和实现目标的手段又是比较一致的,暴力与动乱被控制在较低的程度。但是当迅猛的变革到来之时,社会中没有任何两个因素能以同样的速度适应这些变革,全面失调开始出现,广泛的暴力开始爆发,大批民众开始迁移,传统的管理已不适应,亦不可能维持。这样,一个国家就会在相当长的一段时间里陷入社会发展的阵痛中。此外,在社会发展的过程中,由于原有的价值系统的动摇和瓦解,社会成员会处于无所适从和无规范可循的失落状态。而现代生活造成的人本身的异化,更是为许多学者所经常论及。因此,布赖克指出:“必须认识到,社会发展是一个创举与毁灭并举的过程,它以人的错位和痛苦的高昂代价换来新的机会和新的前景。”

其次,社会发展各种因素之间的矛盾与冲突日益显现出来。特别是在第二次世界大战后发展中国家的社会发展过程中,这种矛盾与冲突表现得尤为突出。概括地说,主要有如下几个方面:

第一,增长与平等的矛盾。许多发展中国家开始社会发展进程的时候,面临的一个严峻现实就是与发达国家在经济发展水平上存在巨大差距。因此,许多发展中国家在社会发展中,一开始就将经济增长作为现代化的首要目标,这是可以理解的。按当时"间接流下"的假设,在经济增长的同时,收入平等的问题也就自然可以解决。但事实却是,相当多的发展中国家在经济获得较为可观的增长的同时,收入平等的趋势并没有出现,反而出现了不断恶化的趋势。而且事实表明,一些国家恰恰是力图用扩大收入不平等的方式来促进经济增长的。因为它们认为,收入的不平等有利于资本形成。

第二,政治民主化与政治稳定的矛盾。政治民主化与政治稳定是人们公认的政治社会发展的两个重要指标。开始的时候,有许多学者,特别是持自由主义观点的人认为,这两者是可以互容的,甚至可以互相促进。更具体地说,政治民主化可以促进政治稳定,因为民主化可以提高人民对政权的认同程度,扩大政府的合法性基础。但发展中国家政治社会发展所呈现的却远不是这样一种理想的和谐图景。在这些国家,独立之初按西方模式建立起来的民主政体,不仅在动员各种社会资源以促进经济发展上显得无能为力,甚至连社会秩序也无法维持,频繁的社会动荡使这些脆弱的民主政权纷纷垮台,结果在许多国家中取而代之的是同样没有希望的专制政权。新保守主义对此的解释是,政治民主化会对政治稳定产生消极影响,因为民主政治会引发不同群体间的冲突,会增强人们的挫折感。

第三,社会分化与社会整合的矛盾。在以社会进化论为基础的社会发展理论家看来,社会分化既是社会发展的最重要的组成部分,也是整个社会发展能得以推进的不可或缺的机制。在社会分化的过程中,原来承担综合性职能的结构体分化为若干个分别承担专一功能的子结构,这无疑会大大提高人类活动的效率。但社会分化的过程必须伴之以相应的整合或再整合过程,以协调分化后的各子结构体之间的关系,否则,就会发生社会结构失调。但从社会发展(包括西方发达国家的社会发展)过程来看,这两者并不总是同步推进、相得益彰的。实际的过程往往是,分化超前而新的整合滞后,结果就是社会结构的失调和社会问题的大量出现。

第四,城市化与经济社会发展的矛盾。20 世纪 60 年代以前,在学术界中,城市化对经济社会发展所具有的积极作用,几乎是众口一词的。虽然有的人也对城市化所带来的某些弊病颇有微词,但对其积极作用都是承认的。但 20 世纪 60 年代中期以后在发展中国家出现的"过度城市化"现象,却给这种理论出了一个难题。因为这种"过度城市化"不仅不能对经济社会发展起到积极的作用,反而成为经济发展的负担,并造成各种社会问题。

于是，和谐论被冲突论取而代之。在冲突论中，“两难窘境”“抉择”“交替换位”等，成为引人注目的谈论话题。

第二节　西方国家的现代化进程

一、西欧现代化的发端

英国著名作家韦尔斯在《世界史纲》中以一种深沉的历史感写道；“以地图来判断，对基督教世界来说，从 13 世纪初到 15 世纪末的三个世纪是一个衰退时期……只是在 15 世纪临近结束时，西欧的真正活力的一些迹象才逐渐显现出来。”如果我们将 1500 年作为分界点，就可以看到 1500 年前后的两个西欧的强烈对比，以及在这一段时间里西欧所发生的重大变化。1500 年以前的西欧，诸侯之间征战不已，一个诸侯的领地就是一个独立王国，还没有现代意义上的民族国家；日耳曼人的南迁，使商路中断、经济萎靡、手工业和商业萧条；80%以上的人以农业和畜牧业为生；宗教神学不仅是占统治地位的意识形态，而且笼罩着社会生活的所有领域，它不仅窒息了社会的生机，也禁锢着人们的思想；在外部关系上，虽然欧亚之间的奢侈品贸易始终未断，但总的来说，欧洲自身是封闭的。

1500 年以后的欧洲，面貌则与以前迥然相异。在诸侯征战的废墟上崛起了新的民族国家，国王的专制日益强固，而诸侯的力量则黯然失色；工商业表面上是在恢复，实际上则是以更大的蕴力将自己推向前进，它不久就向人们表明，这是一种新的经济形式的生成；在沉闷的宗教神学殿堂，各种杂音骤起，各种异端向占统治地位的宗教发出强有力的挑战。开始时，人们或许还以为这不过是新教派的出现，但不久人们就明白了，这是新的文明意识在启蒙。在蔚蓝色的大海上，帆影点点，它带回来的不仅是掠夺到的财富，还有关于海外的新信息，正是在这个基础上，西欧与外部世界联系的纽带结成了。

将 1500 年前后作为现代化源头的另一种意义还表现在，一系列无论对欧洲还是对世界都有重大历史意义，同时亦对现代社会形成起了重要作用的事件都是发生在 1500 年以后二三百年的时间里。在 1500 年前，西班牙、葡萄牙的殖民者开始了海外探险。哥伦布于 1492 年发现美洲大陆。1500 年前后，意大利文艺复兴开始，达·芬奇、拉斐尔、米开朗琪罗都活跃于 1500 年前后。1521 年，路德被剥夺公民权，宗教改革开始，这是欧洲人在精神上的一次重要觉醒。29 年之后，加尔文在日内瓦建立加尔文教派，宗教改革声势大壮。1503 年，哥白尼的《天体运行论》出版，科学革命在孕育。1588 年，英国海军打败西班牙的“无敌舰队”，获得海上霸权，西欧在海外的扩张进入一个新阶段。1600 年和 1602 年，英国和荷兰东印度公司分别成立，其在亚洲的经济扩张声势更盛。1610 年前后，开普勒、培根、伽利略、笛卡尔纷纷创立自己的科学理论。1640年,英国资产阶级革命爆发,处死查理一世,宣布实行共和制。1688年,英国发生"光荣革命",实行君主立宪制。1770年,工业革命开始。1789年,法国大革命开始,发表《人权宣言》,废除封建制。1830年,法国、德国、意大利、波兰发生革命。1848年,资产阶级政治革命席卷欧洲。正是在这一系列变动中,西欧历史上的一个旧时代结束了,一种人类历史上未曾有过的新文明,在西欧露出了曙光。

认真分析一下人类历史上第一次现代化浪潮的进程,我们可以得到如下几点结论:①民族国家这一新的政治共同体的形成,是现代文明能得以产生的前提。统一民族国家的形成,并不只是意味着政治上的统一,还意味着一种有效的中央政权的建立。因此,这种民族国家"本质上是两种显然矛盾着的观念的试验性的结合,即信仰与服从的共同体的观念与意愿的共同体的观念"。同时,统一的民族国家的形成不仅为统一的经济发展提供了前提条件,也为其他方面的发展创造了可能性。②西欧各国作为现代化的第一批国家,其现代化具有一种鲜明的"内发"性质。作为一种"内发"型的历史过程,西欧在现代化的过程中主要不是靠对外部文明的"采借",而主要是靠光大自己传统中的现代性因素与创新来实现现代化的。因此可以说,原生的"内发"型现代化的本质特征之一就是创新。对于创新活动的类型、条件和作用早已有人进行过详细论述,在这里我们需要指出的是,创新与社会结构的性质有着密切联系。一般地说,只有在权力较为分散、社会结构多元化、社会动力系统蕴藏于民间、社会活动单位处于活跃状态的社会中,创新活动才容易发生。③海外扩张不仅弥补了西欧现代化中先天不足的条件,而且可以用整个世界来容纳西欧的发展。西欧现代化的历史,同时也是一部在海外侵略、扩张、殖民的历史。西欧具有历史意义的海外扩张开始于15世纪末期,在此之前,欧洲的航运基本上限于北大西洋、地中海和波罗的海。但从15世纪开始的海外扩张,特别是美洲新大陆的发现,对西欧的现代化起了巨大的推动与刺激作用。④西欧现代化的"内生"性,决定了其现代化的主要推动者来自民间。

二、18世纪中后期的现代化浪潮

卷入这一次现代化浪潮的主要是两类国家,一类是西欧的海外殖民地,如美国、加拿大、澳大利亚和新西兰;另一类是欧洲走上现代化道路较晚的国家,如爱尔兰、冰岛、西班牙、葡萄牙、荷兰、波兰、匈牙利、比利时、卢森堡、瑞士、意大利、丹麦、挪威、瑞典等。由于第二类国家与西欧第一批现代化国家有较多共同点,因此,我们这里分析的重点将主要放在第一类国家上。

这次现代化浪潮如果说是从美国的独立战争开始,到澳大利亚、新西兰走上现代化道路为止,大约经历了一个多世纪的时间。在这一个多世纪的时间里,对其外部的国际背景至少要注意到如下几点:第一,西欧首批现代化国家的政治现代化已经由民族国家的建立、中央政权的巩固阶段转到政治民主化的阶段。英国1688年的光荣革命,结束了王权的专制统治,实行了君主立宪制,实现了"由绝对王权向多元寡头制的转化"。在法国,民主力量和专制力量之间则在用更激烈的手段进行着殊死斗争。虽然中间历尽坎坷与反复,但民主政治的实现则是大势所趋。第二,18世纪末,首先是在英国,然后是在其他一些西欧国家发生了工业革命。作为人类历史上的第一次工业革命,这次革命的影响是多方面的。它不仅在进行工业革命的国家中重构了经济,对政治的发展产生重要影响,更重要的是,它对世界上所有的国家都形成了一种重要的潜在影响,或迟或早把这些国家卷入这次浪潮中来。第三,民族主义思想的形成。民族主义思潮一方面反对内部的分裂,要求建立民族的同一性;另一方面反对外国的压迫,强调民族的独立性。兴起于19世纪初的民族主义与下面两个因素有直接关系:一是工业革命加剧了各民族各国家间的经济摩擦,每一个国家都想工业化,所以不能容许外国的制造家在其本国插足。一个拥有纺织工业的国家,也不容许设备较好的外国纺织商品进口,以免自己的工业被其摧毁。二是在拿破仑当政时期法国对其他欧洲国家的侵犯和高压政策,也在受其欺凌的民族中激起了民族主义情绪。欧洲民族主义在海外造成的影响之一是促成了第一次非殖民化运动。第四,西方资本主义在海外的扩张进一步加剧,国际政治经济秩序日臻成熟。但殖民主义的重点,已经转到亚洲和非洲,并在19世纪完成对非洲的瓜分。在旧有的殖民地中,直接的赤裸裸的殖民掠夺,开始让位于资本统治,不平等贸易成为经济掠夺的主要形式。

如果说英国与法国是第一批"内发"型现代化国家,那么,从18世纪中后期开始现代化的国家则是最后一批"内发"型现代化国家。但这些国家的现代化又明显晚于西欧第一批现代化国家,第一批现代化国家的经历无疑对后来这些国家的现代化起着示范作用。而作为相对的"后发"现代化国家,由于已经有现代化的"榜样"存在,它们可以免去一系列为现代化的先行者所不可避免的创新过程,从而加速自己的现代化。在技术物质层面是如此,在制度和价值观念层面上也是如此。因此,在这种"后发"的现代化中,往往包含着一系列的引进、"采借"与移植。当美国于19世纪初开始工业革命的时候,英国的工业革命已进行了约30个年头,一些技术、设备、工艺和组织形式已经成形,这无疑大大便利了美国的工业化。据说美国在罗得岛建立的第一个棉纺厂中的纺纱机,就是由从英国移居美国的纺织工人斯来特根据英国阿克莱特水力纺纱机仿制的。在工业革命中,美国的机器制造业也曾大量仿制英国的机器。然而这还只是在技术上的,至于组织与制度上的借鉴,虽然是无形的,但比技术的借鉴更为重要。

三、19世纪中后期的现代化

在欧洲的一批殖民地与欧洲第二批国家开始走上现代化道路约一个世纪以后,世界上发生了第三次现代化浪潮,这批国家大致包括德国、俄国(苏联)、日本、中国等。

与第二批现代化国家的数量相比,这个阶段开始进行现代化的国家从数量上看并不多,但无论是从其现代化的性质来看,还是从这些国家在国际社会中的作用来看,都是值得给予特别重视的。

与前两批现代化国家相比,这些国家的现代化呈现出更大的差异性。虽然这些国家都属于"后发"的现代化国家,但意大利的现代化显然是"内发"的。德国的现代化,过去人们一直将其看作是"内发的",但依据主要在于其文化属西欧范围,如从现代化的积累来看,应当认为其是一种"外发"型现代化。中国和日本地处远东,长期与西方文化隔绝,是一种"外发"型国家。而俄国地处东欧,并有一部分地区在亚洲版图之内,虽大体上也属于欧洲文化的范围,但其自身有很强的独特性,其现代化也主要呈"外发"特点。特别要指出的是,在这次现代化浪潮中,第一次出现了社会主义现代化的道路,打破了资本主义现代化模式一统天下的局面。

最后还要指出的是,这批国家的现代化对国际经济政治秩序基本格局的最终形成起了重要的作用。美国发展经济学家刘易斯认为,目前的国际经济秩序是在19世纪最后25年间形成的。1850年,英国进行了工业革命,有些国家对此做出了反应,或者通过贸易,或者通过仿效,先后实现了工业化,而大多数国家却没有对此做出反应。基于这一点,世界分成了工业国和非工业国。也就是说,凡是在后来成为现代化国家的,在这个时期都至少已经起步了;而在这个时期还未起步的,后来都未能成功地实现现代化。

四、第二次世界大战后的现代化浪潮

20世纪上半叶,是现代化的一个低潮期,其间走上现代化道路的国家寥寥无几。只有土耳其是个例外。在20世纪20年代,土耳其在"土耳其之父"凯末尔的领导下,以渐进改革的方式开始逐步走上现代化的道路。土耳其的改革与现代化因在较短的时间内卓有成效地解决了一系列棘手的难题而受到世人的关注。另外值得注意的一个地方是拉丁美洲。拉丁美洲受殖民主义统治的时间最早,获得民族独立的时间也最早。在19世纪中期,拉丁美洲的绝大多数国家获得了政治独立。但由于种种原因,拉丁美洲国家并没有在独立后马上走上现代化的道路。在20世纪30年代大萧条期间,资本主义世界的经济危机给拉丁美洲以沉重打击。外来的资本中断了,拉美出口的初级产品在世界市场上价格大跌。这种状况迫使拉丁美洲国家必须用自身的条件来实行工业化。于是这里发生了第一次改革浪潮,如土地改革,将外国公司收归国有,鼓励外国投资等。虽然这些改革曾取得一些成果,但无论是其范围还是其作用,都是很有限的,并没有使这些国家真正走上现代化道路。另一个值得注意的现象是,社会主义苏联在十月革命后迅速走上了工业化和现代化道路。苏联现代化成功的意义,不仅在于它本身是一个大国,它的现代化无论对地区政治还是世界政治都产生了重大影响，更重要的是，它提供了一种新的社会主义现代化道路的选择。

总的来说，尽管现代化在上述国家和地区或多或少地有所进展，但 20 世纪上半叶的现代化进程整体来说还是处于低潮期的。仔细分析一下就会发现，出现这种情况并不奇怪。在 19 世纪末 20 世纪初，国际经济政治秩序已经形成，在这种国际经济政治秩序中占据有利地位的国家，这时都已先后走上了现代化道路，还没有走上现代化道路的国家，则大多处在帝国主义和殖民主义的统治下。

由此可见，第四次现代化浪潮到来的一个必要条件就是结束帝国主义和殖民主义的统治。这个条件终于在第二次世界大战结束以后逐步形成了。第二次世界大战以后国际关系格局的演变，社会主义与资本主义两大阵营的对峙，特别是第三世界人民的民族解放斗争，使大部分前殖民地半殖民地国家获得了独立。1956 年，摩洛哥、突尼斯、苏丹等一批非洲国家获得了独立。1957 年，加纳(原来的黄金海岸)获得了独立。1956 年，法国结束了其在中南半岛的统治。1957 年英国承认了马来亚的独立。1960 年，非洲有 13 个法国殖民地获得了独立，比利时也结束了对刚果的统治。到 1965 年，大部分殖民地半殖民地国家都获得了独立。又一次现代化的基本前提条件具备了。

回顾第四批国家三四十年现代化的历史，可以说喜忧参半。在第四批现代化国家中，有一部分国家和地区的现代化已经取得了较为可喜的成绩，如东亚和拉丁美洲的新兴工业化国家和地区。同时，包括中国在内的一批社会主义国家的现代化也取得了令人瞩目的进展。但在另外一些国家，却呈现出不容乐观的图景。有些国家至今没有走上现代化的道路，经济落后，人民生活水平低下。还有的国家虽在一段时间内现代化取得可观进展，但由于种种原因，这个过程很快中断了。

五、美国的社会进步运动

西方国家的现代化进程同时也伴生着社会进步的过程。这是因为很多西方国家在经历了快速的经济发展后，社会的进步成了重要的主题。例如，19 世纪末的美国虽然实现了经济的初步繁盛，但政治上腐败严重、经济上寡头垄断、权力和资本勾结等现象普遍存在，整个社会生活没有规则、道德堕落。我们可以看到，在随后的一百多年历史中，美国社会在痛苦的挣扎中经历了社会不断进步的过程。这个过程可以分为三个阶段：

第一个阶段是 19 世纪末 20 世纪初的社会进步运动。1884 年，美国的工业产值第一次超过了农业，开始成为一个工业国；1894 年，美国的工业总产值超过了英国，成了世界上头号工业大国。但在这同时，也出现了一系列问题，如大资本的垄断、权钱勾结、贫富差距扩大、社会风气败坏等，进步主义运动正是针对这样一些弊端出现的，其包括了政治、经济和社会的一系列变革运动。在这场进步主义运动中，有一个很著名的“扒粪运动”，也叫“揭丑运动”，就是通过各种媒体把社会中的阴暗面暴露在光天化日之下。当时有一份很有名的杂志《麦克卢尔》，编辑部主任叫斯蒂芬斯。斯蒂芬斯就是一个非常有名的“扒粪者”。他经历非常丰富，广泛记录在政界、商界、司法界、警界等广泛存在的腐败行为。“扒粪运动”对促成当时美国社会的进步起了重要作用。

第二个阶段是20世纪30年代大萧条时期发生的罗斯福新政，推动了社会保障制度的建立和以中产阶层为主的社会的发育和形成。罗斯福新政分成两个阶段。从1933年到1935年是第一阶段，主要是在经济政策方面采取凯恩斯主义，由政府干预经济，稳定金融，重振经济。从1935年到1941年的珍珠港事件爆发是第二个阶段，主要是一场社会变革，其重要措施有以下三个方面：

(1)社会救济。大萧条对穷人的冲击很大，美国的失业率差不多是劳动人口的1/4，使当时美国的社会矛盾非常尖锐。罗斯福上台后，首先需要解决这个问题。他采取的是以工代赈的办法。这样的做法不但解决了底层民众的失业和收入的问题，而且因为实行的是以工代赈的方式，坚定了人们对于未来的信心。

(2)建立社会保障制度。从历史来看，无论是美国还是西方其他一些主要发达国家，都是在经济比较困难的时候开始搞社会保障的。1935年，美国还处在大萧条当中，在罗斯福的力促下，通过了社会保险法案。尽管存在养懒人等弊端，但在当时没有这样的政策，就很难迈过社会进入耐用消费品时代的坎儿。没有社会保障和社会福利，人们对于未来没有明确稳定的预期，有效消费不足，就很难从经济危机中走出来。

(3)调整劳资关系。1935年美国通过了劳工关系法案，最主要的内容就是赋予工会合法性，工会能够合法代表工人和企业主讨价还价，从而使劳动者的收入增加了，中产阶层开始形成。而中产阶层是耐用消费品的主要消费者。

可以说，正是在20世纪30年代的大萧条当中，美国通过罗斯福新政特别是第二个阶段的社会变革，使自身从一种原始的资本主义转变为一种福利资本主义。虽然到现在为止，人们对于福利国家还有很多不同的看法，但正是通过这场社会变革，通过建立一个“好的社会”，促进了以中产阶级为主的社会结构的形成，从而为美国进入耐用消费品时代、经济上一个台阶、进入新阶段创造了条件。

第三个阶段是20世纪60年代由美国总统约翰逊发动的建设伟大社会的运动。第二次世界大战结束，美国进入一个新的发展时期，一直到50年代，美国经济可以说是突飞猛进，社会空前繁荣。1958年，著名经济学家加尔布雷斯写了《丰裕社会》这部著作。书中称，美国已经永久告别了贫困，开始进入一个丰裕社会，以后遇到的问题都不是和贫困有关的，而是和丰裕有关的。但是就在加尔布雷斯这本书出版4年之后，有一个左派社会学家哈灵顿也写了一本书，名为《另一个美国》，副标题是“合众国的贫困”，记录了他当时能够找到的美国社会的阴暗面。约翰逊看到了这本书，深受震动，于是提出要开展一场建设伟大社会的运动。这个运动的目标就是向贫困宣战，向不平等宣战。

美国通过这三个阶段的社会进步运动，较有效地克服了在经济发展过程中出现的各种社会弊端，明显遏制了社会溃败的势头。尽管中国的国情与美国并不相同，但是美国的社会进步运动仍可以给我们有益的启示：在实现经济现代化的同时，实现社会进步非常重要。

第三节　后发外生型现代化

一、后发外生型现代化的特点

我们依据一个国家现代化起始的时间以及现代化的最初启动因素，将目前所有卷入现代化这一浪潮的国家分为两大类型，即早发内生型现代化和后发外生型现代化。

早发内生型现代化以英国、法国、部分西欧国家和美国为代表，这些国家的现代化有两个明显的特点：第一，最显而易见的是，这些国家的现代化开始的时间都比较早。第二，这些国家的现代化带有明显的内生性。

自德国、俄国、日本的现代化以来，一直到今天的广大发展中国家的现代化，都可以归入后发外生型一类。德国的情况多少有些特殊。其现代化属于后发型，这一点在学术界似乎没有什么异议，但有人认为，它的现代化又是内生的。之所以存在这样的看法，也许是因为德国的文化属于西欧文化的范畴。但如果从德国现代化开始时其现代性的积累看，人们不难得出结论，当时德国内部现代性的积累是很少的，其后来的现代化也经历了大规模的采借过程。因此从基本的方面来说，德国的现代化也是属于外生型的。

与早发内生型现代化相比，后发外生型现代化具有明显的人为色彩。许多后发外生型国家的现代化实际上是对来自外部的挑战的一种积极的回应。过去有过的殖民地的经历，帝国主义和殖民主义的现实与潜在的威胁，自己与发达国家之间的巨大差距，都会使这些国家的政府、领导人和人民自觉地将现代化作为维护自己生存和发展的重要手段。即使是在本社会内部缺少现代性积累的情况下，也必须强行启动现代化。因此可以说，这种现代化实际上是落后国家为摆脱现状、加速社会发展所做的一种自觉的努力。表现在实际的现代化进程中，不仅政府要直接介入现代化进程，并且往往成为现代化的最主要的推进者，而且，由政府制订和组织实施的经济社会发展计划往往成为推进现代化的重要工具。从实践上来看，有的国家的现代化计划确实由于目标过高，不切实际而受到挫折，但就总体而言，由政府进行的有计划的现代化努力，对发展中国家的经济社会发展是起了重要作用的。一个国家越是落后,这种作用就越是显得突出。

如果说早发内生型现代化的主要手段是创新,那么,后发外生型现代化,特别是在其初期阶段,主要的手段则是采借。在后发外生型现代化开始启动的时候,现代化已不是一块未被开垦的处女地。这首先意味着它可以在早发现代化国家的现状中间接看到自己现代化的前景。其次,在早发内生型国家那里,现代性因素已有了可观的积累,特别是在技术层次上,这些成果可以通过采借而得到。采借的过程当然会充满风险,如新引进的现代因素与原有的传统因素的矛盾与冲突,盲目引进现成的模式而使自己误入歧途等。尽管如此,后发外生型国家不可能也不必要重复同样的创造过程,有选择的并附之以创新的采借是后发外生型现代化国家在现代化中(特别是初期)普遍采用的一种手段。采借而无须重复创造,无疑可以加快这些国家现代化的速度。日本和俄国是如此,当前的发展中国家也是这样。特别值得注意的是,与创新不同,有目的的大规模的采借过程往往需要有集权型的政治结构。也就是说,只有通过强有力的政府的作用,有计划的采借并在此基础上加速自己的发展才是可能的。但这同时也潜伏着一种危险,即如果不能同时逐步造就政府之外的现代化力量,在现代化进一步深入,更多地需要创新而不是采借的时候,这些国家的现代化就会缺乏经久不衰的动力。

后发外生型国家的现代化具有明显的"一揽子"解决的特点。如在现代化的一开始,就将现代化的任务全面铺开,试图在同一个时间里,将早发内生型现代化在不同阶段上分别加以解决的问题"一揽子解决",从而实现现代化的全面推进或社会的全面发展。造成这一特点的原因,除现代化的领导人看到自己国家与发达国家的巨大差距,并在主观上形成急于求成、"毕其功于一役"的心理外,还与另外两个客观因素直接有关。第一,在落后国家中,落后往往意味着全面的落后,特别是与发达国家相比的时候,往往产生一种处处不如人的感觉。更重要的是,这种所谓全面落后的背后,实质上是在各个方面都缺少现代性的积累。这样,在推进某一方面的现代化时,就会深感缺少来自其他方面条件的支持。于是,自然会形成"没有什么什么方面的现代化,就没有什么什么方面的现代化"的理论推断。由这一个推断,便很容易形成全面现代化的纲领。第二,早发内生型现代化的过程与结果及其所造成的"示范效应"也似乎为后发外生型现代化的全面推进提供了可能性。由于有早发内生型现代化的"经验""道路""模式"的存在,而无须自己重新在黑暗中探索,似乎将这一切现代化的已有成果同时采借进来就不是不可能的。

二、后发外生型现代化的条件

如前所述,后发外生型现代化具有一系列不同于早发内生型现代化的特点。这些特点决定了后发外生型现代化的条件与早发内生型现代化的条件有着明显的差异。

在后发外生型现代化的起始阶段,政治上的前提条件在诸种前提条件中占有一个突出的地位。正如前面所指出的,从一定意义上说,早发内生型现代化是一种自然演进的过程,而后发外生型现代化则是一种人为计划的过程。这一特点还可以从另一个角度来看,即早发内生型现代化大体上是一个由民间力量推动的自下而上的过程,而后发外生型现代化则基本上是一种由政府推动的自上而下的过程。因此,在后发外生型现代化中,第一位的前提条件几乎无例外地都是相应的政治变革。俄国因有彼得大帝的改革而有后来的现代化;日本因有明治维新,才有后来日本的现代化;土耳其的现代化则与凯末尔的改革联系在一起;在谈到中国近代史上现代化努力的失败时,也几乎无一例外地要提到戊戌变法的流产。这是毫不奇怪的,由于后发外生型现代化国家在现代化开始时自身现代性积累的缺乏,由民间力量来启动现代化是不可能的,甚至在现代化的初期阶段,要想从民间那里获得对现代化的足够支持力量也是相当困难的。相反,强大的传统力量往往成为现代化的障碍,在这种情况下,只有运用国家机器的强大力量来推进现代化,现代化才有可能启动和成功。

后发外生型国家推动现代化的社会力量明显有别于早发内生型国家。众所周知,推动早发内生型现代化的社会力量主要包括工商资本家、新贵族以及小商人和自由民。而推动后发外生型现代化的社会力量则明显不同。在土耳其现代化的过程中,推动其现代化的主要是有现代化取向的行政官员、在禁卫军被摧毁后出现的新式军人以及少数知识分子。推进日本现代化的社会力量,除上层的政治家之外,在下层主要是商人和下层武士。很明显,这些现代化的推进力量与其说是在内部的现代性积累的基础上产生的,倒不如说是产生于对现代化挑战的理解与领悟能力。

现代化的起点低,在现代化启动之后会面临一系列的“补课”任务。在许多后发外生型国家中,现代化的启动是较为容易的。一次成功的革命,一届新政府的上台,甚或是一次军事政变,都可能成为现代化的起始点。一夜之间,现代化的进程开始了。外部环境的逼迫,国内人民渴望发展的愿望,都可以成为这种现代化的直接动因。然而,现代化的启动虽然用很“简单”的方式实现了,但现代化启动之后所面对的问题却相当复杂。这当中的一个重要问题就是现代化起始时的条件问题。正如艾森斯塔特所指出的:“这些社会在现代化过程的不同起点,极大地影响着这些社会发展的具体面貌及其所遇问题。”

现代化在时间上起步晚和最初现代化动力的外生性这两个因素会使后发外生型国家具有一些与早发内生型国家根本不同的优势与劣势。按列维的看法,这些优势主要包括:①当后来者开始自己现代化的进程时,早发型国家的现代化已经有了相当长一段时间的历史。后来者在现代化开始时对现代化的认识无疑要比早发型国家在自己现代化开始时对现代化的认识丰富得多。②当后来者开始现代化的时候,早发型国家已经形成了较为成熟的技术、计划、设备以及与此相适应的组织结构,对这一切,后来者都可以进行采借和仿效。③后来者可以跳越过某些早发型国家必须经历的阶段,特别是在技术上。④由于后来者在启动现代化时,早发型国家的现代化已经达到了较高的程度,这就使后来者可以在先行者那里看到自己现代化的前景,这至少有利于动员整个社会的力量投入现代化的事业。⑤早发型国家可以在资金和技术上对后来者的现代化给予帮助。

但在另一个方面,后发外生型国家所面临的不利因素也是明显的。第一,现代化的范围与速度。列维认为,早发型现代化国家已经取得了许多重要的成就,这些成就涉及极为广泛的方面。但所有这些成就都是在漫长的时间里一步一步地取得的。后来者不可能按部就班地去获得这些进展,他们必须要有大规模的行动。这种大规模的行动很难由民间的私人单位来承担,而要由政府来介入这些活动。这就很可能会妨碍民主政治的发展。第二,社会中各种因素之间的互相依赖问题。后来者在先行者那里看到的,往往是先行者已经取得的成果,而很少去考虑是什么样的因素或条件导致的这些成果,更难以洞察这些成果与社会其他因素的内在关系。因此,其所制订的计划,有可能是根本无法实行的一纸空文。第三,两种社会之间的差距问题。无论是在经济发展还是在社会其他方面的发展上,在现代化的先行者与后来者之间都存在着巨大的差距,这就很容易使后发型国家中的人民产生一种沮丧失望的情绪。当然,无论是优势还是劣势,都可以再列出许多,但从上述诸方面中,我们仍然可以看到两种类型的国家之间存在的明显差异。

三、后发外生型现代化的特殊问题

由于后发外生型现代化本身所具有的特点,以及它所面对的特殊制约条件,在其现代化进程中会面临一些早发内生型现代化未曾遇到过的问题。概括地说,这些问题可以归为四类:一是错位现象,二是失衡现象,三是畸变现象,四是两难现象。

(一)错位现象

依据其形成的原因,错位现象又可以分为如下三种:

1. 由传统因素的瓦解和现代因素生成的异步性造成的错位现象。传统因素瓦解与现代因素生成的异步性,会给后发外生型现代化带来一系列的“真空”或危机。第一,由于传统的权威基础消失较快,而新的法理型权威基础形成缓慢,会形成权威真空或权威危机,政权会因此缺乏合法性基础,缺少被统治者的认可。第二,经济的发展,城市化的进程,教育的发展和大众传播媒介的增加,都会从根本上动摇原有的传统社会与政治整合机制,而新的整合机制的形成和发挥作用,则需要相当长的时间,其结果是形成社会的整合危机,严重时会造成社会与政治的分裂。第三,旧的价值和规范系统的迅速消失和不能发挥作用,以及新的价值和规范系统形成的缓慢,会造成“价值真空”现象,随之而来的是自我认知目标和手段的混乱。

2. 突然提出的新任务与正在形成的能力之间的错位。从上面的分析可以看出,后发外生型现代化往往是突然启动的,而且规模大、速度快、起点低。结果就是,几乎在很短的时间内,多方面的现代化任务突然被提了出来。要在起点条件很不利的情况下同时面对这突然提出的多方面的任务,需要政治与社会系统具有足够的能力。但所需要的这种能力,并不是在短时间内就可以形成的,这样就造成突然提出的新任务与正在形成的能力间的错位现象。

3.“示范效应”与不正常的超前现象。对于后发外生型现代化来说,早发内生型现代化的已有成果会产生一种强有力的“示范效应”,其表现是多方面的,如经济上的消费超前,政治上的动员超前,同时这种示范效应也会在思想、价值观上表现出来。这是后发外生型国家面临的一个客观的制约条件。

(二)失衡现象

在传统社会的汪洋大海之中开始现代化的进程,不可能在很短的时间内将这一进程在所有地区展开。相反,现代化往往是在条件相对较好的地区首先开始的,其结果就是在传统的汪洋大海之中形成一些规模和范围有限的现代化孤岛。在开始的时候,人们总是一厢情愿地期待着扩散效应(spread effect)的出现,即将孤岛上的现代性因素向传统的海洋中传播,用现代化的“中心”带动“传统的边缘”。但随着岁月的流逝,这种期待中的图景并没有出现,相反,人们看到的是另一种情景,这些现代化的地区与部门并不是互相联系并互相促进的,而是互相封闭和排斥的,甚至出现了一种人们称之为“倒流效应”(backwash effect)的现象,即在现代化的过程中,落后的传统地区的劳动力、资本、企业、权力、基础设施等为现代化所需要的因素,往往会被吸引到发达的现代化地区去。于是,一种两极化的现象出现了,似乎在现代地区和部门变得越来越现代的同时,传统的地区和部门变得越来越“传统”和落后。这就是人们通常所说的二元结构(或二元经济、二元社会)。

(三)畸变现象

所谓后发外生型国家现代化中的畸变现象,是指在现代化过程中,会出现一些与现代性因素极为相像,但在实质上却与现代化的要求背道而驰的现象。换句话说,对于现代性因素来说,这种现象有一种“貌合神离”的性质。其中最典型的是过度城市化现象。

(四)两难现象

在后发外生型现代化中,交织着各种极为复杂的矛盾:内部缺少现代性因素,却在外部因素的影响下强行开始现代化进程;先天不足但却要在更短的时间内走完发达国家在几百年间走过的历程;现代化的目标既要基于人民的要求又要有利于加强自己在这个不公正的世界上的地位等。这些矛盾交织的结果,就是在现代化中形成一系列左也不是右也不是的“两难窘境”。例如,在经济上,这种两难窘境表现为解决贫困和增强国力的矛盾;在政治上表现为强化政府的能力、稳定政治秩序与政治民主化的矛盾;在文化上也存在同样的问题。在外部现代性因素的冲击下,本地的传统文化会处在一种很微妙的境地。虽然在不同的国家中,由于传统文化的性质不同,与现代文化的关系也不尽一致,但在外部的现代文化传入以后,几乎都不可避免地会引起文化冲突。在传统文化与现代文化的对立较为严重的地方,现代化过程将不可避免地导致对传统文化的破坏。但问题是,在新的社会生活机制完善之前,传统文化还承担着一些重要的社会功能(如整合),同时,现代化领导人在动员人民参与现代化进程时,也必须使用传统文化提供的符号系统。因此,在传统文化解体的过程中,便会带来一系列的解体和混乱。

第四节 转型社会学与"中国式现代化"经验

一、从现代化理论、发展理论到转型理论

发展社会学有两个主要的学术传统并由此形成两个主要的理论流派,一个是主要面对近代以来西方发达国家现代化过程的现代化理论,另一个则是主要面对20世纪60年代以来发展中国家社会发展(特别是拉丁美洲和非洲以及后来的东亚部分国家和地区)的发展理论。而中国等国家的社会转型使发展社会学出现了新的议题:转型理论。

(一)现代化理论

1950年,由美国著名经济学家库兹涅茨(S. Kuznets)提议,在美国社会科学研究理事会中创立了一个经济增长委员会。这个委员会成立之后,曾组织了一系列的学术活动,并在1952年创办了后来在国际社会科学界有着广泛影响的刊物《经济发展与文化变迁》。这样,在其周围就形成了一个学术圈子,他们有密切的个人联系,有自己的资金来源,有自己的丛书和刊物。这个学术圈子就是后来的现代化理论的班底。

在20世纪50年代,现代化的理论家们进行了大量的理论与实际的研究工作,从而为后来较为系统的现代化理论的形成做了准备工作。在这个时期,著名社会学家帕森斯完成了他的一系列著作和学术论文,为现代化理论奠定了初步的基础。帕森斯的学生列维在1952年出版了《社会结构》一书,形成了他后来研究现代化的基本理论框架。罗斯托则开始着手撰写他重要的代表作《经济增长的阶段》。因此,当1960年欧美和日本的学者云集日本的箱根,参加对于现代化理论有着里程碑意义的"现代日本"国际学术讨论会的时候,现代化理论的准备工作已经大体完成。

现代化理论所面对的,主要是西方发达国家自近代以来发生的结构性变迁。尽管其中有些学者不时涉足发展中国家的社会发展研究问题,但现代化理论的基本议题是在研究西方国家现代化的过程中提出来的。

现代化理论虽然涉及现代化过程中极为广泛的问题，但其基本的理论主张可以概括为三点：第一，“传统—现代”两分法，即按照某种特定的标准将历史上曾经有过的社会或目前世界上的所有国家划分成“传统的”与“现代的”两种类型。因此，现代化的过程也就是传统社会向现代社会迈进的过程。第二，社会发展的内因论。现代化理论认为社会发展与现代化的主要动力来自内部，而发展中国家社会发展的不顺利，根本的原因也是来自内部的障碍。他们曾经一度将这种内部障碍主要归结为文化与价值观因素。很明显，现代化理论的这种主张直接来源于德国早期社会学家韦伯的思想。第三，现代化趋同的假设。现代化理论家认为，在发展中国家发展的过程中，将会不可避免地越来越多地具有当今现代社会的特征。他们认为，实现了现代化的国家都会具有这样一些特征：工业市场经济、持续的经济增长、大规模的科层组织、较高的识字率、正规教育的普及、不平等程度的降低、社会流动的增加、较低的人口出生率、城市化、宗教影响力的衰落、能适应变迁的结构、现代的价值系统等。

现代化理论最鼎盛的时期是在20世纪50年代末与60年代。但从20世纪60年代末开始，现代化理论便开始不断受到各种各样的批评。对于现代化理论的批评首先集中在“传统—现代”两分法上，此外，对现代化理论背后所暗示的单线进化论的理论假设，以及其所包含的西方中心主义的倾向等，人们也提出了诸多的批评。不过，在随后的几十年中，虽然现代化理论的巅峰状态已经不在，但有关现代化的研究并没有完全消失。近些年来，有关现代性与后现代的争论，由“后工业社会”论开启先河的各种冠之以“后”的发展理论以及德国的贝克的再现代化理论等，都有着大小不等的影响力。而且，从这些新的现代化理论身上，我们已经不再能看到像古典现代化理论那样在发达国家与发展中国家之间进行比较研究的视野，而是更纯粹地关心西方发达国家在现代化更高阶段上所面对的独特课题。

（二）发展理论

当传统的现代化理论遭受学术界的尖锐批评从而陷入某种困境的时候，立足于研究发展中国家的发展理论获得了越来越大的影响力。在早期，发展理论所面对的主要是拉丁美洲和非洲的经济与社会发展过程，从20世纪80年代开始，一些学者开始将关注的焦点转向东亚的发展经验并将之概括为“东亚模式”。发展理论主要由依附理论、世界体系理论和比较政治经济学理论所构成。

大约从20世纪60年代中期开始，现代化理论开始受到依附理论的强有力的挑战。依附理论主要是拉丁美洲的一些学者在研究拉丁美洲社会现代化的过程中提出来的。当然也有一些其他国家与地区的学者持有同样的观点，如埃及的阿明、德国的弗兰克都是著名的依附理论家。同时，也有一批来自美国的激进马克思主义者使用依附理论来对发展中国家的社会现代化进行研究，并以此激烈抨击传统的现代化理论。作为依附理论基础的是下面的两个基本假设：第一，不应当单独地分析一个社会的发展,而应当从世界系统里考察问题;第二,在许多情况下,往往是外来因素对社会发展的影响更为重要。在这些假设的基础上,他们认为,发达国家并不像原来人们所认为的是处于不同的历史发展阶段的,而是处于同一阶段,不过一方处于中心的地位,另一方则处于边缘的地位。他们认为,发达国家的发达和发展中国家的不发达,实际上是一个过程的两个不同方面,发展中国家的不发达,是发达国家之所以发达的条件,而发达国家的发达则是发展中国家不发达的根源。当然,也有一些发展中国家取得了成功,但主要是依靠西方发达国家的影响。在这些发展中国家,虽然它们依附于西方国家而得到了发展,但在这种发展中,往往是西方国家受益,第三世界国家受害。也就是说,西方国家的发达导致了发展中国家的不发达。

代依附理论而起的是美国的沃勒斯坦提出的世界体系理论。世界体系理论与依附理论有着密切的关系,两者的不同之处是在于:第一,依附论者所讲的依附或依赖是单向的,而世界体系理论所讲的依赖则是双向的。第二,世界体系理论避免了依附理论简单的"两分法"的倾向。依附论者简单地将世界划分为大都市与卫星国、中心与边缘。世界体系论者则把世界体系划分成"中心""半边缘""边缘"三个等级。第三,世界体系理论指出,目前的这个世界体系是变动着的。世界体系的三级结构不是一成不变的,边缘国家可以通过结构位置的流动而上升到半边缘甚至中心的位置。因此,在沃勒斯坦看来,发展的意义主要在于如何改变自己在世界体系中的结构位置,实现自己的升级。在世界体系理论之后,也曾出现一些新的理论尝试,其中有代表性的就是所谓的新比较政治经济学。新比较政治经济学孕育于20世纪70年代,到80年代中期已经在发展研究中产生了一定影响。在这个过程中,它对有关现代化和发展的一系列有争议的问题,提出了许多新的看法,并在发展研究的方法论上提出了一些新的设想。但相比之下,其理论的影响力比较有限。

(三)转型理论

发生在20世纪最后20年的中国、苏联和东欧(在下文中我们将这些国家统称为转型国家)的社会转型,则为形成发展社会学第三个学术传统和新的发展社会学理论提供了可能。

现代社会科学的形成和发展,与对资本主义文明的关注是密切联系在一起的。从社会学来说,奠定现代社会学基础的几位大师关注的几乎都是对资本主义文明的解释。马克思关注的是资本主义中的生产关系特别是其中的劳动与资本的关系;韦伯探讨的是资本主义文明形成的精神条件,尤其是与基督教伦理之间的关系;涂尔干所面对的则是,如果说在传统社会中,社会整合的机制是人们在共同经历基础上形成的"机械团结"的话,现代资本主义社会中新的整合机制则是"有机团结",这种"有机团结"是建立在由劳动分工所形成的互相依赖的基础上的。从这里我们可以看到,正是这样的一些关怀,构成了古典社会学的基本理论母题。

共产主义,无疑是另一种在人类历史上产生广泛影响的文明,在其鼎盛时期,曾经囊括了人类1/3的人口，它有着与西方资本主义非常不同的价值、制度和运作逻辑。在近些年的改革与转型浪潮中，这种文明的内部正在发生历史性的变迁。这是一种什么样的文明？它的独特之处在哪里？它在向何处去？公正地说，对这个相当独特的文明，人们不仅从文明的层次上反思很少，就是对其内部的相当精密微妙之处的解析也极为鲜见。因此，我们有理由认为，共产主义文明及其转型，对社会学的发展来说，具有极为重要的意义；对这个文明的特点、运作逻辑及其转型的研究应当成为当代社会学乃至整个社会科学发展的新的灵感来源和动力源泉。

这一点已经不仅仅是愿望或猜想，在很大程度上正在成为现实。目前，对社会主义或前社会主义国家转型的研究正在受到越来越多学者的关注。中国、苏联和东欧国家的社会转型过程，无疑为形成一种与现代化理论、发展理论相并列的转型理论提供了可能。从一定意义上说，转型过程是一个更为复杂的社会变迁过程。回顾过去40多年我国社会发生的大规模社会变迁，我们就可以更深切地领会到这个转型过程所包含的极为复杂与独特的内容。我们还会记得，这个变迁的过程是从“四个现代化”的口号开始的。但没有多长时间，“四个现代化”的话语体系就被“经济体制改革”所代替。问题很清楚，如果不破除旧的体制，现代化的任务就无法实现。而当我们这个社会踏上“改革”的路程之后，人们又会进一步发现，所谓经济体制改革是不可能单独进行的，结果就是整个社会的全面深化改革。因此可以说，转型中包含了现代化的内容，但转型不仅仅是现代化。转型与发展的关系也是如此。在经济社会生活中，人们经常讲要妥善处理改革与发展的关系，这也说明转型与发展不是一回事。在转型的过程中包含了发展，但转型绝不仅仅是发展。如果我们将共产主义看作是一种独特文明，转型就是整个文明迈向现代文明的独特之路。

二、社会主义与另一种现代性

转型国家与西方发达国家和发展中国家相比，无论在起始点还是现实的结构性制约条件以及由此形成的发展逻辑上，都有着明显的独特性。

发展理论的宏观脉络，往往来自比较历史分析，现代化理论和发展理论都是如此。如果从比较历史的角度来看待发达国家的现代化、发展中国家的发展以及社会主义国家的转型，必须将其置于一个基本的背景之中，这就是近代历史上现代性的形成与扩张。在现代化理论看来，西方现代化的过程就是从传统社会向现代社会转变的过程。在发展理论那里，虽然没有更多地讨论传统与现代的问题，但其设定的发展目标与过程，暗含的仍然是从传统到现代的过程。而转型国家的社会转型过程却并非是从传统社会开始的。现在已经有越来越多的学者意识到，社会主义运动不是与现代性毫不相关的，恰恰相反，社会主义运动是对现代性的一种独特反应，作为文明的一种形态，它用新的框架组合了诸多的现代性因素。哈耶克就认为，极权主义起源于一种过于相信理性能力的认识方法，一种基于这种认识方法的政治经济支配。而我们知道,对于人的理性的崇尚,恰恰是现代性的核心内涵。在阿伦特对极权主义体制的分析中,无论是作为极权主义体制基础的"群众",还是其组织形式与意识形态,都可以在其中发现现代性的元素。而且,一个明显的事实是,社会主义几乎都是诞生在落后国家,至少以现代性的眼光来看是落后的国家,社会主义国家中的人们也几乎无例外地承认这种落后性,并由此引发了种种的"赶超运动"。如前所述,现代化理论中的趋同论在 20 世纪 70 年代就发现了社会主义国家与资本主义国家在"发展方向"上的趋同现象,并将其归因于科学技术发展的要求与必然后果。但实际上,从现代性的角度说,这两个似乎针锋相对的文明本身就有很强的亲和性。

当然,社会主义对现代性的反应是独特的、扭曲的,甚至是极端的。正因为如此,在几十年甚至上百年的时间里,它与资本主义作为对立的两极而存在。著名经济人类学家波拉尼(Karl Polanyi)曾将人类社会中的经济体制划分为三种类型,即馈赠经济(即自然经济)、市场经济与再分配经济。如果说西方发达国家和发展中国家的现代化与发展都是从市场经济或市场经济与传统自然经济的基础上开始的话,社会主义国家则建立了一种独特的经济体制,即再分配体制。与之相伴随的是对资源的高度垄断。以我国为例,1949 年中华人民共和国成立后,通过没收官僚买办资本、对民族工商业的社会主义改造和土地改革、合作化、人民公社化等步骤,国家获得了对社会中绝大部分稀缺资源的控制和配置权。正因为如此,转型与发展和现代化过程不同的是,它在经济上的主题是从再分配向市场经济的转型。这个转型的过程不仅成为推动整个社会转型的基础,而且与经济和社会发展构成了一种复杂而微妙的关系。从根本上说,从再分配向市场经济的转型是经济发展的重要基础和条件,但在现实中,两者有时却处于矛盾之中。在苏联和东欧国家,经济体制的变革几乎无例外地在特定的时段中引起经济的不景气甚至严重衰退。因此,在转型中处理体制转轨与发展之间的关系,就成为一个重要的主题。

在资源高度垄断下形成的是一种国家控制一切的总体性社会体制。这样的总体性社会是通过一系列的制度安排建构起来的。在中国,除了资源垄断制度之外,在组织结构方面最重要的是城市中的单位制和农村中的人民公社制度。这样的两种基本制度,使单位或人民公社的成员在多方面严重地依赖于上述两种组织。由于这两种组织本身就具有国家派出机构的含义,因而组织成员对组织的依附也就在很大程度上意味着对国家的依附。同时,为了强化对社会的总体性控制,消除任何带有独立倾向的社会力量就是必然的。经过这样的一个过程,原来独立的社会力量已经由于对国家的高度依附而丧失了独立性。在这种情况下,任何处于国家控制之外的相对独立的社会力量已经不复存在。在这个背景下,转型国家表现在国家与社会的关系上,是总体性社会体制的不断弱化和解体,并由此产生市民社会形成与社会重建的主题。相反,无论是在西方发达国家还是在发展中国家,现代化和发展在这方面的主题则是现代民族国家的形成。在不太精确的意义上说,两者的方向恰恰是相反的。

由于国家对资源的高度垄断以及缺少自组织的社会，在社会主义国家中运动式的社会动员就成为运作经济社会生活的一种基本方式。但同样是动员，在不同的国家却表现为不同的具体形式。按伯恩斯坦（Bernstein）的分类，苏联的社会动员可以称为“命令式动员”（command mobilization），中国的社会动员则是一种“参与式动员”（participatory mobilization）。最典型的就是农业合作化运动。在苏联，合作化是由城市工作队用强制的方式实现的。而在中国的合作化运动中，虽然也向农村派出了大量的工作组，但工作组的主要任务不是强制农民，而是向农民进行宣传和说服工作，使农民认识到现有的土地占有情况和经营方式是不合理的，个体的农民只有走集体化的道路才有光明的前景。这种社会动员的运作方式，实际上也影响到后来社会转型的特征。无论是在中国还是在苏东国家，广泛的社会动员都成为改革的一种重要推动机制。不过，从趋势上看，随着新体制的建立，动员会逐步让位于科层化和常规化（routinization），从而与现代化的方向相一致。

国家社会主义代表了一种独特的社会形态，它拥有自己的制度逻辑和发展动力系统，是近些年来影响广泛的新制度主义的一个基本命题。这种逻辑并不是从资本主义的发展中引申出来的，国家社会主义既不像极权主义范式所认为的那样是资本主义的另一极，也不像现代化理论所认为的那样未来是与资本主义相趋同的，而是应当把社会主义看作一种独立的社会形态。在这个学术脉络上，著名的匈牙利经济学家科尔奈（J. Kornai）做了奠基性的工作。正如斯达克和倪志伟所指出的，科尔奈经济理论的重要性表现在，扎实的经验研究和敏锐的洞察力，使他意识到“短缺经济”这样一种国家社会主义的独特经济现象所具有的深厚理论内涵，并在其背后发现了“软预算约束”这一独特的国家社会主义经济运行机制。“短缺经济”和“软预算约束”成为科尔奈经济学理论的两块重要基石。同时，他也令人信服地说明了为什么计划经济中的同一种机制（软预算约束）先是促成了迅速的经济增长，然后又造成周期性的经济短缺，并阻碍了经济的进一步发展。科尔奈理论的真正意义在于，对于“短缺经济”和“软预算约束”这些独特经济现象和运作机制的发现，预示了社会主义经济是一种独特的制度安排。斯达克和倪志伟指出，科尔奈经济学理论的最大贡献是，他实际上是对“国家社会主义经济再生产的制度机制”进行了分析。像“短缺”和“软预算约束”这样的概念，对于理解社会主义经济的独特运作过程是极为重要的。

作为一套独特逻辑的社会主义制度，并没有在转型过程中完全终结。无论是作为一种历史遗产还是作为一种现实的制约条件，社会主义的制度因素都在转型过程中发挥着重要的作用。事实上，转型国家与发达国家和发展中国家不同的发展道路甚至其内部不同的变种，也恰恰与其历史遗产有着密切的关系。

我们可以将发展社会学中三种理论模式的特征用表 11-1 来加以概括。

表 11-1　发展社会学中三种理论模式特征

主题	现代化理论	发展理论	转型理论
起点	传统社会	“落后”社会	社会主义社会
变迁类型	传统—现代	传统—现代	传统—社会主义—现代
政体基础	市民社会传统	殖民社会或部族社会等	总体性社会
经济基础	市场经济	市场经济与传统经济	再分配经济
国际环境	支配	附属	对立与融合
不平等机制	市场	市场、传统经济、国际秩序	市场与再分配
变迁机制	现代性因素的生长	外部刺激与内部反应	社会转型

三、在实践中认识“中国式现代化”的转型逻辑

对于苏联和东欧国家，特别是中欧国家（地理位置意义上）市场转型的研究，已经形成了一个在学术界颇具影响力的研究群体或理论学派，有人将其称为布达佩斯学派，代表人物包括撒列尼和斯达克等。概括地说，布达佩斯学派对前共产主义国家市场转型的研究具有如下四个特点：第一，无论是对于市场转型的研究，还是对于后共产主义社会的研究，布达佩斯学派所关心的主要是其正式组织和制度等结构性特征。第二，对于结构性特征的关注，主要是通过大规模问卷调查的方式进行的。特别是撒列尼所主持的中欧精英转换的研究。第三，基本的理论视角是自上而下的，其对精英问题的重视，突出表现出这一视角的特征。第四，作为上述三点前提和基础的是布达佩斯学派所研究的市场转型国家，特别是中欧的匈牙利，在这些社会中，市场转型伴随着政体的断裂。

苏联和东欧的市场转型是与政体的断裂联系在一起的，这意味着在大规模的市场转型发生之前，政体和主导性的意识形态都发生了根本性的“转变”。这样就为名正言顺的、大规模的、以国家立法形式进行的市场转型提供了可能性。在这种转型的过程中，在很短时间内，社会中基本的制度安排得到了根本的改造。因此，布达佩斯学派有理由将他们研究的主要注意力放在制度和结构的特征上，放在不同时期正式制度结构的比较上。顺理成章的是，在这样的市场转型过程中，知识精英起着重要的作用。因为在这个过程中，原来的权力精英由于政体的断裂而失去了原有的资源，而新的经济精英还没有发育起来，这就为知识精英发挥作用提供了舞台。正因为如此，布达佩斯学派对上层精英给予高度的重视，并使用了一种自上而下的理论视角。同时，对于研究大规模的正式制度的变迁来说，大规模的问卷调查的方式也无疑是有优势的。

而“中国式现代化”是中国共产党领导的社会主义现代化，既有各国现代化的共同特征，更有基于自己国情的中国特色。它是人口规模巨大的现代化，是追求人民共同富裕的现代化，是物质文明和精神文明相协调的现代化，是人与自然和谐共生的现代化。此外，其市场转型过程与苏联和东欧国家有明显不同，这种不同我们可以概括为如下三个方面。

（一）政体连续性背景下的渐进式改革

中国社会的转型过程与苏联和东欧国家形成了明显的差别。这个差别是如此的重要，实际上意味着两种截然不同的转型过程。在苏联和东欧，20 世纪 80 年代末期发生的剧烈社会和政治变革，几乎完全打破了这些国家在政治体制和意识形态上的连续性。自此之后，在这些国家，尽管在社会的基本走向上也存在种种的分歧，但大规模的私有化和向市场经济转型，已经完全是在没有政治和意识形态束缚的环境下进行的。而中国的改革过程，人们一般称为“渐进式改革”。“渐进式改革”这个概念本身在中国具有多重的甚至是暧昧的含义。在改革策略的层面，“渐进式改革”与苏联和东欧国家激进式的“休克疗法”改革形成对照。而在其实质性内容的层面上，则是强调自己是在坚持社会主义基本制度和原则基础上的自我完善（意味着苏联和东欧国家已经偏离了社会主义的根本方向）。但无论使用什么样的概念，渐进式改革的一个最基本的特征，是在基本社会体制框架（特别是政治制度）和主导性意识形态不发生变化的前提下所进行的改革。我们可以将其看作是一种与苏联和东欧国家不同的市场转型过程。

（二）权力连续性背景下的精英形成

这种“渐进式改革”导致的一个直接后果是精英转换过程的差异。撒列尼等人的精英形成理论，是建立在“资本类型”和“资本转换”两个概念的基础上的。在撒列尼等人的理论中，实际上存在这样两个基本的假设：第一，不同类型的资本是相对独立的；第二，不同类型的资本之间是可以转换的。然而，这两个假设的成立是有条件的。在苏联和东欧国家，不同类型资本的相对独立性的形成，是以政体的非连续性为前提的。由于其市场转型是与政权的更替同时进行的，这就大大削弱了过去的权力资本操纵其他类型资本的能力。而在中国市场转型的过程中，由于经济体制中由再分配经济向市场经济的转型过程中并没有伴随政权的更替，因而政治资本的强势地位并没有受到削弱。其直接的意义在于，即使是在市场转型的过程中，甚至是在市场机制已经成为整个社会中占主导地位的经济整合机制的情况下，政治权力仍然继续保持着对其他类型资本的控制和操纵能力。在这种情况下，不同类型资本的相对独立性很难形成。通过政治权力的作用，整个社会中的资本在很大程度上是以一种高度不分化的总体性资本的状态存在着，而不是以相对独立的资本的形态存在着。在这个基础上，中国市场转型过程中精英的形成过程就表现为，并不是不同类型之间的精英的转换，而是在过去十几年改革过程中出现了一个掌握文化资本、政治资本和经济资本的总体性资本精英集团。这个集团的原初资本是他们自己和父辈所掌握的政治或行政权力。这样的精英形成过程，特别是这种精英拥有的总体性资本这种特征，与东欧市场转型过程中的精英形成是明显不同的。

（三）主导性意识形态连续性背景下的“非正式运作”

政体断裂背景下的市场转型，基本上是以立法、通过正式制度推进的方式进行的。在这个过程中，尽管也存在许多争论，但这些争论基本不是在意识形态的层面上进行的，而主要是在策略和利益的层面上进行的。这种转型过程，为正式制度发挥作用提供了广阔的空间。而中国的市场转型则发生在非常不同的背景之下。在整个转型的过程中，几乎都伴随着不间断的意识形态争论。如改革初期关于市场经济合法性的争论，后来关于股份制的争论，关于私有化的问题直到现在仍然是一个禁区。这样的意识形态背景，成为市场转型的一种独特的成本。为了缩小这种成本，改革的推进者们采取了两种不同的策略。一是将新的改革措施或市场因素纳入原有的意识形态当中，如“社会主义的市场经济”等。另一种方式则是“不争论”。在实际的社会生活中，就是能做不能说。而实质性的改革措施，有许多是通过变通的方式进行的。

从上面的分析中我们可以看出，“中国式现代化”的市场转型过程与苏联和东欧国家相比是非常独特的。这种独特性表现在：第一，政体和意识形态是连续性的，在改革进行了40多年后的今天，居于支配地位的仍然是原来的政体和意识形态；第二，由于政体和意识形态是连续的，许多重要的改革和转型过程是使用变通的方式实现的；第三，在变通的过程中，特别是在开始的阶段，新的体制因素往往是以非正式的方式出现并传播的；第四，非正式体制的生长和发育，往往发生在体制运作的过程当中。这就要求我们在研究中国市场转型的时候，必须对非正式因素，特别是对体制的运作过程给予足够的关注。这意味着在研究中国社会转型的时候，要更加重视转型的实践层面。

“中国式现代化”的市场转型呼唤着实践社会学的诞生。这里所说的实践社会学，强调的不是社会学这门学科本身的实践性，不是社会学知识在实际社会生活中的可应用性。实践社会学所强调的是，要面对实践形态的社会现象，将一种实践状态的社会现象作为社会学的研究对象。实践社会学的要旨可以概括为三点：第一，实践社会学要研究的是实践状态的社会现象。实践社会学意味着将社会事实看作是动态的、流动的，而不是静态的。也就是说，社会事实的常态是处于实践的状态中。强调实践状态的社会现象，并不意味着忽视结构与制度因素，而是更加重视运作中的结构与制度。第二，强调在实践过程中发现的在静态中难以展示出来的事物的逻辑。之所以要强调对实践过程的关注，从方法论上说是由于静态结构分析所存在的局限，这或许可以称为结构上的不可见性。因为在静态的结构中，事物本身的一些重要特征,事物内部不同因素之间的复杂关联,以及这一事物在与不同的情境发生遭遇时所可能发生的种种出人意料的变化,都并不是潜在地存在于既有的结构之中。相反,只有在一种动态的实践过程中,这些东西才可能逐步展示出来。第三,实践“大于”静态的结构或制度,存在着一个“实践的增量”。所谓实践的增量,意味着实践要比静态的结构多出来一块。布迪厄论述过实践的紧迫性和实践的总体性等特征,这些特征都是静态的社会结构中没有的,是在实践的过程中“多”出来的。这些东西都只有在实践中出现和存在,在实践中起作用。正是这样的一些东西,使得我们可以对社会现象做出新的认识和解释。更进一步说,实践具有一种生成机制,在实践中新的因素在形成,即一种新的社会事实出现了。因此,实践是超越结构的,是不能还原为结构的。实践要比结构更多。将实践社会学引入中国的市场转型研究,会使我们对中国改革和市场转型的过程产生新的理解。

在将实践社会学应用于社会转型研究的时候,我们强调的是作为实践状态现象的转型过程的四个环节,即过程、逻辑、机制和技术。

1. 社会转型的过程。过程实际上是进入实践状态社会现象的入手点,是接近实践状态社会现象的一种途径。而在对过程的强调中,我们更加重视的是事件性的过程。因为实践状态社会现象的逻辑,往往是在事件性的过程中才能更充分地展示出来。中国社会转型的特点使得我们有理由更加重视它的实践过程。在现实中,人们用不同的话语来表述中国社会转型的特征,如官方话语中的“不争论”,民间话语中的“只干不说”,官方非正式话语中的“打左灯向右转”等。也就是说,由于结构性条件的限制,中国的社会转型采取了与苏联和东欧国家迥然相异的过程,理论与实践之间存在着更大的偏离。因此,只有了解实际的转型过程,才能更深刻地认识中国的社会转型。

2. 社会转型的逻辑。逻辑是实践社会学的目标。实践社会学在面对实践状态的社会现象的时候,要发现的就是实践中的逻辑。然后通过对这种实践逻辑的解读,来对我们感兴趣的问题进行解释。虽然人们倾向于将改革看成一个人为设计的过程,但实际上,这样的过程一旦开始,就会形成一种支配这个过程走下去的力量,即在实践的过程中塑造了进一步推进整个过程的逻辑。从这个意义上说,改革和转型的过程在脱离了最初的阶段之后,过程中产生的逻辑就开始发挥作用,而且这种作用会随着时间的推移而不断增强。因此,后来的转型过程与结果,实际上已经与最初的设计目标越来越没有关系。

3. 社会转型的机制。从逻辑形成的角度说,机制是逻辑得以形成的方式;就整个转型过程来说,机制则是逻辑发挥作用的方式。社会转型的机制涉及从制度、结构到行为以及文化的各个方面,但从社会学的角度来说,是社会力量的组合及其变动。正因为如此,一般地说,大规模的社会变革总会涉及两个相关的过程:一是体制的变革,二是社会力量构成的变化。但在社会变革的不同阶段,这两个过程的关系是不一样的。在20世纪80年代的改革过程中,是体制的变革推动着社会结构的转型,即新的社会力量的形成以及对体制的适应。而到了20世纪90年代特别是90年代中期之后,结构先于体制定型下来,定型下来的结构开始影响和左右体制变革的过程。

4. 普通人在社会转型中所使用的技术和策略。技术是指实践状态中那些行动者在行动中所使用的技术和策略。对这些技术和策略的强调,主要是为了凸现实践活动中的主体性因素。实践是实践的参与者能动地发挥作用的过程。这种能动的作用,是塑造实践逻辑的一个重要因素。如前所述,中国社会转型的一个重要特征就是实践与理论有着明显的偏离,非正式制度的作用更为突出,这样就为普通人在行动中运用技术和策略提供了更大的空间。可以说,中国改革和转型的实际过程,就是人们在实践中博弈的结果。发现这个博弈的过程,理解在这个过程中人们使用的技术和策略,对于更深入地理解转型过程是非常必要的。

四、"中国式现代化"的发展方向

中国的改革开放已经走过了40多年的历程,在各方面尤其是经济上取得了巨大成绩,但在这个过程中出现的许多社会问题也需要正视。在社会进步理念的观照下,在全面深化改革的目标下,"中国式现代化"的发展需要解决以下几个重要的问题:

第一,建立一种市场经济条件下的利益均衡机制来解决和处理市场经济条件下的利益关系问题。长期以来,因为利益关系严重失衡,贫富差距急剧扩大已经成为非常严峻的问题。如何在不同的利益主体之间形成一种利益相对均衡的机制,是我们迫切需要解决的问题。

第二,形成一种解决社会矛盾和社会冲突的制度化的方式。面对长期以来社会矛盾和社会冲突不断增多的事实,首先要处理怎么看待的问题。在市场经济条件下,利益主体不断分化,利益矛盾引起的社会冲突越来越多,这本是一种正常的现象。我们需要改变僵硬的维稳思维,通过建立解决利益矛盾、制度化解决问题的机制,奠定社会长治久安的基础。

第三,形成一种合理的社会结构。一个好的社会需要一种合理的社会结构,而一种合理的社会结构应当包括以下几点:首先,要有一个不断扩大的中等收入者群体;其次,要保护底层的社会生态,在社会分化不断加剧的情况下,使不同阶层的人能够形成一种互惠共生的关系;最后,要不断拓宽社会流动的渠道,使底层人民能够看到未来的希望。

第四,建立一种公平和相对健全的社会保障制度。社会保障制度不仅仅涉及社会公平的问题,而且从经济的角度来说,经过40年经济快速发展,中国已经进入耐用消费品的时代,在这样的情况下,社会保障制度的建立实际上也是经济能够得到正常运转的必要条件。

第五，建立一种能够发育良好的社会组织系统，增强社会的自组织能力。社会建设根本在于社会主体性的培育，尤其是自组织的社会生活的培育。

中国的改革开放已经走到了一个新的路口，无论是从凝聚新的改革共识，还是从解决所谓"转型陷阱"造成的种种困境，抑或是从建设一个好的社会的角度来考虑，我们都需要以公平正义为价值取向来推动社会进步，全面深化改革。

思考题

1. 社会现代化包括哪些主要内容？
2. 如何看待社会现代化要素之间的关系？
3. 世界性的现代化经历了哪些主要的阶段？美国的社会进步运动留给我们什么样的启示？
4. 后发外生型现代化有哪些特点？
5. 如何理解社会转型是发展理论的新的议题？
6. 中国的社会转型的基本特点是什么？

推荐阅读书目

[1]艾森斯塔特. 现代化：抗拒与变迁[M]. 张旅平，译. 北京：中国人民大学出版社，1988.

[2]布莱克. 现代化的动力[M]. 景跃进，张静，译. 杭州：浙江人民出版社，1989.

[3]孙立平. 社会现代化[M]. 北京：华夏出版社，1989.

[4]沃勒斯坦. 现代世界体系：1-3卷[M]. 庞卓恒，译. 北京：高等教育出版社，1998-2000.

[5]谢立中，孙立平. 二十世纪西方现代化理论文选[M]. 上海：上海三联书店，2002.

[6]张琢. 国外发展理论研究[M]. 北京：人民出版社，1992.

[7]清华大学社会学系社会发展研究课题组. 走向社会重建之路[J]. 战略与管理，2010(9).

[8]清华大学社会学系社会发展研究课题组. "中等收入陷阱"还是"转型陷阱"？[J]. 开放时代，2012(3).

参考文献

[1]阿隆.社会学主要思潮[M].葛智强,译.北京:华夏出版社,2001.

[2]艾森斯塔特.现代化:抗拒与变迁[M].张旅平,译.北京:中国人民大学出版社,1988.

[3]奥尔森.集体行动的逻辑[M].陈郁,译.上海:上海人民出版社,1995.

[4]奥尔森.国家兴衰探源[M].吕应中,译.北京:商务印书馆,1999.

[5]边燕杰.市场转型与社会分层[M].北京:读书·生活·新知三联书店,2002.

[6]边燕杰.社会分层与流动:国外学者对中国研究的新进展[M].北京:中国人民大学出版社,2008.

[7]柏格.与社会学同游:人文主义的视角[M].何道宽,译.北京:北京大学出版社,2008.

[8]柏格,卢格曼.现实的社会建构:知识社会学论纲[M].吴肃然,译.北京:北京大学出版社,2019.

[9]波洛玛.当代社会学理论[M].孙立平,译.北京:华夏出版社,1989.

[10]波普诺.社会学[M].11版.李强,译.北京:中国人民大学出版社,2009.

[11]布莱克.现代化的动力[M].景跃进,张静,译.杭州:浙江人民出版社,1989.

[12]迪尔凯姆.社会学方法的准则[M].狄玉明,译.北京:商务印书馆,1995.

[13]迪尔凯姆.自杀论[M].冯韵文,译.北京:商务印书馆,1996.

[14]费孝通.乡土中国[M].北京:读书·生活·新知三联书店,1985.

[15]费孝通.生育制度[M].北京:北京大学出版社,1998.

[16]风笑天.中国独生子女研究[M].北京:经济科学出版社,2013.

[17]郭书田,刘纯彬.失衡的中国[M].石家庄:河北人民出版社,1990.

[18]卡普费雷.谣言[M].郑若麟,译.上海:上海人民出版社,1991.

[19]科尔内.短缺经济学[M].张晓光,译.北京:经济科学出版社,1986.

[20]科塞.社会冲突的功能[M].孙立平,译.北京:华夏出版社,1989.

[21]勒庞.乌合之众[M].冯克利,译.北京:中央编译出版社,2000.

[22]李猛.科学作为天职:韦伯与文明时代的命运[M].北京:读书·生活·新知三联书店,2018.

[23]李培林. 中国社会分层[M]. 北京:社会科学文献出版社,2004.
[24]李强. 生命的历程:重大社会事件与中国人的生命轨迹[M]. 杭州:浙江人民出版社,1999.
[25]刘易斯. 二元经济论[M]. 施炜,译. 北京:北京经济学院出版社,1989.
[26]陆学艺. 当代中国社会阶层研究报告[M]. 北京:社会科学文献出版社,2002.
[27]罗宾斯. 组织行为学[M]. 孙建敏,译. 北京:中国人民大学出版社,1997.
[28]马奇,西蒙. 组织[M]. 邵冲,译. 北京:机械工业出版社,2013.
[29]芒福德. 城市发展史:起源、演变和前景[M]. 倪文彦,译. 北京:中国建筑工业出版社,1989.
[30]米尔斯. 社会学的想象力[M]. 李康,译. 北京:北京师范大学出版社,2017.
[31]莫雷斯. 社会运动理论的前沿领域[M]. 刘能,译. 北京:北京大学出版社,2002.
[32]诺斯. 制度、制度变迁与经济绩效[M]. 刘守英,译. 上海:上海三联书店,1994.
[33]清华大学社会学系社会发展研究课题组. 以利益表达制度化实现社会的长治久安[J]. 领导者,2010.
[34]清华大学社会学系社会发展研究课题组. 走向社会重建之路[J]. 战略与管理,2010(9).
[35]清华大学社会学系社会发展研究课题组. "中等收入陷阱"还是"转型陷阱"?[J]. 开放时代,2012(3).
[36]萨提亚. 新家庭如何塑造人[M]. 易春丽,译. 北京:世界图书出版公司,2006.
[37]斯科特. 弱者的武器[M]. 郑广,译. 南京:译林出版社,2007.
[38]苏国勋. 理性化及其限制:韦伯思想引论[M]. 上海:上海人民出版社,1987.
[39]孙立平. 社会现代化[M]. 北京:华夏出版社,1989.
[40]孙立平. 断裂:20 世纪 90 年代以来的中国社会[M]. 北京:社会科学文献出版社,2003.
[41]孙立平. 转型与断裂[M]. 北京:清华大学出版社,2004.
[42]孙立平. 现代化与社会转型[M]. 北京:北京大学出版社,2005.
[43]梯尔. 越轨社会学[M]. 王海霞,译. 北京:中国人民大学出版社,2011.
[44]涂尔干. 社会分工论[M]. 渠东,译. 北京:读书·生活·新知三联书店,2000.
[45]韦伯. 经济与历史·支配的类型[M]. 康乐,译. 桂林:广西师范大学出版社,2010.
[46]沃勒斯坦. 现代世界体系[M]. 1 卷. 庞卓恒,译. 北京:高等教育出版社,1998.
[47]沃勒斯坦. 现代世界体系[M]. 2 卷. 庞卓恒,译. 北京:高等教育出版社,1999.
[48]沃勒斯坦. 现代世界体系[M]. 3 卷. 庞卓恒,译. 北京:高等教育出版社,2000.
[49]项飙. 跨越边界的社区[M]. 北京:读书·生活·新知三联书店,2000.
[50]谢立中,孙立平. 二十世纪西方现代化理论文选[M]. 上海:上海三联书

店,2002.
[51]谢立中. 结构—制度分析,还是过程—事件分析[M]. 北京:社会科学文献出版社,2010.
[52]叶启政. 实证的迷思:重估社会科学经验研究[M]. 北京:读书·生活·新知三联书店,2018.
[53]应星. 大河移民上访的故事[M]. 北京:读书·生活·新知三联书店,2001.
[54]应星. "气"与抗争政治[M]. 北京:社会科学文献出版社,2011.
[55]应星. 中国社会[M]. 北京:中国人民大学出版社,2015.
[56]应星,周飞舟,渠敬东. 中国社会学文选:下册[M]. 北京:中国人民大学出版社,2011.
[57]周雪光. 组织社会学十讲[M]. 北京:社会科学文献出版社,2003.

第六版后记

在我国高等院校中,为非社会学专业(包括理工科)学生开设社会学课程已经相当普遍了。应该说,社会学想象力的培养在大学通识教育中发挥了越来越重要的作用。本教材就是为了适应这种需要而编写的。

为了适合读者的特点,我们在编写中简化了部分概念以及对概念的细致辨析,增加了如何用社会学的概念和范畴分析社会现象的内容,以提高学生用社会学的视角观察和分析社会现象的能力。同时着力将社会学的基本概念、范畴和理论与中国社会的实际结合起来,特别是与中国的改革开放实践结合起来,以深化对当代中国社会转型的认识和理解。

这本教材最初是20年前发行的,距上次修订已有5年之久了,中国社会已发生许多重要变化。我们这次在第五版的基础上,根据最新的学术研究成果和社会发展形势,做了较大幅度的修订。

全书的框架初版由孙立平、应星、吕新萍共同讨论确定。我和吕新萍参加了本次修订,并由我对全书框架做了调整,进行了统稿。

初版的写作分工如下:孙立平撰写第一、七、八、十一章;应星撰写第二、六、十章;吕新萍撰写第三、四、九章;吕新萍和应星共同撰写第五章。

应　星

2024年2月